800 km
von Ost - Ostpreußen
bis zur Uckermark

- Von Nadrauen bis zur Uckermark -

Ein Fluchttagebuch - erlebt und aufgezeichnet
von
Walter Wiemer

Schibri-Verlag

Die Deutsche Bibliothek - CIP-Einheitsaufnahme

Wiemer, Walter:
800 km von Ost-Ostpreußen bis zur Uckermark : von Nadrauen bis zur
Uckermark ; Milow - Schibri-Verl., 2001
    ISBN 3-933978-34-3

2000 by Schibri-Verlag, Dorfstraße 60, 17337 Milow
Tel.: 039753 22757, Fax 039753 22583
email: Schibri-Verlag t-online.de
http://www.schibri.com

ISBN 3-933978-34-3

Inhaltsverzeichnis

Vorwort

Die zufällige Begegnung mit einer uns fremden Familie in einem Abteil der Deutschen Reichsbahn im April 1990 zwischen Helmstedt und Köln bewirkte, daß sich eine schon vor etwa 15 Jahren ins Auge genommene Absicht, größere Abschnitte meiner Erlebnisse, wenn ich einmal Rentner sein werde, für die Kinder und Enkel aufzuschreiben, in eine für mich verblüffende Nähe rückte. Wir, meine Frau und ich, machten uns Ende April 1990, die „innerdeutsche" Grenze zwischen der DDR und der BRD war mit einem ganz normalen Reisepaß für jedermann überquerbar geworden, zu einem mehrtägigen Besuch meiner Verwandten in Koblenz am Rhein auf.

Wie oben erwähnt, stieg in Helmstedt, dem einstigen Grenzbahnhof, ein Ehepaar mit zwei Kindern zu uns ins Abteil. Wie es bei einer längeren gemeinsamen Fahrt so ist, man kommt ins Gespräch. Fragt nach dem Woher und dem Wohin. Ich gebe zu, daß wir zuerst zurückhaltend und durchaus auch skeptisch waren, als eines der Kinder, ein hübsches, etwa vier Jahre altes Mädchen, die Frage an mich richtete: „Na Onkel, fährst du auch mit uns nach Köln?"

Der Vater des Mädchens, eine Zeitschrift lesend, folgte aufmerksam der Unterhaltung seiner Tochter mit dem Fahrgast. Die Mutter der Kleinen versorgte einen Jungen mit dem Inhalt einer Babyflasche, windelte den Bub und legte ihn auf eine Decke neben sich zum Schlaf. „Sie scheinen Lehrer zu sein und nutzen die Tage um den 1. Mai für eine Besuchsreise", schaltete sich der Vater des Kindes in unsere Unterhaltung ein.

Nun begann es zu fließen, das Gespräch. Wohl für jeden, an Dialekten interessierten und etwas geübten Menschen, ist mein ostpreußischer Wiegenstandort unschwer zu erkennen. „Ein Ostpreuße sind sie, erzählen sie von ihrer einstigen Heimat", forderte er mich auf: Bauernfamilie, östlichster Zipfel des ehemaligen Reiches, Schulbildung, Kriegsausbruch 1939, Einquartierung bis zum Überfall auf die Sowjetunion im Juni 1941, Siegesmeldungen, die Schlachten vor Moskau und bei Stalingrad, dann die Flucht, das Kriegsende, der Verlust von Familienangehörigen, das Abhandenkommen jeglicher Habe, zeitweiliger Aufenthalt in Hinterpommern, Aussiedlung, Flüchtlingslager, Hunger, Lebensmut der Eltern, der sich auf uns Kinder übertrug, und dann der Neuanfang in Mecklenburg und in der Uckermark. Schließlich lockern und zerreißen, durch die Spaltung Deutschlands bedingt, verwandtschaftliche Bande. Studium, um Lehrer zu werden, Arbeit in der Schule, die eigene Familie entsteht und gedeiht. Alle diese Stationen waren irgendwie in den Raum, ins Abteil gerückt.

Angenehme Bemerkungen

Der Gesprächspartner sparte nicht mit seinen umfangreichen Kenntnissen über Dörfer, Städte und Bauwerke in den nördlichen Bezirken der DDR. Der Herr ging sogar soweit in seinen Darlegungen und Öffnungen, daß er, für uns durchaus schmeichelhaft, wörtlich sagte: „Wir bedauern es sehr, daß es die Deutsche Demokratische Republik irgendwann einmal nicht mehr geben wird. Die DDR war für uns eine Hoffnung. Es ist vieles hier im Westen pure Heuchelei, die durchs Geld bestimmt ist."
Unser Fluchtweg durch den nördlichen Teil Hinterpommerns und die Schilderung dieser und jener Erlebnisse dort, veranlaßte ihn zu der Bemerkung, daß seine Eltern ja auch Vertriebene aus Hinterpommern seien.
Ihn berühre diese ganze Flucht und Vertreibung und das Leid der Menschen sehr. Das hätten ja die Menschen westlich der Oder nicht durchmachen müssen und verstünden folglich daher auch nicht den vollen Umfang des verbrecherischen 2. Weltkrieges und seiner Folgen.
Auf meine Frage, wo denn die Eltern ihr zu Hause in Pommern gehabt hätten, nannte er den Kreis Kolberg. „Dort hatte Vater ein kleines Gut (von 6000 Morgen)."
Ich forschte weiter, fragte nach dem Ort, in dem die Eltern das Gut bewirtschafteten. Er sagte dann das Wort: „ROMAN". Ich zeigte mit dem Zeigefinger - wie es so das Lehrervolk oft tut - auf ihn und sagte impulsiv lächelnd: „Dann sind sie ja ein von Dewitz." Es war eine innere Erregung, eine gewisse Sprachlosig-

keit, eine Vertrautheit, eine Freude ins Abteil gestiegen, als würden sich Bekannte nach langer Trennung unverhofft wiedersehen. Von seiner Mutter hatte er, der Vater war bereits verstorben, durch Schilderungen und Bilder eine recht plastische Vorstellung vom Anwesen der Eltern, dem Dorf und auch den vielen ehemaligen Gutsarbeitern vermittelt bekommen.

Die Unterhaltung, beidseitig immer wieder durch manch einen Gedankensprung in Vergangenheit und Gegenwart genährt, bezog die Abläufe der Jahre 1944/45, in ihrer unerhört dramatischen Zuspitzung bis zum Erscheinen der ersten sowjetischen Soldaten, in sich ein. Es ging solange, wie es ging, allein die Ankunft des Zuges in Köln setzte der Begegnung ein jähes Ende. Eine Einladung, uns doch einmal zu besuchen, der Zuruf der postalischen Daten, waren die trennenden Worte.

Drei Jahre danach

Das war also im April 1990. Im Januar 1993 brachte die Post einen Brief dieses Mitreisenden zu uns ins Haus, die Bitte enthaltend, meine Erlebnisse und Kenntnisse über den Romaner Aufenthalt vom März - November 1945 doch für ihn aufzuschreiben. Bei seinem Bestreben, die elterliche Herkunft aus Roman für sich und seine Angehörigen nachzuvollziehen, fehlen ihm Zeugen, die den Ort und vor allem das Gut der Eltern im Jahre 1945 erlebt haben. Ich bin ein Typ schnellen Entschlusses, das bestätigte sich erneut. In einem Ferngespräch noch am gleichen Tage sagte ich meine grundsätzliche Bereitschaft zu. Jedoch mit dem Einwand versehen, daß ich eine nicht gute Handschrift habe, und ich, bei einem Banküberfall in der hiesigen Sparkasse, eine arge Schußverletzung an der rechten Schulter habe hinnehmen müssen, wodurch das Schreiben noch beschwerlicher für mich wurde. Ich würde aber mit Hilfe des Sohnes mir ein Gerät beschaffen, womit sich Kassetten besprechen lassen. Etwas an Zeit würde noch verstreichen, bis das geschehen könne. Hierauf kam die prompte Antwort: „Ich schicke ihnen mein Gerät sofort. Es ist zwar schon über 10 Jahre alt, aber den Dienst hat es noch nicht versagt. Sie können damit gewiß umgehen."

Daß ich ein solches Handgerät für derartige Zwecke noch nicht benutzt hatte, sagte ich im Gespräch nicht. Es wäre ja auch zu hinterwäldlerisch gewesen, zu sehr ostdeutsch, zu sehr DDR. In der Schule wurde oft zum Tonbandgerät gegriffen, allerdings vorwiegend zum Abspielen vorgefertigter Bänder.

Er schickte umgehend sein Gerät, und ich konnte meine ersten privaten Versuche damit anstellen. Das machte regelrecht Spaß. Schon nach vier Tagen ging ein Päckchen mit zwei besprochenen Bändern in Richtung Köln auf den Weg. Während einer fernmündlichen Verständigung nach Fertigstellung, bat er, die Karnevalstage in Köln vor dem Versand abzuwarten. „Was an den Tagen hier los ist, können sie sich sicherlich nicht im Entferntesten vorstellen. Da kann es schon passieren, daß das Päckchen verlorengeht. Und dafür ist es doch zu schade." Es ging nicht verloren. Ich wollte nicht warten. Ich wollte die Bestätigung recht schnell haben, daß sich mir eine bisher nicht für möglich gehaltene Variante kommunikativer Alltäglichkeit ins Haus begeben hatte.

Soweit diese Episode mit den selbstgefertigten Tonbandinhalten. Weitere Überlegungen folgten.

Rückschau zu halten ist für jedermann von Nöten. Das Erlebte ist gelebte Geschichte. Es sind oft Bestätigungen theoretischer Voraussagen. Häufiger ist die Rückschau jedoch negativen Prozessen als Betrachtunsgegenstand verpflichtet. Hier genügt es, die 40jährige Existenz eines sozialistischen Beispiels und dessen Scheiterns auf deutschem Boden anzuführen. Oder trügt hier das vielleicht zu kritisch betrachtende Empfinden des Zeitzeugen? Wie sagt doch Brecht in der „Kriegsfibel"?

„Such' nicht mehr, Frau, du wirst sie doch nicht finden, und auch das Schicksal, Frau, beklag' es nicht. Die dunklen Mächte, Frau, die dich da schinden, sie tragen Name, Anschrift und Gesicht."

Einer Mutter, die nach der Dresdner Februarnacht 1945 ihre Kinder unter den Trümmern ihres zerstörten Hauses sucht, ruft er diese Worte zu. Wohl doch als eine gewisse Aufforderung zu verstehen, die Suche nach den „Dunklen Mächten" nicht aufzugeben.

Vaters Auftrag

Mein Vater hatte 1981, schon 87-jährig, aus dem Gedächtnis eine 70 Seiten umfassende Familienrückschau (1732 - Einwanderung der Wiemers aus Salzburg nach Ostpreußen) und seine persönlichen Lebenserinnerungen zu Papier gebracht.
Daraus haben fleißige Leute einen, allen Anforderungen an wissenschaftliche Akribie und entsprechende Exaktheit heranreichenden, Familienstammbaum erstellt.
Am Schluß seiner Arbeit verpflichtete Vater mich, Begonnenes zu ergänzen und weiterzuführen. Da bleibt einem dann schließlich gar kein anderer Ausweg, man unterzieht sich dieser Pflicht.
Arbeit, ganz gleich welche es auch immer war, empfand ich vorwiegend immer als Lust, äußerst selten als Last. Diese Sicht und Haltung zur Arbeit oder auch zum Leben hat mir nicht nur Freunde eingebracht.

„Die Erinnerung ist das einzige Paradies, aus dem wir nicht vertrieben werden können."

Dieser Sinnspruch, durch einen kleinen quadratischen Naturholzrahmen eingefaßt, zierte 34 Jahre, gemeinsam mit einem Bildnis meines Bruders und einer Photographie des elterlichen Hofes, den Wandplatz über dem Schreibtisch meines Vaters, seit er wieder einen solchen hatte. Nun gibt dieser schlichte Wandschmuck meinem Arbeitsplatz seinen Inhalt, den ich vor fast 40 Jahren damals gar nicht so recht begreifen wollte.

Ein wenig auf Umwegen

Zu den Herausforderungen, Gelebtes festzuhalten, gehören ja Wandlungen im gesellschaftlichen Umfeld der Menschen obenan. Im gegenwärtigen Sprachgebrauch strapaziert man die Begriffe oder Wortgruppen: „Aufarbeitung der Geschichte bzw. der Vergangenheit oder Bewältigung derselben." Als ob sich Geschichte aufarbeiten - sprich abarbeiten - oder bewältigen ließe! Aus der Geschichte Lehren ziehen, das wäre ratsam. Da bot und bietet sich eine nahezu unüberschaubare Fülle an Geschehnissen, Fakten und Ereignissen, die es darzustellen gilt.

Diese Absicht steckt auch in meinen Bemühungen. Denn Gelebtes wird oder mutiert ganz unauffällig zur Geschichte.

Ihr gegenwärtig mit Gerichtsverfahren zu begegnen, wie es mit Menschen, die in der DDR Verantwortung trugen, geschieht, scheint die Grenze des Verbrechens am so notwendigen Prozeß der Vereinigung der Deutschen zu überschreiten.

Verfolgt man diesen Exzeß, den die jetzige Bundesregierung fördert, erreicht die von H. Kant formulierte Bewertung dieses Vorganges: **„Sie haben es uns nicht verziehen, daß wir uns ihnen haben weggenommen"** den Status einer wahren Aussage. Bekannte oder Freunde, die dieses schon tun oder taten, sind dabei immer, so man sie hat, gute Anhaltspunkte. Ratschläge, Hinweise und Verfahrensweisen sind abrufbar, das wirkt fördernd. Dr. G. Elvert, der ehemalige LPG-Vorsitzende im Nachbarort Bergholz, tut dieses schon. Gut ist es, zu wissen oder zu glauben, daß solche Art des Herangehens die Alltagsöffentlichkeit wünscht bzw. fördert.

Trauma Nemmersdorf will nicht weichen

Ein kürzlich erschienenes Buch aus der Feder eines ostpreußischen Landsmannes zu den Ereignissen in Nemmersdorf im Herbst 1944 hat mich wohl nun doch endgültig dazu herausgefordert, meine Erinnerungen über die Flucht aufzuschreiben, die 1993-95 auf 8 Tonbänder festgesprochen worden waren.

Bis hier Gesagtes soll als Vorspann, als Absichtserklärung, dienen. Es wird, so ich meiner Vorüberlegung folge, zu einer Menge von Rückblenden oder auch Rückerinnerungen - wenn das Wort den Kern der Einfügungen trifft - auf die Kindheit und Folgezeit kommen. Dabei kann und wird es natürlich mitunter für manchen unliebsame-kritische Bemerkungen und Schlußfolgerungen geben.

Teil 1:

Die Flucht soll beginnen

Tonbandaufzeichnungen wandeln sich um

Heute ist Montag der 17. Oktober 1994. Für mich ist dieses
Datum immer mit einer schwer zu beschreibenden Wehmut
verknüpft gewesen, denn am 17. Oktober 1944, es war ein Dienstag, begann für uns, darin schließe ich die Familien des Dorfes
ein, die sich mit Pferdewagen, also mit Flüchtlingswagen ausge-
stattet hatten, die FLUCHT. Dieses Datum trifft für viele Orte des
Kreises Ebenrode im Regierungsbezirk Gumbinnen, im östlich-
sten Teil Nord-Ostpreußens gelegen, als der Tag des Verlassens
der Heimat zu.

Das ist nun 50 Jahre her

Vor der Einfahrt zum Hof meiner Eltern stand ein Panzer des Typs
„Panther". Der diesen Panzer befehlende SS-Feldwebel hatte
meinem Vater, der Bürgermeister in Grieben war, den dringenden
Hinweis gegeben, den angeordneten Zeitpunkt zum Verlassen des
Dorfes (15.00 Uhr) möglichst einzuhalten. Er hätte den Befehl,
bei Weigerung zur Flucht von der Schußwaffe Gebrauch zu
machen. Vater hatte als Bürgermeister auch die Aufgabe, Treck-

Kurt Wiemer

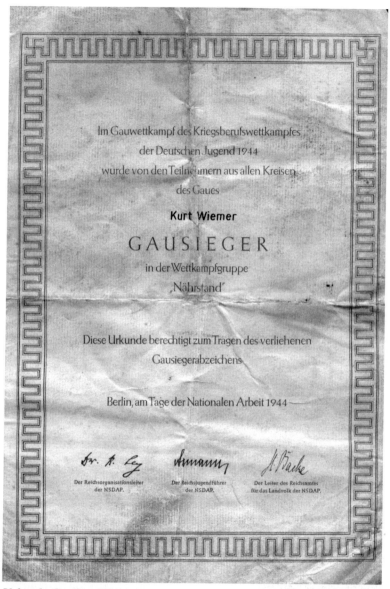

Im Gauwettkampf des Kriegsberufswettkampfes
der Deutschen Jugend 1944
wurde von den Teilnehmern aus allen Kreisen
des Gaues

Kurt Wiemer

GAUSIEGER

in der Wettkampfgruppe
„Nährstand"

Diese Urkunde berechtigt zum Tragen des verliehenen
Gausiegerabzeichens

Berlin, am Tage der Nationalen Arbeit 1944

Der Reichsorganisationsleiter   Der Reichsjugendführer   Der Leiter des Reichsamtes
der NSDAP.   der NSDAP.   für das Landvolk der NSDAP.

Urkunde des Kurt Wiemer

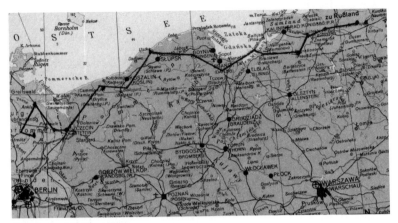

Urkunde des Kurt Wiemer

leiter zu sein. Ich hatte mich aufs Fahrrad zu setzen, um bei allen Familien die Weisung zur Räumung des Dorfes zu übermitteln. Soweit Sätze vom ersten der acht Tonbänder.

Einschübe und erste Rückblenden

Es scheint mir nötig zu sein, die wörtliche Wiedergabe des Tonbandtextes nicht in der Reihenfolge zu belassen, denn viele ergänzende Gedanken und Begebenheiten drängen darauf, in den Gesamtbericht eingefügt zu werden.
Die Familien Klein, Grigat, Räder, Förster, Schabacher, Locklaier jun., Haußmann, Quassowski und Zeglat waren bereits am 4. Oktober 1944 vom Bahnhof Eichhagen (Schwirrgallen) per Bahn ins „Reich" evakuiert worden.
Wie sich für mich viel, viel später herausstellte, war dieser Transport ins Sächsische, in die Gegend von Klingenthal gekommen.
Selber hatte ich mit einem unserer Fuhrwerke zwei Familien und deren Gepäck zum 6 km entfernten Bahnhof gefahren.

Verwandte von uns, Familie Reuter aus Hainau (Schilleninken), waren auch auf diese Weise um den Schreckensweg, den die Flucht für uns dann darstellte, herumgekommen. Bereits im April 1944 waren die Familien, die der Bombenangriffe wegen aus Berlin 1943 nach Ostpreußen als Evakuierte in großer Zahl gebracht worden waren, ins „Reich" zurückgeführt. So war der Sprachgebrauch.

Bevor der Treck sich dann wirklich in Bewegung zu setzen hatte, möchte ich aber doch noch auf die Situation in der Familie und auch im Dorf eingehen.

Kurt wird Soldat

Als eine gewisse Zäsur im Ablauf der Ereignisse nenne ich den 18. Juni 1944. Kurt, mein fünf Jahre älterer Bruder, wurde an dem Tag eingezogen, er wurde Soldat, er zog in den Krieg. Zu dem Zeitpunkt war er 17 1/2 Jahre alt. Seine Alterskameraden trugen da schon mindestens sechs Monate die Uniform der Wehrmacht, oder sie waren als Flakhelfer schon mit dem Krieg in Berührung gekommen oder waren schon „Für Führer, Volk und Vaterland" gefallen. Kurt war aber wegen des Reichs - bzw. Kriegs - Berufswettkampfes der Lehrlinge zurückgestellt. Er hatte 1943 im Berufswettkampf der Lehrlinge der Gruppe Landwirtschaft ohne Fachschule den Wettkampf als Gausieger von Ostpreußen beendet. Die Landwirtschaftslehre absolvierte er bei meinem Vater. Zu den Ausscheiden, um den Reichssieger zu ermitteln, hatte er an zwei Wettkämpfen (wohl in Baden für die Viehzucht und in der Gegend von Posen für die Feldwirtschaft) teilzunehmen. Den Titel des Reichssiegers erreichte er im Bereich Feldwirtschaft nicht. Da wir auf unserem Hof keinen Traktor hatten, konnte er eine Gerätekombination für die Feldarbeit nicht zusammenstellen. Er gehörte dann aber zu den „10 Reichsbesten" und sollte nach Beendigung der Lehre und der militärischen Grundausbildung eine Offiziersschule absolvieren, obwohl er ja nicht das Abitur hatte.

Zum anderen war er in der Hitlerjugend (HJ) als Gefolgschaftsführer tätig und deshalb freigestellt. Wir waren natürlich alle auf

ihn stolz. Ganz besonders Mutter freute sich, daß er noch zu
Hause war.

Eine unerhörte Spannung zwischen Vater und Sohn

Er selbst betrachtete seinen Status ganz anders. Es ist an dieser
Stelle folgende Episode einzuflechten: Wohl im späten Winter
(vielleicht Februar) 1944 war er von der Musterung aus Ebenrode
vom Wehrkreiskommando zurückgekommen und sagte beim
Eintreten in die Küche, in der sich Mutter und ich aufhielten:
„Mama, ich gehe zur SS." „Wie kommst du denn darauf, davon
war doch noch nie die Rede bei uns, und übrigens bist du doch
auch nicht groß genug", entgegnete Mutter.
Kurt erwiderte darauf: „Paul H. (ein Sohn einer Nachbarsfamilie,
mit der es private Kontakte gab) war bei der Musterung dabei, er
hat mir alles Erforderliche genannt. Und ich habe auch schon
unterschrieben. Ich mache das."
Mutter, schon etwas erregt, und ins Plattdeutsche hinüberwech-
selnd: „Na dat kemmt jo gor nich en frog. Walter, geh' raus und
hole Papa!" *(Na das kommt ja gar nicht in Frage. Walter, geh
raus und hole Papa!)* Was dann inzwischen geredet wurde, weiß
ich nicht.
Das im allgemeinen in der Familie sehr gute Verhältnis zwischen
den Eltern und uns Kindern - auch wenn es um die Umgangsfor-
men und die Wortwahl ging - hatte sich gegenüber meinem
Bruder abgekühlt.
Kurt wollte an der Jäger-Waffenscheinprüfung nicht teilnehmen.
Der Prüfungstermin kreuzte sich mit dem der Reichsjugend-
wettkämpfe 1943, die in Kattenau ausgetragen wurden. Für diese
hatte er als Gefolgschaftsführer die Verantwortung. Vater setzte,
auch gegen Mutters Haltung vorgehend, seine Forderung durch.
Kurt fuhr zur Prüfung, auf die er sich vorbereitet hatte. Die
Wettkämpfe für den Tag hatte er abgesetzt.
Während der Jagdscheinprüfung beantwortete er jedoch nicht eine
einzige Frage und fiel folglich durch. Eine unerhörte Spannung
zwischen Vater und Sohn war die Folge.

Ich kam also mit Vater in die Küche. Hatte ihm vom Gehörten erzählt. Ich war natürlich auf Kurts Seite. Dieser nannte auch jetzt noch einmal die Beweggründe für seine Absicht und stützte diese mit den Argumenten des P. H.

Vater sagte daraufhin ganz ruhig (die innere Erregung ließ er sich nicht anmerken, das war eine seiner großen Stärken): „Dat kemmt nich en frog, du forscht morge no Stallpen (Stallupönen) un mokst dat rickgängig!" *(Das kommt nicht in Frage, du fährst morgen nach Stallupönen und machst das rückgängig!)* Kurt widersprach dieser Forderung. Daraufhin schaltete sich Mutter ein: „Ober Jungke, wenn du dat mokst, denn passert hier bie ons wat. Hs. Jungens kenne moke wat se welle, far ons kemt dat nich en frog!" *(Aber Junge, wenn du das machst, dann passiert hier bei uns was. Hs. Jungen können machen, was sie wollen, für uns kommt das nicht in Frage!)* Die Spannung in der Küche drohte zu explodieren. Kurt verließ die Küche.

Eine unangenehme Atmosphäre für längere Zeit hatte sich zwischen den Eltern und dem ältesten Sohn, der so hoffnungsvoll in die Zukunft wollte, ausgebreitet.

Schließlich befolgte Kurt diese Forderung der Eltern. Ebenfalls erledigte er gewissenhaft seine Arbeit auf dem Hof. Die aktive HJ-Arbeit in der Gefolgschaft setzte er fort. Daran hinderte Vater ihn nicht.

Auch meine Tätigkeit als Pimpf, ich war in den Monaten Februar/ März 1943 vom Jungenschaftsführer zum Jungzugführer ernannt worden, untersagten die Eltern mir nicht. Später erschien mir diese Haltung eigenartig.

In den folgenden Wochen ebbte die gespannte Atmosphäre nach und nach ab. Die Pflichten der Lehre und des Berufswettkampfes erfüllte Kurt mit großer Energie und auch, wie schon erwähnt, mit einem Erfolg, der alle Unstimmigkeiten wohl ausräumte.

Er hatte auf der Feier anläßlich der Siegerehrung als Gausieger eine Urkunde (diese ist in unserem Besitz, da Mutter sie mit den Briefen ihres Sohnes am Körper trug) eine Siegernadel und ein Schriftstück überreicht bekommen, das ihm nach dem „Siege", so war der Sprachgebrauch fürs Kriegsende, „im Osten 1000 Morgen Land" übergeben werden. Dieses Schriftstück bewertete Vater mit der Bemerkung: „Dat es denn gestohlenet Land." (*Das ist dann gestohlenes Land*) Mehr sagte er dazu in Kurts Gegenwart nicht. Ich möchte hervorheben,- das war alles in den Wochen und Monaten bereits nach der Stalingrader Schlacht.

Familie, Hof, Dorf, die Ernte 1944, letzter Schultag, Volkssturm

Nun aber zurück zum Geschehen in der Familie, auf dem Hof und im Dorf in den Sommertagen 1944.
Die Schule für mich endete etwa 4-5 Wochen nach Ostern. Ich war gerade erst zu Ostern in die 7. Klasse versetzt worden. So habe ich letztendlich nur 6 Jahre eine Schule besucht. In die Schulräume war Einquartierung gekommen. Die Front im Osten wurde ständig „begradigt", so nannte die Kriegsberichterstattung den Rückzug der deutschen Wehrmacht, bzw. den Vormarsch der Roten Armee. Im Sprachgebrauch war jedoch nur von den Bolschewisten die Rede.
In der Normandie waren im Juni 1944 die Engländer und Amerikaner gelandet. Die Kämpfe tobten nun im Osten wie auch im Westen, sich der deutschen Grenze nähernd.
Am letzten Schultag, als Lehrer Reschat uns Kindern die letzte „Siegesrede" in seiner beruflichen Laufbahn unterbreitete, informierte er uns, daß in Kürze VS-Kompanien (VS = Volkssturm Männer bis zum 65. Lebensjahr) aufgestellt werden. „Der Sieg wird unser sein!" Vater kam also zum Volkssturm, das war unmittelbar nach Kurts Einberufung.
Anfang Juli mußte der Rübsenschlag gemäht werden. Der Torf, etwa 35000 Stück, mußte aus dem Bruch hinter der Scheune in den Torfstall gefahren und sogar getragen werden. Erntevorbereitungen fielen an, Leiterwagen waren in Ordnung zu bringen. Die Scheune mußte für eine reiche Ernte hergerichtet werden. Kartoffeln waren noch zu häufeln. Schließlich waren auf dem Hof fünf Leute (ein französischer Kriegsgefangener, der Maurice Thorez, ich nenne ihn künftig Moritz, zwei litauische Zivilarbeiter, Kashimir Jablonskis und Kashimir Lidwinskas, ein polnischer Melker, Stephan Kaminski und ein weißrussisches Mädchen, die Nina Koslowska).

Ich war mit meinen 12 3/4 Jahren an Mutters und meiner Schwester Seite zum Wirtschaftsleiter eines 200 Morgen großen Bauernhofes geworden.

Zwar kam Vater fast jeden Abend nach Hause, aber am Tage hatte ich mich um alles zu kümmern. Ich kann nur sagen, daß mir das sehr gefiel, es machte mir regelrecht Spaß.

Walter Skroblin und ich

So um den 15. Juli war Walter Skroblin aus Eydkau zu uns gekommen. Walter, 1/2 Jahr älter als ich, hatte wohl schon seit zwei Jahren Teile der Sommerferien bei uns verlebt. Seine Mutter, eine geborene Nickel, ist Vaters Cousine. Wir vertrugen uns prächtig. In den Jahren zuvor hatten wir manchen Unsinn verzapft. Jetzt aber, als es ernst wurde, war er eine gute Stütze für mich. Wir beide haben mit dem Mähbinder alles Getreide auf unseren Feldern und auch bei Städlers, unseren direkten Nachbarn, abgemäht. Ich als Reiter auf dem Leitpferd des Viergespanns, immer stolz und fröhlich vorne weg. Walter Skroblin auf der Maschine sitzend und die Hebel bedienend. Wir fuhren mit den Maschinen und Wagen durchs Dorf. Wir hofften, daß alle uns sahen.

Die Männer hatten mit den übrigen Pferden schon mit dem Einfahren des ersten Getreides begonnen. Der Rübsen, eine Ölfrucht, wurde gedroschen, das Druschergebnis nach Schloßberg zur Ablieferung gebracht.

Das Attentat! Folgen für die Familie, erste Wandlungen

Vater kam zum Abend also oft nach Hause, so auch am 20. Juli. Wir saßen am Abendbrottisch, als eine Sondermeldung durchs Radio angekündigt wurde. „Nun werden unsere Soldaten wohl die Engländer und Amerikaner vielleicht in den Kanal geworfen haben", sagte Vater, ganz gespannt, zum Gerät blickend. Der Sprecher aber verkündete, daß auf den „Führer" ein Attentat verübt worden sei. Diese Nachricht wirkte wie eine Bombe auf Vater und mich.

*Heinz Gruber und
seine Eltern*

Mutter bewertete den Hergang etwas anders. Vielleicht ist es bei
Müttern immer so, wenn es um Leben und Tod ihrer Kinder geht.
Und der Krieg war von Mutter als organisierter Mord schon
erkannt.

Dafür gab es Gründe: Aus dem engeren Familienkreis - die
Familien der Geschwister der Eltern sind darin einbezogen -
waren acht Soldaten, sechs davon an der Ostfront. Einer, der
Heinz Gruber, ältester Sohn einer Schwester meiner Mutter, an
der Wolchow - Front im Februar 1944 gefallen.

Der Heinz war Weihnachten 1943 auf Fronturlaub. Es gibt sogar
noch ein Bild, das die Familie unter dem Weihnachtsbaum zeigt.
Von diesem Urlaubsaufenthalt hatte Mutter folgende Episode von
ihrer Schwester erzählt bekommen: Am ersten Weihnachtsfeiertag
brachte Tante Ida ihrem Sohn das Frühstück ans Bett. Den Sohn
betrachtend sagte sie: „Aber Heinz, warum bist du so ernst, so
bedrückt? Freue dich doch, daß du zu Hause bist." Darauf soll er
erwidert haben: „Aber Mama, wie soll ich froh sein, ich muß doch
wieder hin. Und was wollen wir dort in Rußland, warum müssen
wir dort die Menschen töten? Den Krieg können wir nicht gewinnen. Was meinst du wohl, wie die Russen kämpfen. Da sind sogar
ganze Frauenkompanien, die angreifen. Die kämpfen wenigstens
für ihr Vaterland, wir doch nicht." „Aber Junge, wie kannst du so
etwas sagen, laß es nicht Papa hören", wies Tante Ida ihren Sohn
zurecht. Er: „Ich sage es ja auch nur dir. Du wirst es Papa, der es
ja als Polizeioffizier nicht hören darf, jetzt nicht erzählen. Nein,

den Krieg gewinnt Deutschland nicht. Und wenn, *dann wäre es furchtbar.*"

Krieg und Lüge

Goebbels, Reichspropagandaminister, hatte allerdings gesagt, was deutsche Soldaten in Rußland wollen oder zumindest sollen. Es muß im Herbst 1941 gewesen sein, die Wehrmacht schickte sich an, Moskau vor Einbruch des Winters zu „nehmen". Leningrad war fast eingekesselt.
Ich erinnere mich an die Rede dieses Wortgewaltigen. Ein englischer Politiker soll gesagt haben: „Goebbels konnte so lügen, daß die schlimmste Lüge wahrhaftiger erschien als die wahrste Wahrheit." Ob die Deutschen so etwas benötigen?

Goebbels „Jetzt, da unsere tapferen Soldaten kurz vor dem Endsieg stehen, können wir es unserem Volk sagen, worum es im Rußlandfeldzug geht:
Wir wollen uns am Getreide der Ukraine, an der Kohle des Donbas und am Erdöl von Baku gesundstoßen!

So ist es mit den Zielen und den Mitteln auf den Wegen dorthin. Und auch mit den Ergebnissen und Opfern im Kampf um Getreide, Öl und Kohle verhält es sich folglich so.
Da sind Konzerne, Banken, Generäle u.a. wohl doch als Verbrecher zu betrachtende Mächte, die Anschrift, Name und Gesicht haben, auch heute noch darzustellen. Sie haben unerhörten Reichtum für sich angehäuft und unerhörtes Leid für große Teile des Volkes organisiert. Alle Mittel waren und sind ihnen recht.
12 Millionen Bewohner ostdeutscher Provinzen hatten mit dem Verlust der Heimat die Zeche des kapitalistischen Abenteuers zu begleichen. Von den 55 Millionen Toten ganz zu schweigen. Man ist angehalten zu fragen, wohin die Reise künftig gehen wird. Wozu benötigt die Bundeswehr den Euro-Fighter?

Wie Mütter so sind

Dieses Gespräch meiner Mutter mit Tante Ida hatte außerordentliche Überlegungen zur Folge. Tante Ida, die häufig bei uns mit ihren beiden Söhnen auf dem Bauernhof weilte, hat dann auch noch den zweiten Sohn, den Gerd, „geopfert". Gerd allerdings wollte seinen Bruder Heiner rächen. Er war Ende 1943 Soldat - Pilot einer ME 110 - geworden. Wie unterschiedlich Brüder sein können.

Wohl über kroatischem oder serbischem Territorium ist er dann von einem „Feindflug" nicht zurückgekehrt. Was wollten oder sollten und sollen auch jetzt, 54 Jahre danach, deutsche Soldaten dort auf dem Balkan? Möglicherweise Gleiches oder Ähnliches? Bei solchen Exkursen meiner Erinnerungen krampft sich immer wieder mein Empfinden für soziale Gerechtigkeit wie eine Spirale zusammen.

„Wie arm ist eine Welt, die Zustände beibehält, von denen sie längst weiß, daß sie überholt sind". (Edel)

Eine unerhörte Begebenheit

Eine andere Begebenheit, die ich auch mithörte, wirkte auf Mutters Haltung bzw. Bewertung der SS und auch der Besatzungskräfte in Polen und auch in der Sowjetunion unerhört. Gustav Guddat, ein Cousin meiner Mutter, von Beruf Briefträger, war ab 1942 in Polen als Hilfspolizist eingesetzt. Er trug eine dunkelgrüne Uniform, wie sie die Gendarmen bis etwa 1940 im „Feldjägerbereich" zu tragen hatten. Gibt es die Bezeichnung „Feldjäger" in der BRD nicht jetzt auch noch?

Dieser Onkel, so hatte ich ihn anzusprechen, erzählte von seinem Dienst und seinen Erlebnissen in einer polnischen Stadt. Dort ging es um die „Endlösung der Judenfrage". In dieser polnischen Stadt also wurden alle Häuser durchsucht, in denen Juden zu finden waren. Man trieb diese Menschen in Gruppen zum Ausgang der Stadt, um sie dort zu erschießen. Mutter fragte: „Hast du uk jeschote?" *(Hast du auch geschossen?)* „Nä Lieske, ek brugd nich, un had et uk nich jekunt", *(Nein, Lieschen, ich brauchte nicht. Und hätte es auch nicht gekonnt.)* sagte er. Aber mit einem SS-Mann mußte er die bereits durchsuchten Wohnungen noch einmal durchgehen. In einem Haus hörten sie bei einer solchen Aktion ein Kind schreien. Es rief nach der Mama. Als sie dort erschienen, standen er und der SS-Soldat vor einem etwa 1 1/2-2 jährigen Kind, das in einem Kinderbettchen stand, sich mit den Händchen am Gitter des Bettchens festhielt und weinte.

Die kleinen Ärmchen hätte das Kind nach ihnen ausgestreckt, als wollte es herausgenommen werden. „Nun nehmen sie das Judenbalg und bringen es runter", sagte der SS-Mann. „Das kann ich nicht, zu Hause habe ich auch Kinder", hätte er geantwortet.

Der SS-Mann faßte das Kind an beiden Beinen und schlug es mit dem Köpfchen einige Male gegen den Türrahmen, bis es wohl tot war. Dann warf er es ins Bettchen zurück.

Mutter, der Onkel Gustav und ich weinten. Dieses Gespräch, dieser Einblick in die Praxis deutscher Kriegsführung, vornehmlich aber die der SS, hat bei meiner Mutter eine solche Wirkung hinterlassen, daß sie schließlich eine Kriegsgegnerin wurde.

Gespräche der Eltern wurden, so es nicht um heikle Themen ging, durchaus auch im Beisein von uns Kindern geführt. Dabei sparte vor allem Mutter ihre offene Ablehnung gegen Hitler auch uns gegenüber nicht aus. Nach dem Attentat vom 20. Juli formulierte sie immer öfter: „Ha de se doch bloß dem Lomp omgebrocht." *(Hätten sie den Lump doch bloß umgebracht.)*

Vater enthielt sich solcher Formulierungen eigentlich grundsätzlich. Er blieb immer noch irgendwie soldatisch. Der Krieg sollte und mußte gewonnen werden, koste es, was es wolle. Das Entstehen von Krieg und Feindschaft zu anderen Völkern sah er nicht im Streben nach Reichtum und Machtausdehnung der mächtigen Profithaie.

Irgendwie gottgewollt lief das alles ab.

Bis etwa 1940 wurde bei uns in der Familie am Sonntagvormittag die Hauspredigt gelesen. Wir Kinder hatten still zu sitzen und zuzuhören.

Der heimtückische Überfall auf die Sowjetunion war mit ein-
schneidenden Veränderungen vor allem im Arbeitsbereich auf dem
Hof verbunden, denn außer den Lehrlingen waren nur noch
ausländische Arbeitskräfte - also Kriegs- und Zivilgefangene -
verfügbar. Nach dem 20. Juli war dann aber alles noch anders
geworden. Die innere Vertrauensseligkeit zur Kraft der Wehrmacht und zum „Führer", zum Sinn des Krieges, schwand zuneh-
mend.
Wie muß das wohl auf die Fremdarbeiter gewirkt haben? Schon
nach der Stalingrader Niederlage war deren Hoffnung auf ein
Ende ihres Daseins in Feindesland, so muß man es ja sehen,
gefördert worden.
So um die Osterzeit 1943 hatten sich polnische Zivilarbeiter im
Nachbardorf zu einer Informationsandacht zusammengefunden.
Diese hatte unser zuständiger Gendarm, ein Herr Kabiol, brutal
auseinandergeschlagen.

Andere sahen vieles anders

Vor Pfingsten des gleichen Jahres, die Front im Osten bewegte
sich ja an manchen Abschnitten sogar wieder östlich, war ich mit
unserem Polen, dem Stephan Kaminski, auf dem Feld. Wir häufel-
ten Kartoffeln. Meine Schwester brachte im Körbchen die Vesper-
Mahlzeit zu uns. Wir setzten uns in den Straßengraben und aßen,
Lisbeth blieb solange, bis die vorbereiteten Brote und der Kaffee
verzehrt waren. Ein Flugzeug erschien am Himmel, gewiß ein
deutsches.
Stephan schaute zum Flugzeug und sagte so ganz nüchtern:
„Hamburg und Berlin viel bombanadera." Ich erwiderte: „Ach,
das stimmt nicht, Stephan." Er: „Na, warum viele Familien aus
Berlin hier bei uns? Patz mal up, Walter und Fräulein, meine Papa
Stalin bald kommt".
Diese Begebenheit ist oft in Unterhaltungen benannt worden,
drückte sie doch auch ein gewisses Vertrauensverhältnis zu diesen
Menschen aus. Darüber wird noch mehr zu berichten sein.

Fluchtvorbereitung und Vaters 50. Geburtstag

So um den 24. Juli 1944 war eine Anordnung verbreitet worden, daß alle Familien, die über ein Pferdegespann verfügen, Wagen für eine eventuelle Flucht beim Näherrücken der Front vorbereiten sollen. Bei uns geschah das auch. Der Kashimir Jablonskis hatte das zu tun. Er kannte sich in handwerklicher Arbeit gut aus. Kisten wurden gefertigt, dahinein sollte das Geschirr getan und dann im Garten vergraben werden. Dies geschah auch, jedoch einige Wochen später. Möglicherweise ist dort, wo eine Laube aus Hainbuchen im Garten war, der Inhalt noch in der Erde.

Die Erntearbeiten gingen weiter. Täglich wurde auch die Milch zur Molkerei gefahren. Das tat Walter Skroblin ganz selbständig. Kam er zurück und der Morgentau war vom Getreide abgetrocknet, dann spannten wir beide unsere vier Pferde vor den Binder und mähten.

Am 27. Juli war Vaters 50. Geburtstag. Er hatte versprochen, an diesem Tage zeitiger vom Volkssturm nach Hause zu kommen.

Ein Blick in Vaters Aufzeichnungen

Er war in den vorhergehenden Tagen zum Kompanieführer der 2. Kompanie im 2. Bataillon des Volkssturms berufen worden. Für den Abend wurden Gäste erwartet. Kuchen war gebacken, Braten fürs Abendbrot hergerichtet.

Alles wie zu Friedenszeiten, denn es herrschte keinerlei Mangel an den wichtigsten Nahrungsmitteln. Außer Bohnenkaffee und Kakao war alles im Hause. Und ein Schnaps war auch von den gelegentlichen Zuteilungen im Büfett. Er wurde sonst äußerst selten getrunken. Und Vater rauchte auch nicht.

Hier an dieser Stelle möchte ich einen Auszug aus Vaters 1982 niedergeschriebenen Erinnerungen einflechten, die den Volkssturm betreffen.

7. Beim Volkssturm.

Der Kreis Ebenrode hatte zwei Volkssturm-Bataillone.
Das 1. Bataillon war schon aufgestellt, als wir noch zu Hause
waren. Es bestand aus den Männern, die aus der östlichen Hälfte
des Kreises waren. Dort waren die Menschen schon Ende Juli
geflüchtet. Der Bataillonsführer war Klein, aus Schökstupönen. Er
hatte schon am Polenfeldzug als Offizier im 2. Weltkrieg teilge-
nommen. Der Führer des 2. Bataillons war Tischlermeister
Gindler aus Ebenrode. Er war im 1. Weltkrieg Feldwebel.
Die Kompanieführer dieses Bataillons waren:
1. Kompanie: Reuter, Kinderweitschen - Bauer.
2. Kompanie: August Wiemer, Grieben - Bauer, Gefreiter im 1.
Weltkrieg. EK 1.
3. Kompanie: Dubat, Pudzsuhnen - Bauer.
4. Kompanie: Steinbacher, Ebenrode - Gastwirt.
Für meine Kompanie mußte ich selbst ein Quartier suchen. In
Altweiler, dicht bei Jutschen, zwischen Insterburg und
Gumbinnen gelegen, fand ich, gemeinsam mit Angrabeit aus
Bersbrüden, der Hauptfeldwebel in der Kompanie war, einen
geeigneten Bauernhof. Er war etwa so groß wie unser Hof in
Grieben..."

Weiter im Ablauf der Ereignisse - Ein Divisionsstab kommt ins Dorf

Noch vor der Mittagspause waren wir mit einem etwa sechs
Morgen großen Roggenfeld bei unseren Nachbarn, der Familie
Städler, mit der Mahd fertig geworden. Sauber in Reih und Glied
lagen die Garben. Das war immer ein schöner Anblick und erfüllte
uns mit Stolz. Wir schickten uns an, die Maschine für den Trans-
port zum Hof umzurüsten. Die Pferde grasten am Wegesrand.
Eine Staubwolke und ein brummendes Geräusch kündigten ein
Motorfahrzeug an.
Einem Jeep entstieg ein verstaubter Offizier, der auf uns zukam
und fragte: „Wer ist von euch beiden der Sohn des Bürgermei-

sters?" Ich hob die Hand und sagte: „Das bin ich." Mutter hatte ihm den Weg zum Feld beschrieben, und er fand ihn auch sogleich. Ich solle nach Hause kommen, zu allen zu benennenden Familien gehen und Einquartierung schon für den Nachmittag ankündigen. „Wir sind hier gleich fertig, wir müssen die Maschine zum Hof bringen, das kann einer allein nicht machen. Aber wir werden doch wohl in den nächsten Tagen flüchten müssen, denn es wird schon gepackt, ein Befehl liegt schon vor", sagte ich ganz sicher und unbefangen.

„Wenn wir hierherkommen, braucht ihr nicht flüchten. Ein General und sein Stab kommen ins Dorf", sagte der Offizier. Es handelte sich um einen Oberleutnant namens Tennhöfel. Er war der Quartiermeister des Generalmajors Wolff, Kommandeur des Stabes der 18. Flakdivision.

Wir brachten die Maschine zum Hof, spannten die Pferde aus, und ich fuhr mit dem Fahrrad wie ein Kurier durchs Dorf. Irgendwie steckte in der Nachricht, die ich verbreitete, für alle ein wenig Hoffnung. Die Flucht begann noch nicht. Denn was Flucht bedeutete, wußte die Generation der Eltern. Hatte sie doch schon im 1. Weltkrieg flüchten müssen. Für uns Kinder steckte durchaus etwas Abenteuerliches in dem Wort, bzw. in dem Vorgang, der da wie etwas Ungeheuerliches sich uns unaufhaltsam näherte.

Schon wenige Stunden danach kamen die ersten Militärfahrzeuge ins Dorf und auch zu uns auf den Hof. Für den Wohnbus des Generals hatte der Quartiermeister einen Platz unter großen Ahornbäumen hinter dem Gartenteich gefunden. Ein junger Major, Absolvent der Adolf-Hitler-Schule, war der Adjutant des Generals. Mit noch drei weiteren Offizieren belegte er die großen Zimmer in unserem Haus zur Hofseite. Das Flugzeug des Generals, ein Fieseler-Storch, bekam unter einer Baumgruppe in einer neben der Scheune gelegenen Weidekoppel einen Platz.

Dieses Flugzeug war für uns Jungs ein gefundenes Fressen. Schließlich wollten wir doch auch Flieger werden.

Wie hieß es doch in einem Kinderbilderbuch, das der kleine Manfred Wiemer, von dem noch erzählt werden wird, hatte?

„Fliegen ist das einzig Wahre, gehen, wie gemein, wenn ich auch im Wagen fahre,

> bin ich noch nicht fein."

Oder: „Wir flogen jenseits der Grenzen mit den Bombern wohl gegen den Feind."

Oder: „Wenn Görings fliegendes Heer den Himmel über England verdunkeln wird."

Oder aber: „Ich will Meyer heißen, wenn auch nur e i n englisches Flugzeug über unserem Himmel erscheint."

Andere Fahrzeuge standen hinter einer hohen Hecke außerhalb des Gartens neben großen Strohschobern, überspannt mit Tarnnetzen, andere auf dem Hof und unmittelbar am Haus unter Bäumen. Bei den Nachbarn, so geschützte Plätze sich anboten, war es ähnlich.

Der Abend näherte sich. Vater kam nach Hause. Er trug noch keine Uniform, vielleicht hatte er sie auch zu dem Zeitpunkt noch gar nicht, das weiß ich nicht. Und er war sehr erstaunt, was sich da alles an diesem Tage im Dorf und auf dem Hof ereignet hatte.

Die Lage entspannte sich etwas

Wir gratulierten ihm alle zum 50. Geburtstag. Andere Gratulanten waren auch gekommen. Die Atmosphäre war durch die vielen Soldaten zwar hektisch, aber durch die Nachricht, daß jetzt eine unmittelbare Notwendigkeit für die Flucht in eine weitere Entfernung gedrängt war, durchaus sorgloser. Na, und Vater war zu Hause und er hatte Geburtstag. Da war eher Freude angesagt.

Unter den Gratulanten war auch Lehrer Otto Reschat aus Burgkampen.

Dort war unsere Schule. Er überbrachte Vater die Glückwünsche des Kriegervereins, dem Vater natürlich angehörte. Auch andere Personen aus der Nachbarschaft kamen, jedoch nur alles alte Männer. Ich erinnere mich an Herrn Kirstein, Herrn Locklair, Herrn Beckeschat, Herrn Pflaumbaum aus Burgkampen, an Städlers, Tante Nickel und Zieleits. Auch Reuters aus dem 4 km entfernten Hainau waren abgeholt worden.

Das Abendbrot war im großen Zimmer vorbereitet, dort zog am nächsten Tag der Adjutant des Generals ein. Alle Leute des Hofes waren zu einem Umtrunk ins Haus geholt. Mutter wollte vermeiden, daß die Soldaten von der Familienfeier erfahren. Das war jedoch wegen der Bewegungen vieler Menschen zum und ins Haus nicht erreichbar.

So saßen vielleicht fünfzehn Personen am Tisch, als sechs oder acht Soldaten, darunter der Quartiermacher mit Blumen, wohl aus unserem Garten stammend - und einigen Flaschen Schnaps und Wein unter dem Arm - ins Geburtstagszimmer kamen. Sie gratulierten Vater, wurden natürlich alle zu Tisch gebeten, was sie ja wohl auch gewiß erhofft hatten.

Aber ich kann mich nicht erinnern, daß, ganz gleich um wen es sich handelte, irgend jemand und irgendwann, nicht zum Verweilen genötigt worden wäre. Das war in der Familie einfach so üblich. Mutter sagte dann: „Dat jehert sich so." (*Das gehört sich so.*)

Die Runde war sehr gesprächig. Krieg und Frontgeschehen standen im Mittelpunkt der Unterhaltung. Es wurde reichlich gegessen und auch manch ein Glas geleert.

Die Soldaten ließen erkennen, daß sie seit Jahren nun erstmals dem General ein Quartier in Deutschland zu suchen haben. Das sei zwar bedauerlich, aber die Lage ist so.

Soweit ich den Gesprächen folgen konnte, war das Attentat auf Hitler von vor sieben Tagen nicht im Gespräch. Die Gewißheit, die Front habe sich in diesem Abschnitt stabilisiert, „dem Iwan sei die Puste vorübergehend ausgegangen", bekräftigten sie. Diese Feststellung verbreitete eine auch für die folgenden Wochen gültige Sicherheit.

Die Sandauer kommen als Flüchtlinge und Gratulanten zugleich

Es muß so gegen 22.00 Uhr gewesen sein, es war jedenfalls schon dunkel. Wagengerassel und von Aufregung geprägte Sätze waren auf dem Hof hörbar. Nina, unser Mädchen, kam an die Tür des Gästezimmers und rief Mutter zu sich.

„Auf dem Hof sind große Wagen, viele Menschen sind dabei!"
Da kam auch schon Tante Minna, Mutters jüngste Schwester, ins
Haus. „Wir mußten von zu Hause fliehen. Die Front kommt. Jetzt
sind wir hier. Es ist dunkel, habt ihr noch Platz? Alles ist ja bei
euch voller Soldaten, was soll nun bloß werden?" So kamen die
Sätze aus ihrem Mund.

Mutter: „Ach trutzter Gott, wat soll nu bloß ware, kommt man
ren. De Saldote segge, wie bruke noch nich wäch." (*Ach lieber
Gott, was soll nun bloß werden, kommt mal rein. Die Soldaten
sagen, wir brauchen noch nicht weg.*) Es war ja für alle, die da
kamen, durchaus Platz genug. Nur die Dunkelheit erschwerte
alles. Dennoch, die Menschen stiegen von den Wagen, die Pferde
wurden ausgespannt und untergebracht.

Bis in die Nacht reichte diese Unruhe hinein. Alle fanden dann
irgendwo einen Schlafplatz. Am nächsten Morgen sah natürlich
alles etwas entkrampfter aus. Zwar mußte Vater wieder weg, aber
die Gewißheit, daß wir jetzt aus Grieben noch nicht fort müssen,
schien Ruhe und Gelassenheit für die Entscheidungen zu geben.

Und die Ernte geht weiter!

So begann am Tag das Leben wieder normalere Bahnen unter die
Räder zu nehmen. In der Tat, Kashimir takelte die Aufbauten von
den Leiterwagen, die einen Plan als Bedachung tragen sollten,
wieder ab. Ganz gezielt wurde die Dreschmaschine für den
Drusch des Roggens, der ausreichend in den Hocken getrocknet
war, vorbereitet. Walter S. und ich holten wieder die Pferde von
der Weide, um die ausgereiften Schläge des Sommergetreides zu
mähen. Alle Kulturen waren in dem Jahr 1944 bestens gediehen,
und es war ein ganz vorzügliches Erntewetter.

Über die Sandauer, die in der Nacht auf den Hof gekommen
waren, ist Aufschluß zu geben:

Verwandte in großer Zahl!

Vater hatte 1924 in einer Doppelhochzeit, gemeinsam mit seinem
jüngsten Bruder Otto Wiemer (geboren am 23. Juli 1900) die

jüngste Schwester meiner Mutter (eine Stiefschwester), Minna, geborene Schwandt, geboren am 15. Mai 1904, geheiratet. Vater, der dritte Sohn von insgesamt sechs Geschwistern, hatte den väterlichen Bauernhof, gelegen in Dräwen (Dräwenninken), Kreis Ebenrode (Stallupönen) übernommen bzw. geerbt. Mutters jüngste Schwester, also die Tante Minna, die jüngste von insgesamt fünf Schwestern (fünf weitere Geschwister sind im Kindesalter gestorben), erbte den elterlichen Bauernhof (20 ha) in Sandau (Ozcnaggern), Kreis Ebenrode.

Der elterliche Hof meiner Mutter in Sandau, etwa 8 km nördlich der ehemaligen Grenzstadt Eydkau (Eydkuhnen), war etwa 250 Meter von dem kleinen Grenzfluß Lepone (6-8 Meter breit), der die Grenze zwischen dem ehemaligen Deutschland und dem Rußland der Jahrhundertwende, dem späteren (und auch jetzigen) Litauen darstellte, entfernt.
Zwischen diesen beiden Familien herrschte der „Doppelkeit" wegen ein besonders familienverpflichtender Kontakt, wohl auch durch die jeweiligen Großeltern gefördert. Zu Familienfeiern war es durchaus üblich, daß sich sowohl bei uns, als auch bei den „Sandauern" 30-40 bis mitunter 80 Personen trafen. Oft wurden auch die Verwandten 2. und 3. Grades eingeladen. Bei Beerdigungen traf das ohnehin zu.

Da Onkel Otto 1943 eingezogen wurde, der „totale Krieg" wollte das so, hatte gewiß eine entsprechende Regelung den Modus festgelegt, daß bei einer eventuellen Flucht die Familie zunächst bis nach Grieben, das 18 km von der Grenze entfernt war, kommt. Gewöhnlich bildeten ja die jeweiligen Dorfbewohner eine geschlossene Treckgruppe. Das dürften wohl Erfahrungen aus der Flucht 1914, bei Beginn des 1. Weltkrieges, gewesen sein.
Zu der Familie gehörten damals acht Personen, die den Fluchtweg anzutreten hatten. Das waren: Tante Minna, deren Kinder, Gertrud, 19 Jahre; Margarete, 17 Jahre; Alfred, 13 Jahre; Manfred, 1 1/2 Jahre; Tante Maria, - Mietze genannt (eine unverheiratete Schwester), ein französischer Kriegsgefangener, der André und

ein Zivilpole, der Scheslaw. Sie hatten sich wohl mit drei Wagen auf den Fluchtweg begeben.

Bewertet wurde auch der General

Die Soldaten des Divisionsstabes merkten wir bei unserer Arbeit auf den Feldern und auf dem Hof relativ wenig, außer, daß sie da waren. Den General sah ich wohl nur drei oder vier mal. Zu einem Unteroffizier des Schreibstubenwagens bestand ein herzlicher Kontakt. Wahrscheinlich, weil ich ihm als ein guter Vermittler von Milch und Eiern diente. Erste Versuche auf den Tasten einer Schreibmaschine rühren aus diesen Tagen. Und von einer Werkstatt-Wagengruppe bekamen Alfred und ich eine große Sperrholzplatte in unseren Besitz. Im Winter wollten wir dann nach Herzenslust mit unseren Laubsägen wirken. Die Verpflegung besorgten die Soldaten mittels ihrer Feldküche. Lediglich für den General wurde einige Male in der Küche durch einen weißgekleideten Soldaten wohl Spezielles zubereitet. Vor dem Rosengärtchen vorm Haus wusch eine Natalja, eine Russin, Wäsche der Offiziere. Der Begriff „Hiwi" (Hilfswilliger) begegnete uns damals als eine neue Wortschöpfung.

Mutter, die immer das Umfeld offenen Auges in sich aufnahm, durfte zusehen, wie der Herr General nach seinem Frühsport, mit Turnhose und Turnhemd bekleidet, der Natalja zärtlich das Hinterteil tätschelte. Diese, so Mutter, stand am Waschzuber und rubbelte weiße Oberhemden.

Na, das gab Bewertungen: „Wenn die hohen Offiziere den Krieg so erleben, dann wünschen die sich, daß er ewig dauern möge."

Ein Vorgriff, der Aufschluß gab, oder „Das Kapital Bd. 1" pur

Hierher gehört folgender Gedanke: Ein Herr Rohrlack, mehrjähriges Ratsmitglied beim Rat des Kreises Pasewalk, verantwortlich für „Handel und Versorgung", von Beruf Lehrer, erzählte mir vor gewiß 20 Jahren eines seiner Erlebnisse während des Aufenthaltes in den USA. Als Kriegsgefangener der Engländer war er kurz vor

Tobruck in Gefangenschaft geraten. Das war aus dem Abstecher deutscher „Goldsucher" in Nordafrika so beiläufig passiert. (Man verzeihe mir meinen gelegentlichen Sarkasmus). Er war in Detroit, im Norden der USA, in einer Motorenfabrik als Gefangener tätig. Vor dem großen Werktor prangte in nicht zu übersehender Leuchtschrift kapitalistischer „Sinn" des Krieges:
„Der Krieg ist das beste Geschäft, erhaltet ihn, solange es geht!"

Marx hatte große Mühe, das so für jedermann leicht verständlich und glaubhaft zu machen.

Alles Getreide kam zum Bahnhof

So um den 3. August, die Felder waren leergemäht, konnte mit dem Dreschen begonnen werden. Die Strohpresse am Ende des Strohauswurfs der Maschine drückte die Strohballen ca. 35 m von der Scheune entfernt zu einem Schober. Ich war der „Druschmeister", von Vater gut angelernt, konnte ich manch eine gelegentliche Havarie eigenständig beheben. Ein Feldwebel der Stabseinheit hatte, wohl vom Adjutanten genehmigt, den Abtransport des Getreides zum Schloßberger Bahnhof für alle Bauern, die dreschen konnten, mit Lkws durchzuführen.

Die Sandauer fahren noch einmal zurück

So nach vier Tagen, also um den 1. August, machten sich Tante Minna, Gertrud, Alfred, André und Scheslaw auf den Weg zurück nach ihrem Zuhause. Sie fanden alles unversehrt auf ihrem Grundstück und im Dorfe vor. Sie begannen mit dem Fortgang auch ihrer Ernte. Notwendiges fürs Leben war vorhanden. Selbst einige Kühe gaben nach Tagen der Unterbrechung brauchbare Milch. Viele Bewohner dieser unmittelbaren Grenzregion waren aber nicht zurückgekehrt.

Ein Experiment mißlang

Alfred hatte Geschoßpulver gefunden. Dieses wollte er in der
Wirkung ausprobieren. Mit einem Streichholz half er nach, und
eine Stichflamme verbrannte ihm dabei Gesicht, Hände und Knie.
In seiner Angst steckte er den Kopf zur Abkühlung ins Wasser der
Pferdetränke. Das verschlimmerte die Verletzung natürlich. Ein
Sanitäter konnte ein wenig Hilfe geben. Die Haare waren vom
Kopf verschwunden. Er sah aus wie Lehrer Lempel in Wilhelm
Buschs „Max und Moritz".
Da wurde geschimpft, gelacht, Angst ausgestanden, Nothilfe
geleistet und nicht verzagt. Letzteres war wohl das Allerwichtig-
ste, als Vorstufe für das, was noch auf uns wartete.

Eine Rückblende auf den Frühling 1941 in Sandau

Mit dem Bau des „Ostwalles" war im Herbst 1939 begonnen
worden. Es hieß, das sei eine Sicherheitsmaßnahme ähnlich dem
Westwall vor der Grenze zu Frankreich.
Die Bunkeranlagen waren gewaltig. Jedoch Einquartierung kam
erst ab Herbst 1940 in nahezu alle Orte, die wir kannten. Im
Nachbardorf Blumenfeld (Karszaninken) wuchs in kurzer Zeit ein
Flugplatz für „Sportflugzeuge". So hieß es zuerst. Der Untergrund
wurde mit Schotter verfestigt.
Aus der sehr gut von Bäumen geschützten hohen Scheune des
Sandauer Wiemer-Hofes wuchs ein Ausguck heraus. Oft durfte
Alfred von dort auch einen Rundblick wagen. Ab 1940 war ja
Litauen zur Sowjetunion gekommen.
Dieser Ausguck gestattete einen 15-20 km weiten Blick ins
litauische Flachland. Anfang Juni 1941 bauten Pioniere in der
großen Scheunentenne eine transportable Brücke, so groß, daß sie
den Grenzfluß, die Lepone, überspannte. Etwa fünf oder gar acht
Tage vor dem Überfall der faschistischen Wehrmacht auf die
Sowjetunion waren in Zivilkleidung geschlüpfte Soldaten bis zu
12 km ins Land der Grenzregion gegangen. Dort hatten sie Leinen
über vorhandene Telephonleitungen geworfen und diese herunter-

gerissen. Die Spuren im gepflügten Grenzstreifen waren sorgfältig überharkt worden.

Schließlich wußte man (es gab ja Erfahrungen genug), daß die Grenzläufer der sowjetischen Seite nur in bestimmten Abständen kontrollierten. Das lief alles gar nicht so sehr geheim. Die Verantwortlichen waren sich sicher, hatten sie doch das Glück auf ewig gepachtet. So glaubten sie es jedenfalls.

„Doch mit des Geschickes Mächten ist kein ewiger Bund zu flechten."

In den Nachtstunden vom 21. zum 22. Juni zogen viele Soldaten in aller Stille dieser hellen Sommernacht die Brücke zum Grenzfluß. Nach einem kurzen Trommelfeuer „forcierten" dann die Truppen mit Motorfahrzeugen leichterer Art und mit bespannter Artillerie die Grenze. Erst in den Nachmittagsstunden brachten Fahrzeuge einige Tote und Verwundete zurück.

Alle waren sehr erstaunt, daß die Bolschewisten sich trauten, Widerstand zu leisten. Ja, so war das vor drei Jahren und vier Monaten. Nun kamen sie aber mit einer geballten Macht und der Erfahrung aus vielen Schlachten und übermäßigen Opfern an die gleiche Grenze zurück. Bei wem und gegen wen war da nun Klage einzureichen?

Willi Bredels spätere Formulierung: „Die Schuldigen sind doch eigentlich wir!"

kannten wir nicht und wollten es auch nicht begreifen. Dieses Nichtbegreifen dauert bei vielen Menschen immer noch an. Frankreich war siegreich für immer als Erzfeind in sechs Wochen ausgeschaltet. Über die achtzehn Tage im September 1939 in Polen wurde gar nicht mehr groß gesprochen. Dänemark, Norwegen und die Länder auf dem Balkan waren fest in deutscher Hand.

Der General rückt ab, und was nun?

Nach zweiwöchigem Aufenthalt des Generals und seines Stabes im Ort war seine Verlegung herangerückt. Das war bekannt. Andeutungsweise ließ der Unteroffizier aus Kassel durchblicken, daß der neue Standort nördlich von uns, also nicht frontwegwärts, sein wird. „Der Iwan hat uns bestimmt schon wieder ausgemacht", sagte er mir in einem Gespräch. Gewiß ahnte er, daß ich das den Eltern so auch sagen werde. Was ich auch tat.

Der Reifungsprozeß hatte in diesen Tagen und Wochen wahre Salti und Weitsprünge an und in mir vollführt. Viel hatte ich dazugelernt.

Vater war an vielen Tagen nicht nach Hause gekommen. Die Abfahrt der Soldaten aus dem Dorf und so auch vom Hof wurde mit einer sonderbaren Wehmut hingenommen, hatte ihre Anwesenheit doch eine gewisse Sicherheit allen, jedenfalls uns Deutschen, vermitteln können.

Wir standen alle auf der Treppe. Es winkte niemand, es wurde geweint.

Als der genannte Unteroffizier, neben seinem Schreibstubenbus hergehend, an uns vorbeiging, sagte er halblaut zu meiner Mutter: „Frau Bürgermeister, der Russe kommt NOCH NICHT." Das wirkte mehr als Warnung auf Kommendes als auf Hoffnung orientierend.

Diese Soldaten waren alle fort. Andere sollten in wenigen Tagen kommen. Zunächst aber kam Vater so kurz nach der Mittagspause mit einem kleinen Federwagen, gezogen von einem unserer Pferde, nach Hause. Das war gewiß mit Mutter so abgesprochen. Die Männer waren mit den Gespannen auf dem Feld und zogen die Schälfurche. Ich war froh, daß ich diese für ein Kind schwere Arbeit nicht zu machen brauchte. Es war schon mühevoll, den 4-Scharpflug, gezogen von vier Pferden, auszurasten. Ich hatte diese Arbeit aber als 11-Jähriger schon zu tun gehabt, was ich wiederum lieber tat, als die Rinderherde auf den Kleeschlägen im Herbst zu hüten.

Eine erste Begegnung mit dem Sowjetstern

Am Nachmittag dieses wohl 10. oder 11. August gingen Vater und ich mit Spaten, Hammer, Zange, Krampen und dem Frosch - einem Gerät zum Straffen von Drähten - ausgerüstet zur Weidekoppel hinter der Scheune. Wir wollten die Pfähle und Drähte so einsetzen, daß die Kühe dort wieder das nachgewachsene Gras zum Abweiden zugeteilt bekommen konnten.

Mit der Arbeit waren wir gerade fertig, als ein kräftiges Flugzeuggedröhn den Himmel ausfüllte.

Drei sowjetische zweimotorige Kampfflugzeuge zerschnitten in rasendem Tiefflug die Luft. Wir konnten die roten Sterne und sogar die Piloten in den Maschinen sehen. Schnell rannten wir zu den Strohschobern, um dort Deckung zu suchen. Sie kreisten in großen Schleifen über Burgkampen, Stutbruch, Blumenfeld und Stehlau wieder her nach Grieben, kamen noch tiefer. Sie wiederholten das wohl drei oder vier mal und verschwanden wieder so schnell, wie sie gekommen waren. Das waren Minuten der Angst. Was wäre wohl geschehen, hätten sie die Fahrzeuge des Militärs noch gefunden, oder gar das Flugzeug neben der Scheune ausgemacht? Vater sagte danach: „Sie haben schnelle Jäger, gesehen haben sie uns doch ganz bestimmt. Ob sie wohl nicht geschossen haben, weil sie uns als Zivilisten erkannten?"

Dieses Ereignis hatte alle Dorfbewohner unerhört in Erregung versetzt. Zum ersten Mal waren in unserer Gegend sowjetische Flugzeuge überhaupt, und dann auch noch so niedrig fliegend, gesehen worden. Alle stellten sich die Frage nach dem Verbleib unserer Jäger. Konnten die Bolschewisten so einfach und ohne Verfolgung die Grenze überqueren?

Teil 2

Neue Eindrücke vom Zustand deutscher Soldaten

Die Arbeit auf den Feldern ging weiter. Alle Vorbereitungen für die Aussaat des Rübsens waren getroffen, der 25. August als Termin konnte eingehalten werden. So um den 15. August waren wieder neue Soldaten in größerer Zahl ins Dorf gekommen. Ihr Auftreten war so ganz anders als das der Angehörigen der Stabseinheit. Irgendwie stellte Mutter eine Verrohung von Soldaten und auch Offizieren fest. Diese fragten nicht nach Plätzen für Fahrzeuge und Geräte, sie belegten Ställe und Tennen der Scheune mit Rindern und Schweinen, die sie wohl in Litauen oder von noch weiter her requiriert hatten. Es vergingen vielleicht zwei Wochen nach der Ankunft dieser Einheit, und unsere Schweine erkrankten an einer uns unbekannten Krankheit.

Schweinepest und Seifensiederei

Rotlauf im Hochsommer wäre ja möglich gewesen. Die Tiere aber nahmen nicht eine rötliche Färbung an, nein, sie wurden gelb. Der Tierarzt stellte schließlich Schweinepest fest. Alleine das Wort „Pest" löste Schrecken aus. Fast in allen Ställen des Dorfes traten die Krankheitssymptome auf. Alle Tiere mußten sofort geschlachtet und die Kadaver tief vergraben werden. Vater war in den Tagen nach Hause gekommen, die anderen VS-Männer wohl auch. Etwa 20 Schweine wurden aus unserem Stall getötet. Die Tiere wurden einfach totgeschlagen, auf eine Schleppe gezerrt und in eine ausgehobene tiefe Grube geworfen. Der Tierarzt, ein mit dieser Seuche wohl wenig in Berührung gekommener Mann, gab die eigenartige Empfehlung, von noch nicht sichtbar erkrankten Tieren Seife zu kochen. Zur Desinfektion der Ställe waren aus der Apotheke „Lepinaletten" zu holen. Diese etwa 6 x 6 cm großen Tabletten würden das Fleisch und auch die Knochen der Tiere beim Kochen zerfressen. Da Seife eine Rarität für uns darstellte, wurde der Tip des Tierarztes befolgt. Im Schweinestall stand ein

Otto und Minna Wiemer aus Sandau (Osznaggern)

großer Kartoffeldämpfer, der ja nun, da alle Schweine getötet waren, sich für die Seifensiederei anbot. Gute, feste Seife setzte sich nach dem Koch- und Abkühlungsprozeß an der Oberfläche der zerkochten Masse ab. Der Engpaß Seife war für einige Monate geschlossen. In anderen Familien war ähnliches geschehen.

„..opferte er sein Leben für uns und seine geliebte Heimat und für den Sieg.
Er ruht auf einem Heldenfriedhof in Polen."

So um den 15. August kam von Onkel Otto, der zur „Bekämpfung" des Warschauer Aufstandes im Einsatz war, ein Brief, durch ihn geschrieben, mit der Post zu uns. In wenig lesbarer Schrift teilte er mit, daß ihn ein Schuß durch die Leber ereilt habe. Tante Minna, die ja in Sandau war, wurde umgehend informiert. Schlimmstes war zu erwarten. So um den 25. August kam die Nachricht, daß der „Obersoldat Otto Wiemer am 17. August 1944 für Führer, Volk und Vaterland gefallen" sei.
Die Todesanzeige im „Ostdeutschen Grenzboten" sagte, „tiefe, stolze Trauer" an. Darüber wurde in der Verwandtschaft sehr kontrovers befunden.
In der privaten Todesanzeige hieß es:
„..im Alter von 44 Jahren am 17. August 1944 nach schwerer Verwundung den Heldentod starb. Getreu seinem Eid opferte er sein Leben für uns und seine geliebte Heimat und für den Sieg. Er ruht auf einem Heldenfriedhof in Polen."
> *Ruhe sanft in Feindesland*
> *Du mein geliebtes Herz*
> *Du hast den Frieden*
> *und wir den Schmerz.*

Onkel Otto ist auf einem Soldatenfriedhof am Serok, westlich von Warschau gelegen, beigesetzt.

Die folgenden Wochen waren auf dem Hof immer mit Spannung umgeben. Die Trauer um Onkel Otto hatte alle so sehr ergriffen. Nun hatte der „verfluchte Krieg", so pflegte Mutter immer zu sagen, schon zwei der acht Soldaten aus der Verwandtschaft zum Erbleichen gebracht. Sie hat damit eigentlich ganz unmerklich wohl bei allen von uns enorm erzieherisch und vor allem umdenkend zum bisher üblichen Familienstandpunkt Unerhörtes geleistet.

Otto, der Stolz der ganzen Großfamilie!

Otto Reuter, der älteste Sohn von Mutters ältester Schwester, Tante Annchen aus Hainau, hatte es bis zum Hauptmann, dem Deutschen Kreuz in Gold und zur siebenten Verwundung in dem zu jenem Zeitpunkt fünf Jahre währenden Krieg, gebracht. Die letzte Verwundung hatte ein Auge gekostet. Dafür hatte es aber auch das Verwundetenabzeichen in Gold gegeben. So hatte der Krieg, das Geschäft mit dem Tode und dem Blut, die Äquivalente festgelegt. Otto war in diesen Wochen, so glaube ich, auf Genesungsurlaub. Er kam mit seiner jungen Frau, der Emmchen, und der noch nicht dreijährigen Tochter Christa zu uns. Wir sonnten uns natürlich alle in diesem stattlichen Offizier. Er wird wohl 29 Jahre alt gewesen sein. Mutter sagte zu ihm: „Na Olle", so war der

Kosename dieses Lieblings und Stolzes der ganzen Verwandtschaft, „nun brauchst du ja nach dieser schweren Verwundung doch nicht mehr an die Front." Otto erwiderte: „Tante Lieschen, die Russen sehe ich auch noch mit einem Auge!" Er hat sie gesehen, sie ihn aber auch. Und schon auf deutschem Boden, in der Nähe von Gumbinnen, ist er im Januar 1945 gefallen. Für Führer, Volk und Reich, so hieß es dann nun schon für den vierten der acht ausgezogenen Soldaten unserer Verwandtschaft -"Sippe" sollte ja gesagt werden.

*Otto Reuter mit seiner Frau
Emma und Tochter Christa*

Rückblick zu Haltungen und Befindlichkeiten manch einer Mutter

Da drängt sich mir eine noch um wohl zwei Jahre zurückliegende Episode aus den Weihnachtsfeiertagen 1942 oder 1943 ins Gedächtnis. Wir saßen alle bei unseren Nachbarn am brennenden Lichterbaum. Frau Städler hatte vier Söhne und eine Tochter. Mit der Tochter, einem polnischen Mädchen und zwei französischen Kriegsgefangenen bewirtschaftete sie einen Bauernhof von ca. 20 ha und betrieb die Dorfgaststätte. Dort gab es neben Getränken auch Salz, einige Süßigkeiten, Heringe, etwas an Waschmitteln, Ata und auch Petroleum, da unser Dorf noch keinen Anschluß ans Energienetz erhalten hatte. Denn Krieg zu machen war wichtiger. Der Kriegsverlauf bewegte auch während dieses Besuches die Gemüter.

Es muß wohl doch 1942 gewesen sein, denn der Kessel in Stalingrad brodelte noch. Frau Städler sagte dann zu einem, den Krieg betreffenden, Gesprächsinhalt: „Na, Frau Wiemer, um ihre beiden Jungen müssen sie noch nicht jeden Tag bangen, die sind noch nicht soweit, daß sie die Uniform anziehen sollen. Fritz ist ja in Frankreich, es wird ihm dort hoffentlich nichts passieren. Aber die anderen drei! Wenn es aber sein muß und der Führer will es, dann würde ich auch alle vier Jungs hergeben, wenn nur die Bolschewisten nicht kommen."

Alle vier Söhne fielen. Und die Bolschewisten kamen: Der Älteste, der Fritz, ist in Frankreich von der Resistance getötet worden. Der Jüngste, der Erich, ist im Kessel bei Witebsk vermißt. Er war, wie das so oft die Mütter ausdrücken, der Liebling. Gustav, eigentlich mein Liebling, war durch eine Verwundung zu einem steifen Arm gekommen. Er war in der Tschechoslowakei als Gefangenenaufseher in Diensten. Es mußten ja schließlich Kanonen produziert werden, denn der Absatz, - und somit der Gewinn - , boomte. Er ist auch gefallen. Vielleicht haben ihn auch die, die er bewachen sollte, totgeschlagen. Paul, gelernter Kaufmann, war zu Weihnachten 1944 auf Heiratsurlaub. Er konnte sich wenige Tage vor dem Urlaubsantritt die Schulterstücke eines Leutnants aufknöpfen. Der Urlaubsort war schon nicht mehr Grieben. Mutter erlebte ihn mit seiner jungen Frau, einer Tochter der Familie Geisendorf aus Schloßberg, als sie zum Gratulieren ging, als einen sehr nachdenklich wirkenden, traurigen Offizier. Von Hochzeitsstimmung war nichts zu spüren. Mutter (immer wieder war es Mutter), verglich sein Verhalten mit dem des Heinz Gruber. Im Januar 1945 ist er dann ebenfalls in den Kämpfen bei Gumbinnen gefallen. Er gehörte zu den 22ern, die in Gumbinnen ihre Garnison hatten. Otto Reuter war in der gleichen Einheit. Wie viele andere wollten wohl auch sie die Bolschewisten nicht ins Reich lassen.

Darf ich solche Vergleiche anstellen?

Ich frage mich und die Gegenwart immer wieder, wo sind die bundesrepublikanischen Richter der Adenauerzeit (und das reicht bis in die jetzige Gegenwart) die auch nur einen einzigen der für solche Schicksale einfacher Familien Verantwortlichen des Dritten Reiches die dem Verbrechen gemäße Strafe zu verhängen gehabt hätten, zu finden. Aber als Nachfolgestaat des Dritten Reiches ist das bis heute nicht möglich. Da übt man sich mit allen Mitteln, die die Gerechtigkeitsbeugung mit eigens dafür geschaffenen Gesetzen und Vokabeln zuläßt, „die DDR und ihr Regime zu delegitimieren." So laut Kinkel. Das Gegenteil ist im Westen der Normalfall gewesen. Der durch die Siegermächte zu einer 15-jährigen Haftstrafe verurteilte Kriegsverbrecher der Finanzwelt, J. H. Abs, ist bereits 1947 von einem „Gericht" freigesprochen worden. Der kalte Krieg brauchte wieder Fachleute. So wurde der einstige Finanzberater Hitlers auf den Stuhl des Finanzberaters von Bundeskanzler K. Adenauer gehoben.
Nun ist aber eigene Befindlichkeit wieder übermäßig strapaziert.

War dort Gott am Werk?

In den klaren Augustnächten 1944 erlebten wir die Fliegerangriffe auf Tilsit als ein Schauspiel mit hunderten „Weihnachtsbäumen" am nächtlichen Himmel. Die Detonationen der Bomben und das alles durchdringende Dröhnen hunderter Flugzeugmotore ließ uns, auf dem Hof stehend und zum Himmel blickend, erschauern. War dort Gott am Werke? Wenn er alles lenkt, mußte es doch so sein. Die Zerstörung Königsbergs am 27. und 30. August konnten wir mit dieser Unterweisung dann gut nachvollziehen. Tilsit war 50 km, Königsberg 130 km Luftlinie von uns entfernt. Wieder war es Mutter, die da sagte: „Ach trutzter (trauter) Gott, was steht uns bevor? Was müssen die Soldaten an der Front und die Berliner bei den Bombenangriffen fast täglich durchmachen?"

Mutters 51. Geburtstag

Am 8. September war Mutters 51. Geburtstag. Gäste waren anwesend. Tante Mietze, Gretel und der kleine Manfred waren ohne Unterbrechung in all den Wochen bei uns. Aber auch Reuters aus Hainau waren abgeholt worden. Kurt hatte ihr seine Wünsche durch einen Feldpostbrief in wärmsten Worten übermittelt. So war die Wortwahl, vor allem die Anrede, sonst nicht üblich.

„Der Junge muß Heimweh haben", folgerte Mutter aus dem Inhalt, und sie weinte bitter in sich hinein. Dieser Brief ist auch noch in unserem Besitz, zwar sehr verblichen, aber noch lesbar. Damit sein Inhalt auch weiterhin Lesern zugänglich bleibt, werde ich ihn an dieser Stelle einfügen. Er steht dann, wie vom Schreiber gewollt, als Gruß zu Mutters Geburtstag.

Stablack, den 5. Sept. 1944

Mein liebes Muttchen!
Zu Deinem Ehrentag - Deinem 51. Geburtstag - wünsche ich Dir alles erdenklich Gute.
Möge Dir noch ein langes gesundes und freudenreiches Leben beschieden sein. Am Freitag werden meine Gedanken bei Dir sein.
Mit dem Urlaub ist es leider nicht so bestellt wie ich gehofft hatte. Außerdem werden wir aller Wahrscheinlichkeit nach

unser geliebtes Stablack verlassen. Es soll etwas weiter nach dem Westen gehen. Vielleicht Bromberg oder Posen. Ist eigentlich gar nicht so übel.

Deinen Brief habe ich gestern erhalten. Ich habe es gar nicht so richtig fassen können, daß Onkel Otto nun nicht mehr zu den Lebenden zählt. Er ist der Zweite aus unserer Verwandtschaft, der sein Leben für uns geopfert hat. Aber es wird nicht umsonst geopfert sein.

Zu Hause werdet Ihr nun sicher bald den Roggen säen, oder seid ihr schon dabei?

Mit dem Regen ist es hier auch sehr schlecht bestellt. Er fehlt bestimmt schon sehr nötig.

Nun noch einmal meinen herzlichsten Geburtstagsglückwunsch

und viele Grüße sendet Dir Dein

Junge.

Aussaat und Panzergräben

Auf den Feldern waren inzwischen alle Kartoffeln, Rüben und der Kohl geerntet. Die Saatfurche war gezogen. Und ich ging hinter der Drillmaschine als Lenker hinterher. Schien die Sonne, lief ich barfuß. Vater war immer wieder für mehrere Tage nicht zu Hause. In den östlichen Teilen des Kreises haben tausende Gefangene, Zivilpolen, Jugendliche, auch Frauen das fruchtbare Land mit Panzergräben durchzogen. Als Vorstufe, als Intermezzo, gegen das gedacht, was als T 34 sich der Grenze unaufhaltsam näherte oder sich im Bereich der 3. Belorussischen Front auf die Näherung vorbereitete. Von unseren beiden Litauern war der Kashimir Lidwinskas auch ab Anfang Oktober dabei. Er kam in den ersten Tagen immer noch nach Hause. Schließlich blieb er irgendwann aus. Die Gemeinschaft des Hofes begann sich aufzulösen. Ich hatte schon erwähnt, daß mehrere Familien mit der Bahn ins Reich gebracht worden waren.

Unaufhaltsam schreitet die Zeit und mit ihr die Ereignisse

Walter Skroblins Eltern hatte die Evakuierung bereits im Juli in den Kreis Preußisch Holland, im westlichen Ostpreußen gelegen, gebracht. Die Post funktionierte ja noch, und wir wußten den Aufenthaltsort seiner Mutter mit den jüngeren Geschwistern. Auf Vaters Anraten fuhr er dann so um den 10. Oktober ab.

Die Hektik wuchs von Tag zu Tag. Die ersten Viehherden belebten die Straßen. Auch für das Gebiet um uns herum begann die Vorbereitung. Zum Abtrieb der Tiere wurde sogar an eine Kennzeichnung der Kühe durch uns gedacht. Welch eine Naivität, welch eine Verantwortung gegenüber den Tieren, welch eine Angst um den Verlust! Kashimir Jablonskis hatte die Leiterwagen wieder für die Beladung mit den wichtigsten Sachen hergerichtet. Ein Wagen sollte mit dem Teppich aus der großen Stube bespannt werden. Alfred, mein Vetter, hatte das für seine Familie bereits vorbildlich gemacht. Er war handwerklich besser orientiert als ich. Im ganzen gesehen hatte er sich ja schon ab Herbst 1943, seit sein Vater eingezogen wurde, diesem Status, „Hofverantwortlicher" zu sein, zuzuwenden.

Ich wurde 13

Am 15. Oktober wurde ich 13 Jahre alt. Wie immer war auf der Kommode, auf der das Telefon seinen Platz hatte, ein Kranz aus Herbstastern gelegt. Darin lagen einige Süßigkeiten. Auch der Teller mit den Weintrauben aus eigener Ernte fehlte nicht. Alle gratulierten mir. Vater bedankte sich für den Fleiß, den mir die Umstände auferlegt hatten. Nina, das Russenmädchen, drückte mich. „Oh Jongke, Jongke, arbeiten wie großer Mensch", sagte sie. Zur Kaffeezeit kam wie in allen Jahren Tante Ida Grigat, Mutters Cousine, aus Blumenfeld. Das hatte folgende Bewandtnis: Tante Ida und Onkel Hans Grigat bewirtschafteten im 2 km entfernten Nachbardorf einen schönen Bauernhof mit 320 Morgen besten Bodens. Diesen Hof sollte ich einmal erben. Das lag nahezu fest. War jedoch erschüttert worden, nachdem mein Bruder das Schreiben des Reichslandwirtschaftsministers bei der Siegerehrung als Gausieger ausgehändigt bekommen hatte. Welch eine Ironie des Schicksals!

Dienstag, der 17. Oktober 1944

In den Tagen ab dem 15. Oktober begann sich dann die Front des sowjetisch-polnischen Marschalls Rokossowski zu bewegen. Die Flucht sollte beginnen. Die Sandauer waren wohl schon einige Tage wieder auf dem Hof bei uns. Sie hatten alles Getreide in die Scheune gefahren. Der Befehl zum Räumen des Dorfes, mit vorgeschriebenen Wegen und dem Zeitpunkt der Abfahrt, ist wohl per Telefon übermittelt worden. Ich hatte auf einem Zettel, dem „Krawuliszettel" (Bekanntmachung), von Vater unterschrieben, das allen kundzutun. So gegen 10.00 Uhr kam Lehrer Reschat völlig außer Atem auf den Hof und rief: „Walter, das Pferd!" Es war vorgesehen, eines der zuverlässigsten Arbeitspferde, eine Schimmelstute, für Reschats zur Flucht auszuleihen. Ich legte dem Tier die Siele an, nahm mein Fahrrad zur Hand und führte das Pferd den zwei km weiten Weg nach Burgkampen. Es war mein Sattelpferd, das mich viele Wochen in der Erntezeit seit 1942 über die Felder getragen hatte. Lehrer Reschat, über ihn wird noch manch ein Satz zu sagen sein, war mit seinem Fahrrad schon wieder nach Hause geradelt. Danach waren auf dem Hof alle erforderlichen Vorkehrungen für den Aufbruch getätigt. So richtig wußte ich (was auch für meine Schwester und die anderen Kinder zutraf,) ja nicht, was uns nun bevorstand. Mutter hatte zu Mittag eine Suppe gekocht. Sie selber aß nicht. Die Gedanken der Eltern waren für mich nicht nachvollziehbar. Für mich war wichtig, daß mein Fahrrad mitgenommen werden durfte. Ferner war wichtig, daß ich die Winteruniform des Jungvolks anziehen durfte. „Den Firlefanz von der Bluse trennst du sofort ab, und den Schlips bindest du nicht um", forderte Mutter mich auf. Den Tornister (Schulmappe) hatte ich mit allen Büchern schon auf einem Wagen verstaut. Es ist einzuflechten, daß ein vollständiges

Sortiment an Schulbüchern höchstens drei von zehn Kindern hatten. Glücklicherweise gehörte ich zu denen, die Bücher hatten. Ganz konkret standen vier Wagen auf den Pflasterstreifen vor den Gebäuden abfahrbereit. Ein großer Leiterwagen war mit Kleidung, Wäsche, Betten, Geschirr, einigen Kisten, Stühlen, Pelzdecken, wie sie für den ostpreußischen Winter fast unerläßlich waren, und mit manch anderem Hausrat beladen. Auf einem zweiten Leiterwagen befand sich alles Eßbare. In großen Kisten, die der Kashimir gefertigt hatte, fanden Konservenbüchsen, gefüllt mit Fleisch, Wurst, Obst und Gemüse ihren Platz. Geräucherter Speck, Schinken, eingesalzene Gänse- und Enteteile, Steintöpfe, gefüllt mit Schmalz, Töpfe mit Marmelade und Honig waren dabei. Eimer, Kannen, Schüsseln, Kochtöpfe, Milchkannen, ein Waschfaß, und zwei weitere Fahrräder obenauf. Der dritte Leiterwagen sollte das Futter für die acht Pferde befördern. Hafer, Futterschrot, Mehl fürs Brotbacken, ein Sack Weizen und eine Menge Heu, fest eingebunden, bildete den Abschluß. An den Leiterbäumen waren Futtereimer und andere Metallgefäße mit Lederriemen geschnallt. Der Jagdwagen diente zur Beförderung der Personen, die auf den Leiterwagen nicht so recht Platz hatten. Für viele andere Familien war dieses in deren Augen gewiß eine Luxusausstattung. Wir sahen das damals bestimmt anders. Ich jedenfalls! Um 14.00 Uhr standen alle Nachbarn mit ihren beladenen und zum Teil mit einem Wetterschutz versehenen Wagen in der Dorfmitte zum Verlassen der Heimat bereit. Daß es ein Fortgang für immer werden sollte, ahnte niemand. Unseren ersten Wagen lenkte Moritz, unser Franzose, bei ihm saß die Nina. Diese beiden sehr fleißigen Menschen hatten Sympathie füreinander gefunden. Dort hatte auch ich meinen Platz. Aber ich stieg hinter dem Dorf aufs Fahrrad und war gewissermaßen der Kurier fürs ganze Dorf. Den zweiten Wagen fuhr der Kashimir, dort hatte Lisbeth, meine sechs Jahre ältere Schwester, zeitweilig ihren Platz. Der Kashimir sprach recht gut Deutsch, war oft lustig, und er hat uns Jungen manch einen Blödsinn eingeflößt. Der Stephan kutschierte den Futterwagen. Dieser Pole, etwa 22 Jahre alt, trug den sprichwörtlichen polnischen Nationalstolz in sich. Da das

Verhältnis im Umgang mit den Leuten, so hieß es ja, bei uns recht offen war, gab es viel Verständnis für manch eine Bemerkung, die er äußerte. Der Grundsatz: „Der größte Lump im ganzen Land, das ist und bleibt der Denunziant", war handlungsbestimmend, auch und wohl ganz gezielt im Umgang mit Fremdarbeitern. Vater hatte zwei ganz junge Pferde, sehr edle Trakehner, selbst vor den Jagdwagen gespannt. Den Umgang mit jungen Pferden betrieb er nach folgender Regel: „Menschen werden durch den Umgang mit anderen Menschen und durch die Verhältnisse zu Verbrechern, Pferde und andere Tiere auch." Ich darf feststellen, daß keines unserer Pferde schlug oder biß. So fuhr er diesen Wagen ganz gezielt, um diese Tiere nicht zu verlieren, selbst. Dort saßen Mutter, Tante Mietze, Margarethe und der kleine Manfred in der Bequemlichkeit, die ein Jagdwagen eben bot.

Die Kausalität, die Wechselwirkung von Ursache und Wirkung, lernte ich später in den philosophischen Exkursen der Marxschen Lehre, dann eigentlich nur noch als Theorie begreifen. Vieles war durch die Vernunft im Handeln der Eltern verinnerlicht worden. Der Dorftreck, eine verbale Neuschöpfung für mich, setzte sich mit etwa 25 Wagen in Bewegung. Eine Schwermut, vielleicht auch Scham, bemächtigte sich der Menschen, die da ja auf vielen Wagen Fremdarbeiter (Polen, Russen, Litauer, Franzosen und Belgier) westwärts mitnahmen. Diese Scham trugen auch meine Eltern mit sich herum. Gesagt wurde es jedoch zu dem Zeitpunkt noch nicht. Das dauerte noch Jahre. In anderen Familien hatte es da schon zeitiger zu dämmern begonnen. Ob daraus dann immer Konsequenzen gezogen wurden, bezweifle ich. Denn Treue blieb ja doch das Mark der Ehre, zumal ja „Deutschland, Deutschland über alles" war. Und das war keine faschistische Erfindung.

Ein letzter Blick. Und was war 50 Jahre später zu sehen?

Eine Weile konnte ich, die anderen Fahrensleute auch, den Hof und das Dorf noch sehen. Immer wieder drehte ich mich um, blieb mit dem Fahrrad absichtlich zurück. (An dieser Stelle, am Weg,

Hof der Familie Wiemer

Platz der Hofstelle 1995

52

der zu Lamprechts führte, stand ich am 4. Mai 1995, als wir nach 50 1/2 Jahren zu Fuß von Burgkampen nach Grieben gingen, wie angewurzelt. Ich suchte das Dorf und den Hof. Alles war vom Erdboden verschwunden.)

Vor Burgkampen bogen die Fahrzeuge in Richtung Wittkampen ab. Über Angerfelde ging es dann südlich weiter bis Roßlinde. Da war nach etwa 22 km die erste Halbtagstour zu Ende. Es dämmerte schon sehr. Da aber der Ostwind fernen Geschützlärm bis zu uns herleitete, wurde dieses Roßlinde noch angefahren. Auf dem Gut der Familie Mentz erhielten wir mit wohl noch zehn anderen Wagen Unterkunft für Pferde und Menschen. Alle erhielten eine warme Mahlzeit. In dem Ort sollte die Räumung am nächsten Tag auch erfolgen.

Jahrzehnte später ergab ein Gespräch mit dem damaligen Direktor der Polytechnischen Oberschule in Zerrenthin, Kreis Pasewalk, daß wir auf dem Gut der Eltern des Herrn Dieter Mentz gute Aufnahme gefunden hatten. Er war allerdings damals ein zweijähriger Junge. Seine Mutter lebte da schon nicht mehr, sonst hätte ich das Gespräch mit ihr gesucht. Immer, wenn ich den ostpreußischen Dialekt im Ohr hatte, sprach ich die Menschen an.

Am nächsten Tag ging es dann in westlicher Richtung weiter. Alle Griebener fuhren von ihren Quartierhöfen zu gleicher Zeit ab. Das war sicherlich mit den Männern abgesprochen. Vater war dem

Die Familie 1937

Grundsatz gefolgt, daß jeweils zu mehreren Wagen ein deutscher Mann sich den Frauen und den Fremdarbeitern zur Seite stellte. Die Eichwalder Forst war nicht zu durchqueren, das Gebiet war sumpfig. So ging es auf Landstraßen bzw. Landwegen nördlich der Eisenbahnlinie, somit auch nördlich der Pissa und der Hauptstraße Königsberg, Insterburg, Gumbinnen, Ebenrode, Eydkau, bis in einen Ort, der mir nicht im Gedächtnis verblieben ist. Das war also Mittwoch, der 18. Oktober. Unterwegs waren auf ein riesiges leeres Feld hunderte Flüchtlingswagen, geordnet neben- und hintereinander, dirigiert worden.

Rast

Der Grund: Auf einer nahegelegenen Chaussee rollten neben Panzern viele Geschütze und Lastwagen. Sie fuhren in Richtung Westen. Das Motorengeräusch löste unter vielen Gespannen Panik aus. Auch unsere beiden jungen Pferde spitzten die Ohren und setzten zum Aufbruch an. Auf den großen Schmutzfangbrettern des Jagdwagens hatte Mutter, die erzwungene Rast nutzend, Stullen in großer Zahl ausgebreitet. Wir wollten essen. Alles fiel herunter. Nur das beherzte Reagieren unseres Moritz verhinderte Schlimmeres.

Eine erste Zwischenstation

Am 19. Oktober sollte das Ziel der Flucht, so hieß es, zunächst erreicht sein. Dort würden alle Griebener Quartier zugewiesen bekommen und auf eine Rückkehr warten. So war die Orientierung, die Vater wohl erhalten hatte.

Timberquell (ehemals Klaukallen) hieß unser Evakuierungsort. Das relativ kleine Dorf liegt 20 km nordwestlich von Insterburg entfernt an der Quelle der Timber, einem Zufluß zur Wiepe und Gilge, also zum Kurischen Haff. Aus der Niederung der Gilge kamen zu uns nach Grieben im Spätsommer die Zwiebelbauern der Elchniederung (Zippelkurschisse - Zwiebelkuren) und tauschten Zwiebeln gegen Roggen. Das Verhältnis 1:1 war bei normaler Ernte gültig. Ihr Ruf schallte weit: „Zippel, h o l t Zippel!"

Mit der Bequemlichkeit war es vorbei

Unser Quartierbauer hieß Gesseleit. Die Leute waren sehr ungehalten über die Flüchtlinge. Weder die Tiere noch die Menschen bekamen eine zumutbare Unterkunft. Der Herbst hatte schon viele Frosttage gebracht. Unser Zimmer im Oberteil des recht großen Bauernhauses hatte gar keine Decke. Wir froren fürchterlich. Solche Art von Unfreundlichkeit war uns fremd. Mutter war am Verzagen, denn da deutete sich eine Auseinandersetzung an. Dazu brauchte es aber nicht zu kommen. Am Morgen des 21. Oktober weckte uns Geschützdonner in ungewöhnlicher Lautstärke. Schon verbreitete sich auch der Befehl zur sofortigen Weiterfahrt. „Die Russen sind durchgebrochen", hieß es. Sie greifen auf Gumbinnen zu an. Am Abend des Vortages hatte Vater ein ernstes Gespräch mit der Frau des Hauses, um das Eingreifen des dortigen Bürgermeisters abzuwenden. „Warum sind sie denn gefahren, die Russen waren doch noch gar nicht an der Grenze. Die kommen auch nicht", sagte Frau Gesseleit. Vater antwortete darauf: „Der Russe ist in Bewegung, und wenn er kommt, dann ist er auch bald hier."

So war es dann auch

Schnell waren alle wieder auf den Beinen. Die Fahrt ging in größter Erregung und Eile, von Angst getrieben, weiter. In Birken (Berschkallen), einem größeren Dorf, das wir durchfuhren, war der Burgkamper Treck auch schon zur Weiterfahrt bereit. Das Fuhrwerk von Lehrer Reschat erkannten wir an unserem Schimmel. Immer noch nördlich der Linie Königsberg-Gumbinnen ging die Fahrt weiter. Stationen der Übernachtung kann ich aus diesem Teil der Fahrt nicht benennen. Auch meine Schwester fand keinen Ortsnamen in ihrem Gedächtnis.

Die Inster hatten wir auf dem Weg nach Timberquell nördlich von
Insterburg überquert. Vater verwies auf den Ort Georgenburg.
Dort war mein Bruder im Herbst 1943 sechs Wochen zum Besuch
der Reit- und Fahrschule.

Trecks, soweit das Auge reichte

Nun aber, als die Hektik sich weiter ausbreitete, die Straßen und
Wege immer mehr Flüchtlinge aufnehmen mußten, war das
Vorwärtskommen beschwerlicher geworden. Es gab ständig
Umleitungen. Soldaten der Feldgendarmerie, „Kettenhunde"
genannt, Volkssturmmänner „Parteigenossen" der NSDAP mit
Hakenkreuzarmbinden über der Uniform, Zivilisten mit Armbin-
den versehen, um kenntlich zu sein, regelten den Strom der einst
Siegenden jetzt vor den einst Verlierenden. So ist Geschichte! So
ist Anachronismus!

Pregelüberquerung

Eine Pregelbrücke mögen wir in Norkitten in südlicher Richtung
überfahren haben. An die recht große Brücke erinnere ich mich,
an den Namen des Ortes jedoch nicht. Da mußte jetzt beim
Schreiben die Karte helfen. Weiter zog sich die Schlange der nicht
übersehbaren Flüchtlingskolonnen. Wohin man auch schaute, auf
allen Straßen und Wegen zogen sie.

Parallelen zu 1914

In Uderwangen war eine längere Rast. Vater mußte sich an einem
Platz abseits der Straße wohl zu einer Einweisung einfinden. Ich
vermute, daß es sich um den ersten größeren Ort des Kreises
Preußisch Eylau gehandelt haben wird. Denn im Kreis Preußisch
Eylau wurden die Trecks unseres Kreises untergebracht. Und es
war so geregelt, daß die Dörfer als Fluchtgemeinschaft wiederum
zusammen in adäquat große Aufnahmedörfer, so sagte man,
geleitet wurden. Zum anderen ist die Parallelität zur Flucht von

1914 für diese Variante erkennbar. Warum auch nicht, der 1. Weltkrieg hatte ja seitens derer, die ihn wollten, organisierten und förderten, die gleichen Ziele: Raub! Neuaufteilung der Ressourcen - schlicht: Kolonien!

Zwischenbemerkung

Mit dem Unterschied jedoch, das Zweite Deutsche Reich benötigte 43 Jahre seit seiner Ausrufung auf fremdem Territorium (vielleicht, weil 20 Jahre Bismarck die europäischen Realitäten geschickt beachtete). Das faschistische Deutschland benötigte nur fünf Jahre von der Machtergreifung bis zur Annexion Österreichs und dem 1. September 1939 (Wohl, weil alter Kriegsgeist und anerzogene Kampflust erhalten geblieben waren. Daran hatte das Scheitern der Novemberrevolution seinen Anteil.). Was wäre aus dem Nachkriegsdeutschland bereits in den 50er und 60er Jahren erwachsen, hätte es die DDR nicht gegeben? Wie viele Mütter hätten wohl dann um ihre Söhne weinen müssen, wäre der kalte Krieg in einen heißen hinübergewachsen? Bitter für die, deren Söhne an der innerdeutschen Grenze den Weg in die „Freiheit" so wählten. Es bleibt nur zu hoffen (oder es müßte erzwungen werden), daß das geeinte Deutschland, die BRD, aus der Geschichte Lehren zieht. Gegenwärtig gibt es dafür wenig Anhaltspunkte.

Wir sind in Vierzighuben (Veiertigehauwen)

So gelangte am 25. oder 26. Oktober 1944 die Griebener Dorfgemeinschaft („Volksgemeinschaft") in den Ort Vierzighuben. 15 km von Preußisch Eylau, 8 km vom Bahnhof Schrombehnen und 26 km von Königsberg entfernt, sollten wir nun wohnen. Im Frühjahr würde es ja wieder nach Grieben zurückgehen. Die Erinnerung an diesen Ort, für mich der Ort der Geburt, nicht nur der Kindheit, ist nie verdrängt worden. „Wo deine Wiege stand, da ist dein Heimatland", sangen wir in vollster Überzeugung. Haben andere, die für ihre Wiege keinen richtigen Platz auf einem Hof oder im eigenen Haus hatten oder haben, nicht auch ein Anrecht auf Heimat und Heimatland? Ist das für die Menschen aus den Ländern, die Deutschland versklaven wollte, nicht auch gültig?

Ein Satz voller Wahrheit

Also hat Karl Marx im Manifest recht, wenn er sagt: „Die Proletarier haben nichts zu verlieren als ihre Ketten." Eine Heimat hatten und haben sie nicht. An einigen unserer Mägde und Knechte konnte ich das durchaus damals schon bemerken, von den Fremdarbeitern und Kriegsgefangenen ganz zu schweigen. Immer nur „Deutschland über alles"? Fallersleben war da auch nicht ganz eindeutig. Oder ist er nur falsch interpretiert worden, als 1949 das Deutschlandlied zur neuen -alten- Hymne der Bundesrepublik Deutschland ausgewählt oder wiedergewählt wurde? Da war ich doch 1990 so blauäugig und nahm an, oder ich hoffte, weil irgendwie logisch, bei einer Vereinigung der beiden Deutschlands, die Hymne der DDR mit ihrem: „Auferstanden aus Ruinen und der Zukunft zugewandt", und dem: „Daß nie eine Mutter mehr ihren Sohn beweint", als neue deutsche Hymne nur in Frage kommen könne. Wie man sich doch irren kann.

90 Tage Atempause und Zeit fürs erste Umorientieren

Wir wurden durch den dortigen Bürgermeister auf den Hof der Familie Manneck eingewiesen. Wahrscheinlich der vielen Pferde wegen. Für uns, da war die Nina eingeschlossen, stand im Obergeschoß des recht großen Bauernhauses ein schönes geräumiges Zimmer zur Verfügung. Der Franzose, Kashimir und der Pole bekamen Platz im Zimmer neben der Waschküche im Stall. Für die Pferde wurde in der Scheune die große Häckselkammer zum Stall verändert. Dort war es warm, und manch ein Bund Stroh konnte zusätzlich zur Tagesration den Tieren zugeführt werden. Die Tagesration betrug: vier Pfund (zwei kg) Hafer und vier Pfund Heu. Die mitgebrachten Hafersäcke halfen, den Tieren täglich einen geringen Zusatz zu gewähren. Wir erhielten fortan Lebensmittelkarten, die auch den Bezug von Fleisch, Fett, Brot und anderen Erzeugnissen gestattete. Da merkten wir erst, wie die Menschen in den Städten den Krieg doch hassen mußten, wenn sie ehrlich die Dinge betrachteten. Wir hatten ja noch unseren mitgebrachten Vorrat in den Kisten. So kochte Mutter in alter Manier die gute Bauernkost weiter. Bis zum Fluchtbeginn hatten wir vom Krieg sehr wenig gespürt.

Und wieder eine Rückblende - Der Landrat gibt Auskunft

An dieser Stelle bietet sich eine Episode an, die wohl mit Vaters oder Mutters Geburtstag 1943 in Verbindung zu bringen ist: Wir saßen mit gewiß fünfzehn Gästen am Kaffeetisch. Auf den Hof fuhr ein PKW, das war durchaus damals eine Seltenheit.

Dem Wagen (so wurde ja gesagt) entstieg der Landrat, seine Frau stieg nicht aus. Ob er gratulieren wollte, war nicht zu erkennen. Vater ging raus und führte mit dem Herrn, der die komplette Parteiuniform trug, das wohl kommunale Angelegenheiten betreffende Gespräch. Schließlich kam Vater und sagte: „Lieske, wollen wir nicht den Landrat, der seine Frau mit hat, zum Kaffee einladen?" Mutter war das nicht so ganz recht, sie willigte aber ein. Beide nahmen Platz und waren nun Gäste. Die Frau sagte: „Guck doch mal Dickerchen, Frau Wiemer hat sogar Spritzkuchen und Windbeutel mit Schlagsahne." Er: „Na, wenn der Erzeuger nicht hat, wer soll dann haben." Mutter muß wohl der Einblick dieser Leute in unsere Eßgewohnheiten nicht so angenehm gewesen sein, denn Verhaftungen von Bauern, die nicht alle Milch zur Molkerei ablieferten, hatte es mehrere gegeben. Die Angst muß am Tisch gesessen haben. Das Gespräch nahm seinen Lauf. Vor der Verabschiedung fragte dann Mutter: „Herr Landrat, wann wird denn nun endlich der Krieg zu Ende sein?" Der Landrat (seinen Namen weiß ich nicht) antwortete recht nachdenklich aber klug: „Frau Wiemer: Wenn der Metzger sagt, kann es für 20 Pfg. mehr sein?" Dieses Gleichnis wurde später oft ins Gespräch gebracht. Er hätte auch anders antworten können.

Das Leben war erträglich

Wir, wie eigentlich auch alle anderen Familien, waren recht gut untergebracht. Negative Umstände waren nicht bekannt. Ich ging mit den anderen schulpflichtigen Kindern, wir waren wohl sechs an der Zahl, seit etwa dem 15. November zur Schule. Der Lehrer trug während des Unterrichts die Parteiuniform, war also ein „Systemnaher". Moritz, Kashimir, Nina und Stephan arbeiteten beim Quartierwirt. Die Landwirtschaft, in diesem zum Ermland gehörenden Gebiet, wurde durchaus anders, nicht so modern, wie wir es aus dem Gumbinner Gebiet (Nadrauen) kannten, betrieben. Das mag aber auch vornehmlich dem sehr schweren Boden anzulasten sein. Vater und die anderen Bauern, denn andere Familien waren nicht auf diese Weise geflüchtet, mußten so um den 4./5. November zum Volkssturm. Darüber war schon berichtet worden. Kurt hatten wir sofort geschrieben, er meldete sich auch recht schnell. Seine Feldpost Nr. lautete: 40 695 E, die habe ich nie vergessen. Er war zu einer Granatwerfereinheit gekommen. Wir hatten ihn als Soldat noch nicht gesehen. Nach der Ausbildung fürs Sterben in Stablack, dem größten und verrufensten Truppenübungsplatz in Ostpreußen, war er an die Front in den Weichselbogen bei Warschau zum Serok-Brückenkopf gekommen. Da war nichts mehr von Offiziersschule.

Teil 3

Moritz wollte sich nicht verdrängen lassen

Die erste Woche in Vierzighuben wurde von uns allen intensiv
genutzt, den Ort kennenzulernen und auszukundschaften, wo denn
nun die Nachbarn für sich und die Pferde eine Bleibe gefunden
hatten. Der Laden für den Abkauf der Lebensmittelkarten war
wichtig. Dort, bei Frau Grove, hatten die Sandauer ihr Quartier.
Wie überall im Land, auf den meisten Höfen, wirtschafteten die
Frauen. Litauische Fremdarbeiter waren wohl nur in unserer
Gegend anzutreffen. Hier handelte es sich um Franzosen, Belgier,
auch Holländer und Engländer als Kriegsgefangene waren bei den
Bauern.

Unser Moritz kam schon wenige Tage nach seinem Arbeitsbeginn
bei Frau Manneck, die mit ihrem sehr schwerhörigen Bruder die
recht große Wirtschaft führte, mit einem gewissen Unbehagen
täglich von der Zuckerrübenernte abends zu uns in die Oberstube.
Wo war die Ursache für die Verstimmung zu suchen? Das klärte
sich recht schnell und unkompliziert. Eines Abends, als er gewa-
schen und gekämmt in seiner guten Uniform zum Abendbrot nach
oben kam, sagte er zu Mutter: „Frau, wenn ich nicht bei Wiemer
kann Mittag essen, dann will ich nach Lager, diese Essen ich nicht
kann in Bauch geben." Was blieb da Mutter übrig? Am folgenden

Nina Koslowska, ein Mädchen aus Weißrußland

Tag fand Mutter Frau Manneck gegenüber einen plausiblen Grund für diese Regelung. Uns war es nicht unangenehm.

Die „Großfamilie" zerfällt

Nina und Stephan waren etwa nach zehn Tagen von Soldaten abgeholt worden. Es hieß, sie werden für den Bau von Panzergräben gebraucht. Dazu gehörten auch alle anderen „Ostarbeiter", die bei den Flüchtlingen waren. Der Abschied des Stephan war weniger kompliziert. Nina jedoch weinte, als müßte sie Eltern und Geschwister verlassen. Gewiß spielte da die Vertrautheit auch zum Franzosen eine Rolle. Kashimir hatte einen Kumpel gefunden und uns nach entsprechender Verabschiedung und reichlich Stullen, die Mutter mitgab, verlassen. In wenigen Wochen hatte sich die „Großfamilie" von einst zehn Personen auf vier reduziert. Die zu kochende Menge zur Mittagsmahlzeit war geschrumpft.

Und wieder Nemmersdorf

Im Radio und auch in der Zeitung, wir empfingen schon wenige Tage nach der Ankunft auch eine Tageszeitung, machten etwa um den 28. oder 30. Oktober Meldungen mit furchtbarem Inhalt die Runde. Vater war zu dem Zeitpunkt noch bei uns. Was war geschehen?
Laut Rundfunk und Presse hatten „die Bolschewisten" am 21. Oktober beim Durchbruch einer Panzerspitze in Richtung Gumbinnen bei dem Ort Nemmersdorf, an der Angerapp gelegen, ein furchtbares Blutbad unter Flüchtlingen angerichtet. Die Meldungen überschlugen sich. Frontberichterstatter und Kommentatoren, allen voran der Spitzensprecher Hans Fritsche, so meine ich mich recht zu erinnern, schilderten diese Untat. Alle wurden aufgerufen, die Kräfte zu sammeln, um die „Unmenschen" von deutschem Boden, den sie erst vor zwei Wochen betreten hatten, zu verjagen. Auch eine Goebbelsrede nahm darauf Bezug. Wir waren schockiert. Hätte uns nicht auch das Schicksal ereilen können? An jenem 21. Oktober, als wir Timberquell ganz

plötzlich verlassen mußten, war das geschehen. Bilder furchtbarsten Grauens brachte die Zeitung in jedes Haus, wo Zeitungen gehalten wurden. Voller Angst und Entsetzen stellten wir fest, daß ja Vater in die Nähe von Nemmersdorf gekommen war. Nach der Ankunft der Volkssturmleute im Bereich Jutschen (Kanthausen), zwischen Insterburg und Gumbinnen, hatten Vater und auch die anderen Männer aus Grieben (Lottermoser, Baltruschat, Beckeschat) den Standort erkennbar gemacht.

Obwohl Vater von den Greueltaten ja noch in Vierzighuben erfahren hatte, im Brief erwähnte er nichts. Gewiß wollte er uns nicht beunruhigen. Für Mutter, meine Schwester und mich sollte es noch ärger kommen.

Emil Freutel und die Bild-Dokumente

So um den 12.-15. November erschien ein Soldat bei uns. Er hatte sich zu uns durchgefragt und gab sich als Sohn der Familie Freutel aus Kickwieden, Kreis Ebenrode, zu erkennen. Mutter kannte Freutels, und sie erkannte in dem Feldwebel oder Oberfeldwebel den Emil Freutel. Wir waren alle drei, Mutter, Lisbeth und ich, im Zimmer.

Aus einer Kartentasche, wie Soldaten sie trugen, holte er 10-12 Fotografien heraus, legte diese auf den Tisch und sagte: „Tante Wiemer, in Nemmersdorf sind meine Eltern umgekommen. Können sie mir helfen, sie auf einem der Bilder zu erkennen?" Es war ein grauenvoller Anblick, der sich uns bot: Ausgestochene Augen, abgehackte Hände, fehlende Ohren. Es ist schwer zu beschreiben, was da in uns vorging. Der Soldat sagte: „Sie kennen vielleicht die Oberbekleidung, die Vater und Mutter evtl. getragen haben könnten." Mutter verneinte. Die letzte Zusammenkunft mit Freutels mag zu Ostern 1943 in Haselgrund gewesen sein. Der Zeitraum war zu lang, der Erschütterungen waren es zu viele, um solche Einzelheiten noch abrufen zu können. „Vater hatte von einer Kopfverletzung aus dem 1. Weltkrieg eine Silberplatte aufgesetzt bekommen, Mutter hatte Gold als Zahnersatz, ist da möglicherweise ein Anhaltspunkt", so forderte er weiter. (Ich

setze die Aussage auch in Anführungsstriche, obwohl diesen Teil
der Problematik mir meine Schwester erst vor etwa acht Wochen
(15.12.1998) nannte. Ich hatte sie nicht in Erinnerung.) Die
Reaktionen gingen bei uns dreien darauf hinaus, daß uns Gleiches
widerfährt, wenn wir den Russen in die Hände fallen.

Bei den Freutels handelte es sich um die Schwester oder den
Bruder von meines Vaters Schwägerin, der Tante Minna Wiemer,
geb. Rohde. Diesen Aufschluß entnahm ich den Aufzeichnungen
meines Vaters, die ich weiter oben nannte.

Diese „Bilder" wurden zu Alpträumen. In allen Gesprächen, die
geführt wurden, tauchte das Thema auf. Der Soldat aß wohl auch
noch bei uns, verabschiedete sich dann und fuhr möglicherweise
auch noch zu anderen Verwandten. Die Aufenthaltsorte aller
Verwandten, die zur Flucht hatten antreten müssen, waren uns
bekannt.

***Eine Zeitungsnotiz im Oktober 1997 rüttelte erneut am
Erinnerungspotential***

Hier mache ich zu den ungeheuerlichen Ereignissen und ihrer
Verarbeitung durch die Faschisten einen Einschnitt, der sich bei
meinen Tonbandaufzeichnungen 1994/95 so noch nicht ahnen ließ.
Zwar hatte ich im Februar 1994, als die Erinnerungen sich aufdrängten abgerufen zu werden, den Versuch unternommen, einen
ehemaligen Mitstudenten zu finden. Dieser hatte mir über
Nemmersdorf eine ganz andere Version erzählt. Ich fand ihn nicht,
weil er nicht mehr lebte. Andere Recherchen stellte ich damals
nicht an.

So vergingen 3 1/2 Jahre, bis in einer Zeitungsbeilage ganze
„Stapel" von Büchern, die auf der Frankfurter Buchmesse 1997
im Oktober angekündigt wurden, mein Interesse fanden. Beim
Überschauen der Spalten fiel mir das Wort Nemmersdorf auf. Ich
las:

„Nemmersdorf, Oktober1944 - Was in Ostpreußen tatsächlich
geschah" Autor: B. Fisch.

Sofort bestellte ich das Buch bei meinem Buchhändler in

Pasewalk. Ende November erhielt ich es und las es in einer Nacht durch. Die andere Version bekam ich nicht voll bestätigt. Die Propaganda-Version jedoch stellte der Autor mit seinen Untersuchungen in Frage.

Nun suchte ich den Autor. Die Telekom konnte nicht helfen. Aber vom Autor befragte und im Buch mit voller Adresse genannte Zeitzeugen bzw. deren Nachfahren konnten helfen. So entstand eine Telefonverbindung zum Autor, dem ich meine Kenntnisse unterbreitete. Die Wellen innerer Erregung bewirkten schlaflose Nächte. Am unruhigsten jedoch war meine Frau. Kennt sie doch die Ungeduld ihres Mannes, wenn es um Wahrheit und Unwahrheit geht.

Der Autor bat mich, ihm die Tonbänder zu übersenden, damit er einen Überblick zu meinen Kenntnissen von den Geschehnissen in Nemmersdorf erhalte.

Dem Wunsche folgte ich. Eine Kopie der Bänder wurde jedoch ausgeklammert. Ich weiß allerdings nicht warum, denn Mißtrauen ist mir fremd.

Ein Dokument entsteht

So schickte er mir nach etwa sechs Wochen eine Abschrift meiner Bandaufzeichnungen zur evtl. Korrektur und Bestätigung.

Diese füge ich nun ein, ungeachtet dessen, daß der Leser etwa 20 Schreibmaschinenzeilen fast gleichen Textes hinnehmen muß.

„Ich, Walter Wiemer, wohnhaft in 17326 Brüssow, Lindenweg 18, stamme aus Grieben, Kreis Ebenrode, Ostpreußen. Ich habe am 17.10.1994 mit der Tonband-Aufzeichnung meiner Erlebnisse während der Flucht aus Ostpreußen in den Jahren 1944 bis 1945 angefangen. Am 23.01.1995 habe ich das festgehalten, was mir im Zusammenhang mit den Ereignissen in Nemmersdorf, südwestlich von Gumbinnen, am 21.10.1944 für notwendig erscheint.

Der folgende Text über meine Erkenntnisse dazu stellt einen Auszug aus dem Gesamtbericht dar.

Am 17.10.1944 begann für uns in Grieben die Flucht, die uns zuerst nach Vierzighuben bei Uderwangen, Kreis Preußisch Eylau, südlich von Königsberg, führte. Vater war von Vierzighuben aus zum Volkssturm nach Altweiler bei Kanthausen/Jutschen, das liegt fast nördlich von Nemmersdorf, in der Gegend zwischen Insterburg und Gumbinnen, zurückgekehrt. Das könnte zwischen dem 10. und 15. November gewesen sein. Vielleicht aber auch schon zwischen dem 5. und 8. November, denn die Ankunft der Griebener Flüchtlinge in Vierzighuben erfolgte so um den 26. Oktober 1944.

An einem dieser Tage nach Vaters Abfahrt erschien ein Soldat, ich glaube es war ein Feldwebel oder ein Oberfeldwebel. Er gab sich meiner Mutter als einer der Söhne der Familie Freutel aus Kickwieden, die in Nemmersdorf umgekommen ist, zu erkennen. Mama konnte sich an die Jungs der Freutels, so war ja der Sprachgebrauch, gut erinnern. Er sprach meine Mutter mit Tante Wiemer an. Dieser, ein großer, hübscher, stattlicher Mann, holte aus einer Kartentasche Photographien heraus und sagte: „Tante Wiemer, meine Eltern sind Verwandte zur Familie Georg Wiemer aus Haselgrund (Szabogeden), Kreis Ebenrode." Das müßten also Angehörige, wohl Geschwister, meiner Tante Minna Wiemer sein. Mutter kannte beide Freutels aus mehreren Begegnungen bei Hochzeiten und Beerdigungen in Haselgrund.

Dieser Emil Freutel holte also diese Photographien heraus und sagte: „Vater und Mutter sind in Nemmersdorf umgekommen." Uns war von den Greueltaten der Russen in den Tagen, als wir schon in Vierzighuben waren, das muß so um den 28. Oktober bis 5. November gewesen sein (denn Vater war noch bei uns) in einer immer wiederkehrenden Propaganda im Rundfunk und auch in der Zeitung berichtet worden. Dort hätten die Russen beim Vorrücken in Richtung Westen auf deutschem Boden wohl die erste Berührung mit Zivilisten gehabt. Sie hätten dort eine Gruppe von überraschten Flüchtlingen erreicht, mit den Panzern die Pferdefahrzeuge zermalmt und die dann noch lebenden, wohl an die 30, bestialisch ermordet: Hände abgehackt, Augen ausgestochen, Ohren abgeschnitten.

Von diesen Leichnamen hatte der Freutel zehn oder zwölf Photographien. Ich habe diese Bilder selber gesehen. Sie sahen furchtbar und schrecklich aus.

Er wollte nun von Mutter wissen, ob sie sich erinnern könne, welchen Mantel die Eltern möglicherweise getragen haben könnten, weil nur die Oberbekleidungsstücke an diesen zerstückelten Leichnamen eine Identifizierung zuließen. Wir, meine Mutter, meine Schwester und ich, waren natürlich alle entsetzt über das, was dort geschehen war. Mutter konnte trotz aller Bemühungen an den Kleidungsstücken der Toten die Eltern des Soldaten nicht identifizieren. Sie meinte allerdings, daß vielleicht die Haarfarbe, es waren jedoch schwarz-weiß Aufnahmen, daß vielleicht die Kopfform helfen könnte? Aber die letzte Begegnung mit Freutels mochte vielleicht 1943 im Frühjahr gewesen sein. Das war alles so entsetzlich, so unsäglich schwer und unglaublich.

Diese Ereignisse von Nemmersdorf haben dann auch in den folgenden Kriegswochen, während wir unterwegs waren, wenn wir Nachrichten oder Kommentare im Rundfunk hörten, eine Rolle gespielt. Vater hatte auf dem Wagen, den er vom Volkssturm zur zweiten Fluchtphase ab Januar 1945 bei sich hatte, einen Rundfunkempfänger mitgebracht. Und immer, wenn wir Quartier hatten und es war die Möglichkeit gegeben, dann wurde das Gerät eingeschaltet. Über Nemmersdorf tauchten immer wieder Kommentare auf.

Inzwischen war der Krieg zu Ende gegangen, und in der DDR ist über dieses Problem sehr wenig, vielleicht für viele Menschen gar nicht, gesprochen worden. Da hatten sich uns ganz andere Sorgen aufgetürmt.

Ich stieß auf diesen Sachverhalt 1957 oder 1958. Von 1956-1960 war ich Fernstudent im Fach Geschichte in der zweiten Matrikel des Schweriner Pädagogischen Bezirkskabinetts. Wir waren in den Sommerferien auf einem Ferienlehrgang in Greifswald. Dort wurden in Vorlesungen, Seminaren und in gelegentlichen Gesprächen Stoffbereiche erweitert und gefestigt. Es wurde sehr viel und immer sehr prinzipiell diskutiert. Prinzipiell, da meine ich, es wurde nach der Wahrheit gesucht. In einer solchen Diskussion (es muß offensichtlich um das Kriegsgeschehen im Herbst 1944 gegangen sein), konnte ich, (ich war der Jüngste unter den wohl sechzehn Teilnehmern), im Seminar nicht mit Erlebnissen aus der Soldatenzeit das Gespräch bereichern, sondern nur aus dem, was

*Gruppe der Fernstudenten 1956 in Greifswald, links im Bild W.
Gudzinski
6. v. l. W. Wiemer, 4. v. r. H. Jonas*

ich als Kind erlebt und von meinen Eltern und anderen Kontakt-
personen gehört hatte, Inhalte einbringen.

Da fügte ich dann ein: „Na ja, in Nemmersdorf hat es dann ja
dieses furchtbare Gemetzel gegeben." Daraufhin hat einer der
Mitstudenten, Willi Gudzinski aus Schönbeck, Kreis Strasburg in
der Uckermark, dort als Lehrer tätig, gesagt: „Walter, die Ereignisse in Nemmersdorf sind nicht so abgelaufen, wie du sie jetzt
andeutest. Das ist anders gewesen." Daraufhin hat der Mentor
unserer Seminargruppe, Herr Jonas aus Prenzlau, gesagt: „Na,
was ist denn dort gewesen? Über Nemmersdorf hatten wir ja doch
auch bei den Soldaten alle irgendwie etwas gehört." Damit meinte
er wohl, daß alle Anwesenden darüber Informationen hatten. Die
meisten Seminarteilnehmer (so es sich um Männer handelte)
waren Soldat gewesen. Sie gehörten zu den Jahrgängen 1928 und
älter. Daraufhin sagte Willi Gudzinski: „Es ist so gewesen, daß
eine sowjetische Panzerspitze dort am 21. Oktober vorstieß.
Widerstand war nicht allzuviel. Sie hatten die Frontlinie durchbro-
chen und erreichten dort die ersten Flüchtlinge, die ersten Zivilisten auf deutschem Boden."

Ich kann mir vorstellen, daß in den Kreisen Ebenrode und Schloß-berg kein Zivilist zurückgeblieben war. Wir mußten ja die Orte, unter Androhung durch die SS erschossen zu werden, verlassen. Er sagte weiter: „Es ist wahr und entspricht der Tatsache, daß mit den Panzern Fahrzeuge, Pferde und auch Menschen überfahren wurden. Es ist wahr, daß Zivilisten auch erschossen wurden. Es ist aber nicht wahr, daß „Russen" (sagte er da) die getöteten Zivili-sten verstümmelt haben. Das ist dann etwa nach 1 1/2 - 2 Tagen von der SS befohlen und gemacht worden. Es war ein deutscher Gegenstoß organisiert worden, die Russen wurden zurückgetrie-ben, auf eine Linie bis hinter Kattenau. Dann haben die SS-Soldaten, sicherlich unter Hinzuziehung von Hiwis (Hilfswillige) (3) oder Wlassow-Truppen, die Leichen so zugerichtet, wie sie dann der Presse für Zwecke der Propaganda vorgeführt wurden. Erst acht bis zehn Tage später war das publiziert worden." (1) Auf die Frage, woher er das wisse, sagte Willi: „Ich bin als Bildsoldat dort im Einsatz gewesen, ich habe eine genaue Kenntnis über die Absicht und über die Abläufe, die die SS mit diesen Greueltaten, ganz gleich, wer sie ausgeführt hat, vorhatte."

Ich fügte ein: „Da sind Verwandte von uns dabei gewesen." Ich nannte auch Datum und Ort. Und da sagte er: „Du kannst ganz beruhigt sein, Datum und Ort, das stimmt alles. Die Verstümme-lung der Leichen ist nicht durch die „sowjetischen Soldaten" (so formulierte er nun wieder, wie es im offiziellen Sprachgebrauch üblich war) vorgenommen worden. Das ist eine für Propaganda-zwecke vorbereitete Aktion gewesen. Und sie hat in der Endkonsequenz ihr Ziel nicht verfehlt."

Ich möchte hier einflechten, Willi Gudzinski war nicht Genosse der SED, was für die meisten der Seminarteilnehmer zutraf. Er entstammt wohl einer Berliner Familie, die einen Laden ihr eigen nannte, hatte Drogist gelernt und war auf Grund auch dieser Vorkenntnisse im Umgang mit Photomaterialien für diese Aufga-be im Krieg eingesetzt gewesen. In Einzelgesprächen hat Willi mir wiederholt erzählt, wohl, weil er meine Skepsis zum von ihm Gesagten merkte: „Ich war an vielen Stellen der Fronten im Einsatz, ich habe vieles gesehen und erlebt, und ich weiß, wie manipuliert und gefälscht wurde."

Ich füge diesen Gedankengang ein, weil er mir besonders bedeutsam, auch für mein Selbstverständnis, erscheint. Ich möchte damit auch unbedingt der Wahrheit und alles was sich von mir als Wahrheit um Vorgänge, Ereignisse und Begebenheiten umspannen läßt, dienen. Dieses Grundanliegen möchte ich vor allem auch für unsere drei Kinder und die Enkel aufgehoben wissen.

Ich kann aus meinem Erleben heraus sagen, daß ich häßliche Szenen gegenüber Frauen von sowjetischen Soldaten erlebt habe. Aber, daß derartige Dinge wie in Nemmersdorf auch nur andeutungsweise uns widerfahren wären, das muß ich zurückweisen. Selbst Vater, der die „Ritterlichkeit" deutscher Soldaten nicht antastete, bzw. nicht antasten lassen wollte, geriet in Zweifel, als ich den Eltern gegenüber von dem in Greifswald Erfahrenen erzählte. Er konnte ja seine, aus dem Volkssturmaufenthalt in Altweiler herrührenden Erkenntnisse einbringen und meinte: „Möglich ist alles!"

Zum anderen hatte er seine Erlebnisse aus dem Zivilgefangenenlager in Schneidemühl mit den sowjetischen Soldaten, die er immer als durchaus korrekt einschätzte.

Anmerkung zur Person: Im Text erscheint ein Paul H., Soldat der Waffen-SS. Ich möchte meinen, sogar der Schwarzen-SS. Er war Nachbar von Wiemers in Grieben, wahrscheinlich Jahrgang 1923/24, er hat als Heimaturlauber bei der Musterung den Bruder von Walter Wiemer zur Waffen-SS geworben. Die Verpflichtung mußte der Bruder auf Druck der Eltern rückgängig machen.

Fortsetzung

Der November 1944 ist recht mild gewesen. Unser Moritz hat mehrere Wochen beim Abfahren der Zuckerrüben auch unter Einsatz von zwei Gespannen (vier Pferde) aus unserem Stall geholfen. Da gab es dann einige Kilogramm Hafer und Heu extra. Obendrein hatte ich dabei die Gelegenheit, einige Runkeln vom Schlag nebenan, die gut zugedeckt waren, „mitgehen" zu lassen. Den Pferden steckten wir alles Mögliche zu.

Und erneut eine Rückblende. So hat das „Kulturvolk Deutschland" seine Gegner dezimiert

Weil von Rüben die Rede ist, muß an dieser Stelle ein Rückblick auf den Herbst 1941 hier noch seinen Platz finden.
Aus der Hackfruchternte hatte Vater 20 Doppelzentner gelbe Speise-Kohlrüben (wir sagten dazu auch: Wruken, Rapucken oder Grutschkes) für Ernährungszwecke abrufbereit zu halten. Zwei Kastenwagen standen vollbeladen in der Scheune. Per Telefon kam die Forderung, daß die Kohlrüben nach Ebenrode ins Lager für Kriegsgefangene zu bringen sind. Es sollte gesichert werden, daß auf jedem Wagen ein zuverlässiger Kutscher ist, der den Wagen ins Lager fahren kann.
Vater entschied, daß ich mich auf den Wagen setzen soll, den der Moritz mit seinem Gespann gewöhnlich lenkte. Moritz war zu der Zeit schon gewiß ein ganzes Jahr bei uns. Den ersten Wagen fuhr Vater selbst. Bis Ebenrode waren 15 km zu fahren. Es herrschte kaltes Oktoberwetter. Warme Sachen hatte Mutter zurechtgelegt. Zwar waren wohl keine Minusgrade, aber wir froren alle, zumal mit den eisenbereiften Ackerwagen nur Schrittempo auf der Schotterstraße möglich war. Wir kamen so gegen 11.00 Uhr zu einem Gebäudekomplex, der mit zwei hohen Stacheldrahtzäunen umgeben war. Es muß wohl eine Einrichtung kasernenmäßiger Art gewesen sein. Ebenrode, so ich mich erinnern kann, war kein Kasernenstandort. Allerdings hatte der Grenzschutz dort einen Komplex. Ich kann auch nicht sagen, in welcher Gegend der etwa

6600 Einwohner zählenden Stadt dieses Anwesen war. Vor der Umzäunung waren reichlich Wachsoldaten. Moritz mußte den Wagen verlassen. Einer der Soldaten nahm ihn in ein Gebäude mit. Das hatte wohl Vater so besprochen. Ich fuhr hinter Vaters Wagen die zweite Fuhre auf das Gelände. Lange Pferdeställe zeigten sich mir. Diese hatten an der Giebelseite große Doppeltore. Vater und auch ich lenkten die Wagen mit der Fracht in diese Ställe. Was sich uns, aber ich muß sagen, was sich mir dort zeigte, war einfach unvorstellbar: Zerlumpte, ausgehungerte, unrasierte, dreckige „bolschewistische" Soldaten waren in großer Zahl dort auf dem Strohlager stehend und liegend zu sehen. Der Gang in der Mitte des Stalles, dann die Strohschütten, an den Wänden die Krippen für die Pferde - jetzt aber für die Gefangenen -, das war das Bild, das sich mir bot.

Diese stürzten sich dann auf die Kohlrüben, nahmen sie in die Hand und bissen wie das Vieh in die Schalen der kinderkopfgroßen Früchte. Was müssen diese Menschen für einen Hunger gehabt haben? Die Wachsoldaten sahen mehr unbeteiligt dieser „Fütterung" zu.

So sahen die „Untermenschen des Bolschewismus" aus. Gegen solche „Soldaten" mußte es leicht sein, den Krieg zu gewinnen. Na, und unsere Truppen standen ja auch kurz vor Moskau.

Es dauerte nur noch ein paar Wochen, dann war der Sieg errungen. So etwa dachte ich in der Situation, in die Vater mich hineinmanövriert hatte. Sprachlosigkeit hatte auch ihn erfaßt. Später wurde erzählt, daß es sich um etwa 800 Kriegsgefangene gehandelt haben soll, die dort provisorisch - weil es ja so viele Gefangene gab - untergebracht waren. Im Februar 1942 sollen dann noch 50 davon am Leben gewesen sein. Welch eine Bilanz, die das „Kulturvolk Großdeutschland" fertigbrachte.

Eigenartigerweise habe ich später, wenn Bilder deutscher Kriegsgefangener nach der Schlacht von Stalingrad in Büchern und auch in Filmen zu sehen waren oder jetzt auch noch sich dem Betrachter zeigen, kaum Mitleid empfunden. Immer so das Gefühl, als sei eine Schuld damit zu begleichen.

(Eine Anmerkung zum Standort dieses Lagers: Mit meiner Cousine Gerda Schmökel, geb. Wiemer, hatte ich diesbezüglich am 15.02.98 ein Gespräch. Sie kannte Ebenrode sehr gut. Auch eine Einrichtung des Grenzschutzes hatte die Stadt nicht. Aber in der Nähe der Stadt wären mehrere Güter oder deren Vorwerke gewesen. Dort hätte ein solches Lager Platz gehabt.)

Wie gut nahm sich da im Foyer der Schule in Brüssow in den Jahren zwischen 1966 - 1972 folgender Wandspruch von Fichte aus:
„Und handeln sollst du so, als hinge von dir und deinem Tun allein das Schicksal ab der deutschen Dinge, und die Verantwortung wäre dein!"

Dem Kantschen kategorischen Imperativ sehr nahe, der da lautet: „Handle so, daß die Maxime deines Willens jederzeit zugleich als Prinzip einer allgemeinen Gesetzgebung gelten könne!"
Kants Glaube an die reine praktische Vernunft hat im Handeln der Menschen nur bedingte Gültigkeit. Weiter möchte ich jetzt darüber nicht philosophieren. Die Praxis des Krieges war und ist jedenfalls anders. Kriege, Eroberungskriege sind gewollt, sie sind nicht der Vernunft anzulasten. Sie folgen den Gesetzen der Verwertung des Kapitals. Menschen sind ihre Inspiratoren. Menschen gewinnen dafür Menschen. Und Menschen sind die Opfer. Es ist sonderbar, sie beklagen sich gegenseitig und klagen auch gegeneinander. Wenn es sein muß auch unter oder hinter der Robe von Richtern. So sind die Klassenverhältnisse und ihre Kämpfe.

Nun aber wieder zurück in die Vierzighubener Abläufe

Kurze Zeit nach diesem schrecklichen Einblick in das Nemmersdorfer Kriegsgeschehen und den Abstecher in das Jahr 1941 bot sich mir ein Erlebnis, das heiterer Art war, aber ebenfalls unerhört einprägsam.
Unser Schimmel, das an Lehrer Reschat ausgeliehene Pferd, sollte nach Vierzighuben geholt werden. Der Burgkamper Dorftreck ist

wohl in der Gesamtheit in Tharau, etwa 12 km von uns entfernt, einquartiert gewesen. Moritz und ich sattelten eine sechsjährige Stute. Ich stieg in den Sattel und ritt, alle Tempi, die es gab, in Richtung Tharau. Mutter hatte mich mit allen Instruktionen versorgt: „Du reitest ordentlich, damit nichts passiert. Sei höflich, wenn du bei Lamprechts bist. Mache einen Diener. Antworte, wenn du gefragt wirst. Wirst du zum Essen genötigt, dann willige ein und iß. Lamprechts sind fromme Leute, die beten vor jeder Mahlzeit. Falte dann auch deine Hände."
Immer wieder: „Das gehört sich so!" Wie gut ist es doch, eine solche Mutter gehabt zu haben. Natürlich sah ich das damals so nicht. Manche Hinweise beachtete ich nicht. Ich ritt, wie ich es für richtig hielt. Und das waren Galopp und vor allem zügiger Trab. Es war offenes Novemberwetter, die Tage kurz, und etwa 25 km mußten zurückgelegt werden, davon die Hälfte dann beim Heimritt mit zwei Pferden.

Begegnung mit einem Begriff kultureller Art, aber auch Beklommenheit umgab mich

Noch vor der Mittagszeit traf ich in Tharau ein. Lamprechts wohnten im „Gasthaus zum Ännchen von Tharau". Oft hatten wir dieses Lied über das liebenswerte Ännchen von Tharau gesungen. Auch Jahre später, in den FDJ- und Schul-Liederbüchern war es zu finden. Vor Lamprechts hatte ich kein so gutes Gewissen: Werden sie wohl mir den Jungen erkennen, der an einem Pfingsttag 1940 mit noch zwei weiteren „Rabauken" das Torfmoor hinter Grieben in Flammen setzte, als sie aus einem Wentraß (Fischkorb bzw. Reuse) zwei Hechte herausgenommen und diese im Grasfeuer hatten braten wollen?
Das Grasfeuer wurde von einem Windstoß erfaßt und entfachte ein Feuer, wie ich es in meinem Leben nie wieder sah. Etwa 300 Morgen trockenes Moorgras brannten. Am Ende der Brandwalze waren die Höfe von Lamprecht und Bludau, die zu den Ausbauten von Burgkampen gehörten.

Nur alle Feuerwehren der Umgebung konnten unter großem
Einsatz das Übergreifen der Flammen auf die mit Stroh gedeckten
Gebäude verhindern. Der Torf aber brannte in der Tiefe von 3
Spatenstichen noch 6 Wochen. Brandwachen waren nötig. Erst ein
Dauerregen kurz vor der Ernte löschte das Feuer.
Zwar hatte Paul Luzinat, ein drei Jahre älterer Spielgefährte, das
Feuer entfacht. Ich aber, der Sohn des Bürgermeisters, hatte die
Streichhölzer vom Herd der Küche entwendet. Das zählte für
manche Nachbarn, wenn bewertet wurde.
Ferner war Gerhard Nickel, Jahrgang 1929, mit von der Partie.
Vaters Strafe damals, es war die letzte, die mir widerfuhr, hatte
Dauerwirkung. Sie war nicht vergebens. Mit einem Lederriemen,
der auf dem Schrank lag, wurde sie verabreicht.

Eine angenehme Begegnung

Vor mir stand Herr Lamprecht. Ein freundlich gütiges Gesicht, die
Oberlippe von einem Schnurrbart geziert, lächelte mich an.
Der Walter Wiemer aus Grieben sei ich, stellte ich mich, die
ausgestreckte Hand des Gastgebers fassend, vor. Den Schimmel
wolle ich abholen, sagte ich wohl. „Na, dann gehen wir doch
zuerst einmal zu ihm hin, er steht im Stall des Schulgrundstücks.
Dort wohnten Reschats, bevor sie sich hatten nach Göttingen per
Bahn verfrachten lassen", waren seine Worte.
Unweit der Gaststätte war auch das Schulgrundstück. Als wir den
Stall betraten, rief ich das Tier an und ging zu seinem Kopfende.
Es wendete den Kopf zu mir, beschnupperte mein Gesicht und
ließ sich tätscheln. So sind Pferde nun einmal.
Da fällt mir ein eingerahmter Spruch in einem Friseurladen hier in
Brüssow aus den 60er Jahren ein. Dort konnte man lesen:
„Fürchte den Hund von vorne, das Pferd von hinten, den Men-
schen aber von allen Seiten."
Jetzt, in dieser BRD, erkenne ich den letzten Teil des Satzes in
seiner vollen Entfaltung wieder.

Das Schwarzsauer

Zum Mittagstisch hatte Frau Lamprecht mich bereits bei der
Ankunft eingeladen. „Bei uns gibt es heute Schwarzsauer, ißt du
das", fragte sie mich. Ich erwiderte: „Ja, sogar sehr gerne."
Alle nahmen am gedeckten Tisch Platz und die Teller waren schon
gefüllt. Das Tischgebet sprach Herr Lamprecht. Wie war ich aber
beim ersten Löffel dieser kakaofarbenen Suppe enttäuscht, die
Mutter in so vortrefflicher Geschmacksrichtung uns immer
zubereitet hatte. Dieses Schwarzsauer aber war weder süß noch
sauer, nur eben schwarz. Da hatte ich große Mühe, diese Art von
Geschmack meiner Zunge aufzuzwingen.
Unsere Enkel heute würden ganz unbefangen sagen: „Ih, Oma,
das schmeckt mir nicht!" Meine Frau kocht diese bäuerliche
Herbst-und Winterdelikatesse in höchster Vollendung. Allein die
Enkel und Schwiegerkinder reagieren ablehnend. Bei uns in der
jetzigen Wiemer-Familie stand und steht diese schwer definierbare
Suppe seit 40 Jahren auf dem Mittagstisch zum Heiligen Abend.
Und für unsere drei Kinder wird sie eingefroren, wenn sie nicht
gerade an dem Tag bei uns sind. Ja, „watt de Bur nich kennt, dat
fret he nich." (*Was der Bauer nicht kennt, daß frißt er nicht.*)
Nach den leckeren Gänsefleischstücken griff ich gern zu. Schließlich war die Mahlzeit beendet. Der kurze Novembernachmittag
gebot ohnehin den Aufbruch. Ich bedankte mich, wünschte gute
Weihnachtsfeiertage und schwang mich auf den Pferderücken.
Der Heimritt war fast ausschließlich im Schrittempo zu absolvieren.

Lehrer Reschat! Angst und Ablehnung verbreitend

Da war ich doch sehr froh, daß Lehrer Reschat nicht anwesend
war. Eigentlich haßten wir alle diesen Menschen, der 1937 ein
12jähriges Mädchen so mit dem Zeigestock auf den Rücken
geschlagen hatte, daß es fünf Tage danach verstarb.
Der Rohrstock, vom Zigarettenrauch gebräunte Finger, beißender
Atem vom reichlichen Alkoholgenuß, eine respekteinflößende

Adlernase, die das Markenzeichen der dinarischen Rassengruppe darstellen sollte, beachtliche Lebenserfahrung, Redegewandtheit, hünenhafte Körpergröße, derbe Ausdrücke - das waren die Merkmale dieses Lehrers, von dem auch ich manch eine Tracht Prügel erhielt.

Ein Besuch bei uns (und er kam oft) war zumindest für meine Schwester und für mich nie ein angenehmes Ereignis. Meine Schwester war 1937/38 in der 7. Klasse (die Klassen 1-4 und 5-8 mit jeweils ca 55 Schüler waren in einem Klassenraum der Dorfschule in Burgkampen.) Die Schüler der oberen Klassen wurden überwiegend von Lehrer R. unterrichtet. In einer Erkundestunde konnte Helene Brunsch, Kind einer Familie mit 24 (davon wohl 18 lebende sehr gesunden Kindern, von zwei Müttern geboren) Kindern, eine Reihe von Zeigeaufgaben an der Landkarte nicht erfüllen. Er hielt das Mädchen mit einer Hand und schlug es mit dem Zeigestock auf den Rücken.

Das Kind schrie: „Aua, Herr Lehrerchen, es tut doch so weh." Die anderen Mädchen weinten. Das Kind verstarb. Die Nieren hatte er ihm losgeschlagen. Geld für einen Arzt hatte die Familie nicht. Er beerdigte es. Ein Gerichtsverfahren gab es nicht. Dafür hatte die Familie erst recht kein Geld. Schulrat und Staatsanwalt hatten sich wohl geeinigt, diesen „doch recht tüchtigen Lehrer" drei Monate zu beurlauben.

Danach schlug er zwar nicht mehr so bestialisch, dafür aber öfter. Die Mädchen traf er mit seinen Schlägen auf der auszustreckenden Hand. Sprechen wir jetzt dann und wann mit meiner Schwester darüber, dann kommen ihr erneut die Tränen.

Es drängt sich mir jetzt unmittelbar beim Schreiben die Notwendigkeit auf, noch weitere Vergehen dieses Menschen, der den Beruf eines Lehrers ausübte, in meine Arbeit einzuflechten.

Ich war in der 4. Klasse. Es war, durch den Abteilungsunterricht bedingt, bei ihm so üblich, daß jeweils eine Abteilung in den Rechenstunden zu ihm an den Lehrertisch kam. In einem Halbkreis standen wir vor ihm (so machte das kein anderer Lehrer). Dort wechselten dann Aufgabe und Antwort in kurzer Folge. Häufte sich eine Fehlleistung zum dritten Mal, so gab es eine

Ohrfeige. Neben mir stand immer Heinz Elmenthaler. In der Bank - es waren Drei- bzw. Viersitzer - saßen wir nebeneinander. Da konnte ich oft Hilfe zuflüstern, vorne aber war das fast ausgeschlossen.

Beim Heinz, der vor Angst oft zitterte, häuften sich auch an dem Tag die Fehlleistungen. Nach einigen Ohrfeigen, die noch mehr Unvermögen auslösten, packte er ihn am Kragen von Hemd und Pullover und warf ihn gegen den nebenstehenden Schrank. Heinz fiel herunter und lag einige Sekunden vor dem Möbelstück. Zum Glück war ihm außer Haß Weiteres nicht zugestoßen.

Seine Eltern hatten, wie viele andere Familien in Burgkampen auch, eine Siedlung. Einige dieser Familien stammten aus Wolynien. Manche Eltern dieser Kinder sprachen nur ein gebrochenes Deutsch. Viele Kinder dieser, aber auch vor allem aus Arbeiterfamilien, waren Zielscheibe seiner Wutausbrüche.

Der „Arschtritt"

Brunhardt Pfeiffer, Sohn einer Großbauernfamilie, hatte es auch mitunter schwer, seine Kenntnisse den Forderungen des Lehrers anzupassen. Einmal, nachdem der Stock ihn schon gestreichelt hatte, sollte ein Fußtritt (wir sagten „Arschtritt") ihn ereilen. Dabei fiel der „Rischel" (Spottname für Reschat) auf den Hintern (Arsch). Wir hätten vor Freude aufspringen können. Dieser Brunhardt - Pfeiffers „Tuna" - war später so 1942/43 unser Fähnleinführer, erheischte alle unsere Sympathien.

Paul Brunsch, der gewiß um zwei Geburten jüngere Bruder der getöteten Helene, bekam trotz der sich abgespielten Dramatik zwischen Lehrer Reschat und der Familie seine ihm zustehenden „Trachten". Paul weinte nie, er biß die Zähne zusammen und trotzte dem Tyrannen.

Welch ein Charakter, welch eine Überlegenheit, welch eine Solidarität zu seiner Schwester. Das verstanden und bewerteten wir. Wir, das waren alle Jungen, hatten dafür allerdings andere Formulierungen. Pläne zur Unschädlichmachung dieses Lehrers berieten wir oft. Da stand Rudi Salewski, ein echter Athlet, wenn es um die Ringkämpfe des Klassenstärksten ging, an der Spitze. Den Paul Luzinat schlug Reschat (nach jener „Moorbrand-Geschichte" sich auch als „Rechtsbeauftragter und -Vollstrecker" fühlend) so sehr, daß Paul auf den Dielen der Klasse liegen blieb. Die Striemen am Gesäß und am Oberschenkel überdauerten drei Wochen. Lottermosers Tante, so sagten wir fast alle im Dorf zu dieser gütigen Mutter, die acht Kindern aus zwei Ehen das Leben geschenkt hatte, reagierte mit einem scharfen Brief auf diese Untat. Da kroch er dann aber zu Kreuze, und er tat Abbitte und vergoß sogar Tränen der „Reue". Wie eine Seifenblase löste dieser Kraftprotz sich auf. So ist es eigentlich immer mit solchen „Charakteren".

Vater stand noch immer in einer gewissen Abhängigkeit zu diesem Schläger

1966, zu Tante Mietzes Beerdigung, war Vater nach Bockenem, in der Nähe von Seesen im Harz gelegen, gefahren. Er fuhr von dort nach Göttingen und suchte den einstigen Lehrer seiner drei Kinder auf. Mutter bewertete diesen Abstecher dorthin mit der Bemerkung: „Bi dem Kerl forscht uk noch hen?" (*Zu diesem Kerl fährst auch noch hin.*)

Wer wen? Das war die Frage

Ich hatte mit der „Stoffaneignung" keine Sorgen. Lediglich mit der Orthographie haperte es. Diese „Neigung" begleitet mich auch jetzt noch gelegentlich.
Aus einer Geschichtsstunde, in der 5. Klasse muß es sich zugetragen haben, es ging um des „Großen Friedrichs" Leben, war als Hausaufgabe eine Niederschrift gefordert. In meinem Eifer und meiner Lust für Geschichte beschrieb ich fünf oder gar sechs Heftseiten. Nach der Durchsicht der Hefte, die gewöhnlich Frau Reschat tätigte, war viel rote Tinte ins Heft gekommen.
Die Tragik war, er hatte die Hefte korrigiert. Und er kannte meine Achillesferse. Wohl über 40 Fehler, vielleicht auch mehr, hatte er

gezählt. Das ergab für mich eine Tracht oder Wucht oder Senge, so die Wortwahl unsererseits. Den Titel „Orthographischer Clown" verlieh er mir. Das war noch nicht so störend. Die Arbeit aber war zu wiederholen, das wiederum grenzte an „pädagogische Weitsicht".

Der Hinweis wurde erteilt, die Hausaufgabe gefälligst meiner Schwester, der Liske, so die fast familiäre Benennung meiner Schwester Lisbeth, vorzulegen.

Die Arbeit wiederholte ich, legte sogar noch eine Seite mehr auf. Allein, es waren auch mehr Fehler. Die Hilfe der Schwester nahm ich nicht in Anspruch, man hatte ja schließlich seinen Stolz. Am nächsten Tag spielte sich alles wieder so ab. Eine Tracht, die Wiederholung der Niederschrift, Lisbeth soll helfen. Ich tat es nicht, das ging wohl über eine Woche so. Die Zahl der Stock-schläge muß sich bestimmt auf 10-15 pro Ration erhöht haben. Dann packte er mich am Kragen, ein Mädchen, die Anneliese Salewski, mußte meinen Tornister nehmen und stieß mich mit der entsprechenden Bewertung meiner Ungehörigkeit in den anderen Klassenraum, in die 4. Klasse zurück.

Die beiden sehr großen Klassenräume waren lediglich durch eine Doppeltür getrennt. Diese „Pädagogik" allerdings zeigte dann Wirkung. Lisbeth half mir unter Wahrung der Schweigepflicht gegenüber Vater. Die dann „saubere" Niederschrift gab ich ab. Nach etwa zehn Tagen erfolgte die Rehabilitation. Ich saß wieder auf dem 1. Platz der 5. Klasse. Ich saß wieder oben, so wurde die Sitz- und Rangordnung bezeichnet. Das war preußische Exaktheit. Er, dieser Lehrer, hatte seinen Willen durchgesetzt, mich jedoch nicht geheilt. Die Orthographie habe ich immer als „historisch gewachsenen Blödsinn" bezeichnet. Natürlich tat ich das nicht öffentlich.

Den Kollegen der Schule, die ich zu leiten hatte, ist meine Schwä-che in der Orthographie gewiß nicht verborgen geblieben. Jedoch mit Frau Ilse Schlüßler (geb. 1938 in Treptow an der Rega) als Schulsekretärin, die den Duden nur beim Wort Szczecin (Stettin) zu Hilfe nahm, spielte meine Achillesferse des Lehrerberufes nicht die tragische Rolle. Und in der privaten Sphäre des zu schreibenden Wortes half und hilft meine Frau.

Bei den jährlichen Versetzungsgesprächen mit den Kollegen der Schule, der ich 20 Jahre als Direktor vorstand, hatte ich immer große Mühe, meine Haltung zur Note 5 in der Disziplin Orthographie/Grammatik der Unterstufe, aber auch in den oberen Klassen, als ein Mitkriterium fürs Sitzenbleiben verständlich zu machen.

Die Versetzungsbestimmungen wiesen solche Art des Herangehens an Leistungen eines Kindes zwar aus, waren aber umgehbar.

Viel wichtiger war doch die Herausbildung des Denkens und die Vermehrung des Wissens.

„Das Denken gehört zu den größten Vergnügungen der menschlichen Rasse." (Brecht)

So erlebte ich Schule und Rechtsverhältnisse in Deutschland. Das ist mir aber erst viele Jahre später so, für eine kritische Betrachtung aller Zusammenhänge deutscher Befindlichkeiten, bewußt geworden. Welch einen Berg von Erlebnissen und Erschütterungen muß ein Mensch übersteigen oder abtragen, um Klarheit für eine andere Sicht bzw. Perspektive zu bekommen. Gewiß sind viele Menschen überhaupt nicht bereit und auch nicht willens, zuweilen auch unfähig, tiefgründig über Erlebtes nachzudenken. Wann werden Unterdrückte und Arbeitslose (das sind die Unterdrücktesten der Unterdrückten in den „reichen" Ländern) das begreifen. „Wann wird man je verstehn?"

Es ist gut, solche Fakten zu kennen

Dieser Lehrer Reschat hatte vier Kinder. Nur eine Tochter war nach seinem Maß gediehen. Es war dies die Ministerialrätin Frl. Dr. Gertrud Reschat. Im Reichspropagandaministerium des Reichsministers Dr. J. Goebbels war sie in den Kriegsjahren für das Baltikum zuständig. Das erzählte Lehrer Reschat meinen Eltern voller Stolz. Nach dem 2. Weltkrieg war sie dann - folgerichtig - Angestellte im Staatssekretariat des Herrn Hans Globke.

Zu diesem Herrn ein Auszug aus dem Band 8 der Brockhaus - Enzyklopädie, S. 597:

„...Gl., war 1932-45 im Reichsinnenministerium tätig. In der Bundesrepublik Deutschland leitete er als Staats-Sekretär (1953-63) unter Bundeskanzler K. Adenauer die Verwaltung des Bundeskanzleramtes. Wegen seiner Mitwirkung an der Kommentierung der Nürnberger Rassengesetze wurde er im In- und Ausland scharf angegriffen. Als das hier erwähnte Inland kann ja wohl nur die DDR gemeint sein, denn der Druck kam von hier. Wie geißelte Albert Norden diesen Sachverhalt: „Wir haben noch genug Pfeile im Köcher, diese reichen aus, um ihn vom Thron zu holen."
Das ist wahre Kontinuität deutscher Politik.
Nun bin ich aber wieder mit meinen beiden Pferden in Vierzighuben. Die Einheimischen sagten: „Veiertigehauwen." Ich hatte große Schwierigkeiten, deren Platt zu verstehen. Mutter half dann wieder.

Kostproben einer anderen Sprache, und wohin die Wiemers 1914 geflohen waren

Mutter erzählte von der Flucht 1914. Da war die damalige Familie Grigat bzw. Schwandt-Benkler - also die Ozcnaggerer (Sandauer) - in Kreuzberg, Kreis Preußisch Eylau, bei einer Familie Schultz im Quartier. An den langen Abenden erzählte sie viele Episoden. Einige davon aber im ermländischen Platt: „Fretz, mog de Schlepp tau, de Felle kaume."
Das hieß: „Fritz, mach die Schlippstangen (Torstangen) zu, die Fohlen kommen." Oder: „Un son Mäst well mie an de Eier griepe." Das hieß: „So ein Mistkerl, will mir an die Ehre greifen." Das gab Stoff zum Lachen. Übrigens - gelacht wurde bei uns immer sehr viel und herzhaft. Ich habe in meinem Leben unerhört viel gelacht. Ich konnte und kann aber auch sehr ernst sein, wenn es um ernste Probleme ging und geht.
Vielleicht eine mit Goethes Worten verbrämte Eigenbewertung: „Vom Vater habe ich n i c h t die Statur, j e d o c h des Lebens ernstes Führen, vom Mütterlein die Frohnatur, die Lust zum S c h w a b u l i e r e n."
Meine Großeltern väterlicherseits waren 1914 bis in die Potsdamer Gegend mit ihren Wagen gekommen. Das muß wohl ein

Beweggrund dafür sein, daß die Familien der Schwester meines Vaters, Tante Maria Jonigkeit, aus Bredauen (Dumbeln), Kreis Ebenrode und des Bruders meines Vater, Onkel Georg Wiemer, das Tempo der Flucht ab Januar 1945 so forcierten, daß die einen bis Berlin, die anderen sogar bis an die Weser kamen. Zu den Verzögerungen unseres Fluchttempos hatte ich schon erste Ursachen benannt.

Und wieder ein Lehrer

Für die vier schulpflichtigen Kinder aus Flüchtlingsfamilien war wieder der Schulbesuch angesetzt worden. Täglich drei Stunden waren zu absolvieren. Lehrer Stahde, im Unterricht die Parteiuniform tragend, hatte mit uns seine Probleme. Wir wollten uns alle vier ganz einfach den Forderungen, die er stellte, nicht unterordnen. Eine Ungehörigkeit dieses Lehrers ist mir besonders einprägsam im Gedächtnis geblieben. Er räusperte sich zuweilen und spuckte in einen neben dem Katheder stehenden Napf. Das empfanden wir als ungehörig, weil für uns ungewohnt. Wir versuchten wiederholt, die Stunden zu schwänzen. Diese Absicht stellte sehr bald einen guten Kontakt zu mehreren einheimischen Jungen und Mädchen her. Sie luden uns zu den Vorbereitungen fürs vorweihnachtliche Schimmelreiten ein. Daran beteiligten wir uns alle vier sehr intensiv, zumal es etwas Neues für uns darstellte. Kostüme und Masken wurden gefertigt. Die Mütter mancher Kinder halfen dabei.

Etwa zwei Wochen vor Heilig Abend zogen wir dann, ausstaffiert als Teufel, Tod, Bettelweib, Häckseljule, Hänsel und Gretel, Sterntalermädchen, Rotkäppchen und der Wolf, dem Schimmelreiter folgend, von Haus zu Haus. Lieder und Gedichte trugen wir als die Akteure vor.
Das Bettelweib hielt der Hausfrau den Korb entgegen. Wurde gespendet, zogen wir singend weiter. Gab jemand nichts, so streute das Häckselweib möglichst unauffällig einige Hände voll dieses kurz geschnittenen Strohs in Küche oder Stube.

Ganz schnell mußten wir dann aber verschwinden. Es hätte können mit der Peitsche Senge geben. In einem Falle war es so. Auch zu den Flüchtlingsfamilien ging die Karawane. Das Ergebnis des Schimmelreiterumzuges wurde an alte Leute und Flüchtlinge verteilt.

Kurt liegt als Verwundeter in einem Lazarett in Thorn

Von Bruder Kurt kam nach geduldigem Warten so um den 5. Dezember die Nachricht, daß er mit einer leichten Beinverwundung in einem Lazarett in Thorn liege. Diese Mitteilung war eher angenehm als aufregend. Besonders Mutter bewertete die Tatsache so. „Da ist der Junge im Hinterland, und ich brauche nicht jede Stunde um ihn zu bangen."
Ein Besuch im Lazarett wurde von allen, besonders aber von Tante Minna und Tante Ida, angeraten. Beide hatten schon einen Angehörigen verloren. Tante Idas jüngster Sohn, der Gerd, hatte in Thorn bis 1942 die Reichsfinanzschule besucht, so kannte sie die Stadt aus damaligen Besuchen. Außerdem hatte ja niemand von uns den Kurt als Soldat gesehen. Die Fahrt wurde für die Zeit zwischen den Feiertagen vorbereitet. Tante Ida, die in der Nähe von Preußisch Eylau ihr Quartier hatte, kam zu uns. Die Züge verkehrten ja in dem Teil des Landes noch normal. Die Fahrt zu den Bahnhöfen tätigten wir mit den eigenen Fuhrwerken. Ich fuhr also mit den Erwartungen, daß Mutter Kurt in der Phase baldiger Genesung antrifft, beide Frauen zum Bahnhof nach Schrombehnen.
In einem der Thorner Lazarette wurden sie fündig. Der 18jährige Junge, so Mutter, soll bleich und so gar nicht männlich-soldatisch ausgesehen haben. Die Freude bei ihm soll riesig gewesen sein. Mutter sagte, daß sie nie geglaubt hätte, daß seine Freude des Wiedersehens ihr so furchtbaren Schmerz hätte bereiten können. Kurt wäre aber voller Hoffnung gewesen, bald wieder an die Front zu den Kameraden zu dürfen. Hier im Lazarett wäre die Stimmung so mies. Eine Krankenschwester, die diesem Gespräch beiwohnte, soll dann gesagt haben: „Nun hauen Sie ihm aber den

Hintern voll, er kann doch froh sein, daß er hier im Trocknen ist."
Mutter und Tante Ida muß der Abschied nach zweitägigem Aufenthalt sehr nahegegangen sein.
Sein letztes Winken war oft im Gespräch. Am 10. Januar kam er
wieder an die Front, so schrieb er: „Die Wunde schmerzt noch,
aber es wird schon wieder besser werden." Dies war die letzte
Nachricht, die uns so um den 17./18. Januar in Vierzighuben
erreichte. Da hatte die große Winteroffensive der Roten Armee,
durch Churchill von Stalin vorfristig erbeten, schon begonnen.
Von einem Bataillonskameraden, dem Erich Zieleit aus Grieben,
erfuhren meine Eltern etwa 1947, daß Kurt wohl beim Rückzug
im hohen Schnee als noch nicht voll Einsatzfähiger am 16. Januar
am Serock-Brückenkopf zurückgeblieben sei. „Wahrscheinlich ist
er in der grimmigen Kälte dieser Tage erfroren", hieß es im Brief.
So war nun der fünfte von acht zum Krieg gegen andere Völker
Ausgezogene für „Führer, Volk und Vaterland" eingefordert
worden.

Weihnachten 1944

Zu den Weihnachtsfeiertagen waren Vorbereitungen getroffen, so
daß eine schlichte festliche Atmosphäre möglich war. Vater kam
für zwei Tage so um den 20. Dezember nach Hause. Schließlich
hatte er ja bei den „Männern" in Altweiler zu sein. Bei diesem
Besuch kündigte er an, daß kurz nach Neujahr zwei Volkssturm-
Männer zu uns kämen, um zwei unserer Pferde nach Altweiler zu
bringen. Dort sei Futter in Hülle und Fülle. Für unsere sieben
Tiere wären dann täglich acht Pfund Hafer und Heu zusätzlich.
Für mich sprang heraus, daß ich mitkommen könne. Andere
Jungen wären auch da. Die Front ist etwa 30 km entfernt, und wir
werden ja im Frühjahr die Russen wieder raushauen. So war die
Lage, bzw. so wurde sie eingeschätzt! Natürlich freute ich mich
auf diese Aufgabe. Der Schule sollte ich fernbleiben dürfen.

An Lehrer Stahde würde er einen Brief schreiben. Am Heiligabend waren wir in großer Runde mit den Sandauern und auch
mit Nickels vereint.

Am 2. Januar 1945 kamen die VS-Männer, Herr Rieck aus Tutschen, den kannte ich, und ein Herr Reuter mit einem Pferdewagen zu uns. Wir banden unsere Pferde (zwei sechsjährige Stuten) am Ende des Wagens fest. Das Geschirr kam mit. Die Reise ging los.

Zwei Wochen „Urlaub" hinter der Front (35 km von Grieben entfernt)

In Decken gut eingewickelt ging es auf diese Wintertour. Ich saß wie der Hahn im Korbe zwischen den beiden Männern, die fast ohne Unterbrechung erzählten und mich ins Gespräch einbezogen. Auf dem Land lag etwas Schnee, die Straßen waren aber gut befahrbar.

Militärfahrzeuge waren selten zu sehen, obwohl wir die Hauptstraße nutzten. Zweimal mußte übernachtet werden, davon eine Nacht mit den Pferden gemeinsam in einer Scheune. Eine weitere Nacht in einem Gasthof im Schweinestall. Zwar konnte in einem Raum des Hauses gegessen werden, jedoch für die Nacht war im Haus kein Liegeplatz, alles voller Soldaten. Am zeitigen Morgen weckte uns der Hahn, der über uns mit seinem Harem in einem Verschlag saß und krähte. Diese Nacht war dadurch kurz. So eine Unhöflichkeit erlebt man selten.

Der Morgen im Januar graut allerdings nicht nach der Lust der Hähne, sondern folgt dem ewigen Gang der Gestirne. So wurde dann nach dem Geschrei der Hähne tüchtig erzählt, bis der Tag anbrach. Die 90 km waren am 5. Januar bewältigt. Vater freute sich über des Sohnes Ankunft. Die VS Männer betrieben neben gelegentlichen militärischen Übungen reine bäuerliche Tätigkeiten.

Da wurde das Vieh gefüttert, Kühe gemolken, Schweine geschlachtet, Butter hergestellt, Brot gebacken.

Die Standuhr ging noch

Am 9. oder 10. Januar bekam Vater von einem Herrn Großmann aus Kattenau einen Telefonanruf. Er sagte zu Vater: „Herr

Wiemer, gestern hatte ich mich bei sehr diesigem Wetter auf den Weg nach Grieben gemacht. Die Front ist etwa 1,5 km von ihrem Hof entfernt. Ihr Hof liegt ja in einer Senke und ist von den Russen nicht direkt einzusehen. Das Wohnhaus ist fast unversehrt. In einer Haushälfte ist ein Stab, in der anderen ein Sanitätsstützpunkt. Im großen Zimmer zur Hofseite geht die Standuhr auf die Minute genau. Ein Stall hat im Giebel zur Front einem Volltreffer, der andere Stall ist heil. Die Scheune steht zwar, aber alle Bretter und die Tore sind zum Bau von Unterständen oder zum Heizen abgetakelt." Dieser Herr Großmann war Inspektor auf einem Gut in Neutrakehnen. Er hatte von uns so um 1940 eine Hochleistungskuh gekauft. Jetzt gehörte er zu den VS-Männern in Vaters Kompanie, die hinter der Front als Drusch-Kommando auf den Gütern eingesetzt waren.

Etwa zehn Tage sollte ich bleiben dürfen. Jedoch in den frühen Morgenstunden des 13. Januar weckte ein gewaltiges Trommel-feuer alle aus dem Schlaf. Was nun mit dem 13jährigen Jungen machen?

Wieder auf der Flucht

Ein Pferdewagen brachte mich zunächst nach Kanthausen. Alles war in Aufbruch und Panik versetzt. Der Russe griff an. Damit soll nicht gerechnet worden sein, hieß es. Von dem Bahnhof fuhr kein Zug mehr. Also ging die Reise bei vollgestopfter Straße und leichtem Schneetreiben weiter bis zum 18 km entfernten Insterburg. Soldaten nahmen mich als Schwarzfahrer in einem Bremserhäuschen mit. Nach 1 1/2 Tagen kam ich bei Mutter an. Vater hatte beim Abschied eindringlich gefordert, wir sollten warten, bis er uns mit allen anderen VS-Männern abholen würde. So vergingen dann noch bange 10 Tage. Das Grollen des Ge-schützfeuers kam von Tag zu Tag näher. Der V-Sturm hatte die Wahnsinnsaufgabe erhalten, die rückflutenden Soldaten an Brük-ken und Übergängen aufzuhalten.

Ehepaar Reuter aus Hainau
(Schilleningken)

Aufregung und Furcht griffen um sich

Nun begannen wieder alle die Wagen zu beladen. Auch die
Einheimischen schickten sich an, die notwendigen Vorkehrungen
zu treffen.
Wie eine gute Fügung mutete die vorsorgliche Bereitschaft der
Dorfschmiede in Uderwangen an, die Pferde mit scharfen Hufeisen zu beschlagen. In den Bäckereien muß wohl Tag und Nacht
der Ofen beschickt worden sein, denn wir konnten gut durch-
gebackenes Brot in größeren Mengen kaufen.

Einige Notizen

Von unseren Verwandten, Reuters und Grubers, wußten wir, daß
sie mit Eisenbahntransporten noch so zeitig ins Sächsische gebracht worden waren, daß wir noch die Adressen erfuhren.
Reuters waren nach Altenberg ins Erzgebirge gekommen. Das
sollte sich beim Zusammenfinden der Familien nach dem Krieg
als ein Glücksfall erweisen. Ebenfalls mit der Bahn hatte sich die
Familie Gruber/Kirstein aus Grieben in einen Ort in Odernähe,

nach Mixdorf bei Müllrose, mit ihren zwei Pferdewagen und beachtlicher Habe, verfrachten lassen.

Vater und die anderen Männer vom V-Sturm kommen

Bis zur Zerreißprobe wurden die Nerven strapaziert. Die Meldungen im Rundfunk, das wußten wir nun schon, gaben keine Wahrheit über den Verlauf der Front an. Untrüglich war da das unaufhörliche Grollen der Detonationen der Granaten. Ab dem 25. Januar war dann sogar Maschinengewehrfeuer zu hören. Alfred wurde an dem Tag vierzehn Jahre alt. Die Ereignisse jedoch folgen ganz anderen Prämissen, das hatten wir begriffen. In den Morgenstunden des 26. Januar stand Vater dann mit dem Wagen auf dem Hof der Frau Manneck. Die zweite, weitaus kompliziertere Fluchtphase begann so gegen 11.00 Uhr. Als ich bei Frau Manneck um vier Sack Hafer und einige Bunde Heu nachfragte, verwies sie mich an ihren Bruder. Dieser verwehrte die Bitte und meinte, daß wir schon genug in all den Wochen erhalten hätten. Da griff dann Moritz ein und „requirierte" das Erforderliche für die Abfahrt. Kriegerische Methoden wucherten schon. Mir gab Vater 30 Reichsmark, ich sollte die „Beute" bezahlen gehen.

Das Ostpreußenlied

Land der dunklen Wälder und kristallnen Seen,
über weite Felder lichte Wunder gehen.

Starke Bauern schreiten hinter Pferd und Pflug,
über Ackerbreiten streift der Vogelzug.

Und die Meere rauschen den Chorol der Zeit,
Elche stehen und lauschen in die Ewigkeit.

Tag hat angefangen über Haff und Moor,
Licht ist aufgegangen steigt im Ost empor.

Teil 4

Heute ist Freitag, der 13. Februar 1998. Ich beginne am 2. Abschnitt meiner Aufzeichnungen zu schreiben. Der soll den Weg von Vierzighuben über das Eis des Frischen Haffs, bis kurz vor Treptow an der Rega in Hinterpommern, beinhalten.

Von den Strapazen gezeichnet

Übernächtigt und abgespannt trafen die V-Sturm Männer bei ihren Familien kurz nach der Morgendämmerung des 26. Januar ein. Die ganze Nacht hatten sie genutzt, um dem immer stärker werdenden Frontlärm zu entrinnen. Es waren kalte mondhelle Nächte, ebenfalls lag etwas Schnee über dem Land. So war die Nachtfahrt relativ günstig. Wohl vier ehemalige Nachbarn (Beckeschat, Baltruschat, Lottermoser und Vater) waren nach dieser „Odyssee", die sich Volkssturm nannte, zu den Familien gekommen, um sie einem Zugriff der Russen fernzuhalten. Eine Überlegung, evtl. nicht zu fahren, war nie ins Kalkül genommen worden.

„Taktische" Überlegungen

Vater wollte, sehr drängend kamen die Worte, den Jagdwagen mit sechs Personen beladen. Ein Leiterwagen, den der Moritz lenken sollte, genüge. So sein Vorschlag. Von den Sandauern hätten Tante Minna mit dem nun etwa zweijährigen Manfred und Tante Mietze auf dem Jagdwagen Platz gehabt. Auch nur einen Leiterwagen sollten die Sandauer mitnehmen.
Seine Begründung dafür: „Mit drei Wagen kommen wir schneller voran als mit vier oder gar fünf." Die besten und widerstandsfähigsten Pferde könnten vorgespannt werden. Er wußte sehr wohl, daß zwei der Sandauer Stuten hoch trächtig waren. Das war ein großes Risiko. Elf Personen auf drei Wagen, davon auf dem Jagdwagen sechs, das ist vernünftig. Alles andere sei Unsinn.
Das Wort „Unsinn" gebrauchte Vater oft, wenn es um Dinge ging, die der Vernunft im Wege standen. (Ich ertappe mich doch recht

oft auch bei diesem Wort, wenn es um Bewertungen und Entscheidungen geht.) Natürlich waren die sechs Frauen in der Übermacht. Mutter: „Welst du dat, wat wie noch hebbe, hier ligge lote? Soll de Russ dat krije?" (*Willst du das, was wir noch haben, hier liegen lassen? Soll der Russe das kriegen?*) Tante Minna wollte unter keinen Umständen die beiden hochträchtigen Stuten, die ausgezeichnete Zuchtpapiere aufzuweisen hatten, stehen lassen. So wurde also mit vier hochbeladenen Leiterwagen, von acht Pferden gezogen, Vierzighuben verlassen. Fünf unserer neun Pferde blieben zurück. Manch ein anderer Ballast natürlich auch. Da hatte Vater seinen Standpunkt diesmal nicht durchgesetzt.
Dieser Streit um die Anzahl der Wagen wurde sehr heftig geführt. Er ist dann später, schon in Roman, noch einmal Grundlage einer heftigen Auseinandersetzung zwischen Mutter und Tante Mietze gewesen.
Als ob es keine anderen Sorgen in der Zeit gegeben hätte. Aber so ist der Mensch.

Das Maschinengewehrfeuer treibt zur Abfahrt. Und eine Bemerkung zu Familie Paul.

Die Front hatte schon, als wir den Ort mit fünf anderen Nachbarn verließen, das 6 km entfernte Uderwangen erreicht. Eile war geboten. Auf einem abgelegenen Bauernhof, an der Straße in Richtung Jesau gelegen, hatte das Ehepaar Paul aus Grieben sein Quartier.
Pauls hatten einen Hof von 112 Morgen im Ausbau, in der Pislakei, so hieß dieser Teil des Griebener Territoriums im Volksmund. Beide Eheleute mögen um die 65 gewesen sein. Vater stieg vom Wagen und ging zum Gehöft, um zu sehen, ob diese Nachbarn schon abgefahren seien. Ich begleitete ihn dabei.

Sie saßen beide in ihrem Zimmer. Vater sagte: „Na Fretz, wie mete fohre, spannt schnell an, ek help uk." (*Na Fritz, wir müssen fahren, spannt schnell an, ich helfe auch.*) Herr Paul darauf: „August, wie fohre nich. De Russe sen uk Mensche, lot ons man hier." (*August, wir fahren nicht. Die Russen sind auch Menschen, laß uns mal hier.*) Von dem Ehepaar ist nie wieder etwas in Erfahrung zu bringen gewesen. Für deren ältesten Sohn Erich hatte Vater in den 60er Jahren eine Bestätigung des bäuerlichen Besitzes in Grieben zwecks „Lastenausgleich" (wie er in der BRD den Besitzenden unter den Flüchtlingen gewährt wurde) geschickt. Nach dieser kurzen Unterbrechung ging die Fahrt in Richtung Penken weiter. Schneesturm und grimmige Kälte von minus 20°C erschwerten die Sicht und somit das Tempo der Fahrt. Die weitere Fahrtroute sollte über Mehlsack in Richtung Elbing oder gar Dirschau verlaufen. Jedoch schon in Dollstedt lenkten Soldaten uns in nördliche Richtung über Kreuzburg und Mahnsfeld nach Seepothen. Es hieß, der Russe habe die Weichsel bei Dirschau erreicht. Dort sei auch die Brücke schon in die Luft gesprengt worden, so die Information.

Seepothen - eine erste mitternächtliche Begegnung mit den späteren „Befreiern"

Ostpreußen war somit auf dem normalen Wege nicht mehr zu verlassen. Vater muß die Situation voll erkannt haben. Sagte uns allen aber nichts von der fast völligen Aussichtslosigkeit auf eine erfolgreiche Weiterfahrt.
In den Abendstunden, etwa gegen 20.00 Uhr, erreichten wir den Ort Seepothen.
Die Pferde waren durch den wochenlangen Stallaufenthalt und die sehr bemessenen Haferrationen wenig widerstandsfähig. Bei sternklarem und mondhellem Abend fanden wir in Ställen und Scheunen eines recht großen Gutshofes Unterkunft für Mensch und Tiere. Viele andere Flüchtlinge, aber auch Soldaten, waren um uns. Gefechtslärm war zu hören. Der Schlaf jedoch hatte wohl alle übermannt. Plötzlich, so gegen 1.00 Uhr in der Nacht, eine Unruhe durch Soldaten. Und der Schrei: „Der Iwan ist vor dem Hoftor, steht schnell auf und seht zu, daß ihr fortkommt, wir scheuchen ihn noch etwas zurück!" Schnell wurden die Pferde vor die Wagen gespannt. Anziehen mußten wir uns nicht, denn in

voller Kleidung hatten wir uns ins Stroh gelegt. Während in
großer Angst und Eile die unruhig gewordenen Pferde vor die
Wagen gespannt wurden, zerrissen MP-Salven und das Geschrei
deutscher und sowjetischer Soldaten die kalte Winternacht.
Erstmals vernahmen wir die „Urräh"- Rufe der Angreifer. Als wir
mit unseren Wagen schon in Bewegung waren, durchbohrten
einige MP-Geschosse den Teppich unseres Wagenverdecks. Wir
konnten dem kurzen Nachtgefecht entkommen und setzten ohne
Unterbrechung die Fahrt fort. Glück begleitete uns. Denn weder
den Menschen noch den Pferden war etwas passiert. Die Angst
muß wohl durch die Erregung und Kälte zum Erstarren gekommen sein.
Hatten wir in Grieben die ersten Flugzeuge mit dem Sowjetstern
am 10. August 1944 gesehen, so sahen wir nun die schattenhaften
Umrisse der Rotarmisten und hörten ihren Angriffsruf.

Mit Kurs auf Braunsberg

Soldaten wiesen in der Nacht die Fahrtrichtung, so daß ein noch-
maliger Kontakt mit der wohl fließenden Frontlinie ausgeschlossen schien. Es ist mir nicht mehr in Erinnerung zu rufen, welche
Orte durchfahren wurden. Eine Übernachtung gab es noch, dann
hatten wir Braunsberg erreicht. Da muß es sich um Montag, den
29. Januar 1945, gehandelt haben.
Mit vielen anderen Flüchtenden, sowohl zu Fuß als auch per
Wagen, gelangten wir in die am Stadtrand gelegene Artilleriekaserne von Braunsberg, dem jetzigen Braniewo. Für die Pferde
gab es in den Ställen eine gute Unterkunft (Braunsberg hatte ca.
62.000 Einwohner, Braniewo jetzt ca. 30.000).
Wir hatten mit mindestens 10-15 anderen Personen einen großen
Soldatenraum zugewiesen bekommen.

Neun Tage in einer Artilleriekaserne

Es waren um uns Soldaten. So machten sich Unsicherheit und Angstgefühle kaum breit. Ich nenne diese Gedanken nicht nur für meine damalige Befindlichkeit. Das wurde allenthalben so von unserer Familie empfunden. Denn immer noch galt: „Diesen Krieg gewinnen wir." Daran ließ Vater noch nicht rütteln. (Ziehe ich Parallelen zu 1989/90, so befand ich mich 45 Jahre später auf der gleichen Ebene, die wirkliche Situation nicht richtig begreifen oder einschätzen zu wollen oder zu können. So ist das mit den Überzeugungen und der Vernunft. Zum anderen brauchte ich mir wegen „Wendehalsübungen" nicht das Genick brechen. Dafür sorgten „Weitsichtigere".)
Im Kasernenraum gab es Strohlager für die Menschen. Es war warm. Verpflegt hat uns die Soldatenküche täglich mit einer warmen Mahlzeit. Brot und Belag hatten wir ausreichend auf unseren Wagen. In der Stadt gab es aber auch nach längerem Anstehen, was wir bis dahin nicht kannten, Brot und etwas an Wurstwaren auf Lebensmittelkarten. Die Pferde hatten einen guten Stallplatz. Abwechselnd schliefen Vater, Alfred und ich mit unseren Franzosen, nun schon ganz dicht beieinander, neben den Pferden. Beide, der Moritz und auch der André, waren in den Minuten in Seepothen großartig in ihrer Umsicht und Menschlichkeit. Das soll nachträglich unbedingt genannt sein.

Ein Exkurs in die preußische Geschichte und die Gläubigkeit ihrer Nachfahren

Einen Ausweg aus der Lage bot nur noch das Eis über das Frische Haff. Der „Große Kurfürst", Friedrich Wilhelm von Brandenburg (1648-1688) und sein Heer waren schließlich 1678/79 auch, allerdings übers Eis des Kurischen Haffes, per Schlitten gefahren.(1)
Dieser Hohenzollernfürst hatte im Gefolge der Auswirkungen des 30jährigen Krieges und der nicht in Erfüllung gegangenen Ausdehnungsansprüche des Kurfürstentums und einer abermaligen

Bedrängnis durch Frankreich und Schweden in den siebziger Jahren siegreiche Phasen durchlebt. Er hatte eine Münze mit der Inschrift, „Aus meiner Asche wird mir einst ein Rächer entstehen", prägen lassen. Als dieser „Rächer" war dann Friedrich 2. (der „Große") der Asche entstiegen. Lehrer Reschat teilte uns dann mit, daß jetzt Hitler auch ein solcher „Rächer" sei. Welcher Asche der allerdings entstiegen war, sagte er nicht. Vielleicht hat er es auch nicht so eindeutig gewußt. Wir hatten unter seinem Geigenbogen, den er als Takt- und auch als Schlagstock auf die Köpfe seiner Schüler in mancher Musikstunde schwang, kräftig zu singen gehabt: „Einst kommt der Tag der Rache, einmal da werden wir, reiß deine Ketten entzwei." Solche und ähnliche Unterweisungen im Kindesalter trugen dann ihre „Früchte" im Gebäude des Hasses deutscher Untertanen gegen jegliches Nichtdeutsche.

Eine andere Sicht als logische Folgerung breitete sich dann später bei mir aus

Ganz anders erlebte ich in der FDJ und während der gesamten Studienzeit zwischen 1952 und 53 über Liedertexte eine veränderte Sicht auf Menschen neben uns. Der Direktor des Instituts für Lehrerbildung Boock, Kreis Pasewalk, Herr Johannes Klemz, in der Zeit des Faschismus gemaßregelt, sang mit unserem Institutschor neben vielen Volks-, Kinder-, Jugend- und Kampfliedern der jungen DDR-Zeit folgenden Text eines FDJ-Liedes: „Hebt unsere Fahnen in den Wind, sie fließen hell wie Sonnenglut und künden, daß wir gläubig sind. Der Mensch ist gut, der Mensch ist gut." Wie pervers mutet angesichts solcher logischer Erneuerung deutscher Befindlichkeiten die Haltung der BRD-Zeit von Adenauer bis Kohl an, die faschistische Diktatur mit der DDR gleichzusetzen.

Vorbereitungen für die Eisfahrt

Der Weg übers Eis wurde vorbereitet. In der Schmiede der Kaserne wurden die Pferde mit Haff- oder Eisstollen in den Hufeisen versehen. Leider war es auch diesen Spezialisten nicht möglich, der Prachtstute der Sandauer Eisen auf die Hufe der Hinterbeine zu schlagen. Für das Tier hatte das dann häßliche Folgen. Die Hufe waren wund geworden, und die Tagestouren hatten dem Leistungsvermögen des Tieres Rechnung zu tragen.

Im Bombenhagel reifte der Entschluß zur Fahrt übers Eis

In den zeitigen Vormittagsstunden des 7. Februar, die Frauen hatten sich bei einem Fleischer zum Wurstkauf angestellt, erschienen bei klarem Winterhimmel 4 Ketten = 12 Flugzeuge in großer Höhe und entluden ihre zerstörende Fracht auf die bis dahin heile Stadt. Die Flak schoß unaufhörlich, aber die Granaten erreichten kein Flugzeug. Im Gegenteil, die Angriffe wiederholten sich in Abständen von etwa 30 Minuten mit der immer wieder gleichen Anzahl von Flugzeugen mindestens 3 oder 4 mal. Eine Panik in der Stadt, aber auch in der Kaserne, war die Folge. Zum Glück waren die Frauen aus der Stadt wieder bei uns. Sie berichteten, daß ganze Straßenzüge brannten. Unzählige Bomben kleineren Kalibers hatten das Kasernengelände verwüstet und viele Gebäude zerstört.

Ein Blick auf die Soldaten, die an der Brust das Verwundetenabzeichen trugen

Wir hatten alle die vorhandenen Luftschutzkeller im Gelände bzw. unter den Gebäuden der Kasernenblöcke aufgesucht. Das Obergeschoß des Gebäudes, in dem wir den Keller zugewiesen bekamen, hatte sich in den letzten Wochen in ein behelfsmäßiges Lazarett verwandelt.
Sehr viele Verwundete trugen die Sanitäter auf Tragbahren in die Kellerräume. Die leichter Verwundeten begaben sich, gestützt

durch Krankenschwestern und Mädchen aus den Flüchtlings-
familien, in die Kellerräume. Das Stöhnen schwer verwundeter
Soldaten, der penetrante Geruch von Äther, Lysol, Chlor, altem
Eiter und Blut erfüllte die Räume und blieb uns nicht erspart.
Wir waren inmitten der Front in diesen Stunden an dem 7. Februar. Mutter und vor allem Tante Minna waren fassungslos. Sahen
diese Mütter doch im Geiste ihre Angehörigen.
So gegen 11.00 Uhr endete das Inferno. Die Bomberwellen
blieben aus. Nicht einen einzigen wirkungsvollen Treffer hatte die
Flak anbringen können. Wie tief war diese so sieggewohnte
deutsche Wehrmacht gesunken. Wie überlegen war der vor 2 1/2
Jahren „am Boden liegende Feind" wie Phönix aus der Asche
gestiegen.

***In Richtung Passarge bewegte sich ein unübersehbarer Wagen-
zug***

Der Entschluß, noch am gleichen Tag den Weg übers Eis anzutreten, war kurzerhand durch Vater, auf Drängen der Soldaten, gefällt
worden. Ein fast jäher Witterungsumschwung begünstigte das auf
uns zukommende Wagnis. Den Himmel machte eine dicke Wol-
kendecke fast finster. Schon nach etwa einer Stunde setzten Wind
und Schnee ein, so daß ein leichtes Schneetreiben auch die Sicht
am Boden erschwerte. Ich möchte meinen, daß wir gegen 12.30
Uhr mit noch vielen anderen Wagen, die im Kasernengelände
Zuflucht gefunden hatten, den Weg nach Passrage antraten. Dieser
Ort, ca. 7 km von Braunsberg entfernt, liegt am gleichnamigen
Küstenfluß.

Ein prächtiges Gedächtnis - oft mein Stolz

Die Namen der größten Flüsse, die ihr Wasser dem Frischen Haff,
diesem sehr typischen Brackwasser zuführen, hatten wir im
Heimatkundeunterricht bei Lehrer Reschat zu lernen. Hier eine
Kostprobe des Gedächtnisses auf solche durchaus merkenswerten
Dinge:

Frisching mit dem Pasmar und Stradick, Bahnau mit der Amaza und Jarft, Passarge mit der kleinen Behwer und die Baude mit der Gardiene. Solche und ähnliche Übungen in der Schule betrachte ich auch heute noch als unentbehrliches nützliches Beiwerk für Gedächtsnistraining und mancherlei Orientierung im Dschungel gesellschaftlich angehäuften Wissens aller Bereiche.
Die Bilder dieses nachmittäglichen unendlich langen Flüchtlings-zugs sind im Gehirn fest eingeschliffen.

Aufmarsch zur „Parade" der Hoffenden, aber auch Verzweifel-ten

Wagen aller Art, mit von einem und bis zu vier Pferden gezogenen Frachten bewegten sich haffwärts.
Fußgänger mit etwas Gepäck am Körper, Karren und Handwagen schiebend und ziehend. Ja sogar Mütter mit Kinderwagen quälten sich durch den Schnee. Immer wieder auch einige leichtere Militärfahrzeuge, die sich zwischen die Zivilisten drängten.
So gegen 14.30 Uhr mögen wir mit unseren Fuhrwerken aufs Eis gefahren sein. Zuvor war eine breite Holzbrücke zu überfahren. Diese hat den Deich an der Stelle, relativ steil ansteigend und dann auch wieder abfallend, aus Gründen des Schutzes überquert. Soldaten regelten die Abstände der Fahrzeuge für die Auffahrt auf das Medium Eis.

Ein strenges Reglement war von Nöten

Zwischen den Fuhrwerken seien mindestens 50 m Abstand zu halten, so die recht ernste Mahnung der Einweiser. Niemand brauche mit besonderer Angst das Eis betreten. 60-65 cm sei es dick, auf die Zwischenräume komme es an. In sichtbarer Entfer-nung von etwa 400 m ragten armdicke Birkenstangen aus dem Eis heraus. Hier war die Trasse, die nicht verlassen werden sollte. Tut es jemand, so auf eigene Gefahr. Wie sehr darin Wahrheit steckte, erfuhren wir einen Tag später. Die Temperaturen mögen an dem Nachmittag bei -8 bis -9°C gelegen haben. Zwar blies der Wind nicht mehr Schnee in die Augen, aber er war kalt, weil ja keinerlei Schutz den Menschen sich bot. Ich ging, wie nun schon bei fast allen Wegstrecken, neben den Fahrzeugen her.

Die Fahrt übers Haff war keine Eisrevue

Nur mit den vier Wagen der beiden Wiemer-Familien bestand unmittelbare Nähe. Andere Treckwagen unseres Dorfes, zumindest weitere drei Familien, waren auch (aber nicht in Sichtnähe) auf dieser abenteuerlichen Straße. Eine bessere Bezeichnung dafür ist nicht zu wählen. Denn eben, ohne Schlaglöcher, ohne das häßliche Kopfsteinpflaster - für eisenbereifte Ackerwagen ein Greuel - bot diese Eisstraße ein angenehmes Vorwärtskommen. Die Umstände jedoch ließen für solcherart Wortgeflüster keinen Raum. Zehn Wagen, das war eine Entfernung von 500 m, soweit reichte an dem Nachmittag die Sicht nicht. Nahezu neblig mutete das diesige Wetter uns an. Ferner Geschützdonner und Motorengeräusch von einigen Militärfahrzeugen trug der heftige Wind dann und wann ans Ohr. Sonst durchbrachen die Schritte der

An dieser Stelle bei Passarge fuhren wir aufs Eis des Frischen Haffs

Pferde und ein leises Knirschen des Eises, durch die Eisenreifen der Wagenräder bedingt, die Stille dieses Trauerzuges verzweifelter, belogener und zutiefst erschütterter Menschen.

Etwas Unterricht muß sein

Das Haff hat an dieser Stelle etwa eine Breite von 6,5 km. Die Längsausdehnung dieses Brackwassers mißt etwa 75 km von NO nach SW. Der geringe Salzgehalt dieses Gewässers, er liegt bei weniger als 0,1%, gestattet bei einem normalen ostpreußischen Winter immer eine geschlossene Eisdecke. Der Fischbesatz wurde als reichlich, die Zahl der Fischarten jedoch als arm eingeschätzt. Gab es einen Stop auf der Eisstraße, so riefen die zu Fuß gehenden Begleiter ihr kräftiges: „H a a l t!" Bedingt durch die komplizierte Auffahrt zur Nehrung waren diese Pausen, die oft den Zug zum Stehen brachten, häufiger als gewünscht.

Die Nehrung, in diesem Falle die Frische Nehrung, ist ein etwa 300 bis 1500 m breiter und 60 km langer dünenhafter bzw. deichartiger Landstreifen, durch den das Wasser der Ostsee vom Wasser des Haffes getrennt wird. Die Nehrung selbst ist infolge der durch das Wasser, in diesem Falle des Pregels, mitgeführten und abgelagerten Feststoffe und der Gegenwirkung der Ostsee-Wasserbewegung entstanden. Wodurch letzteres zu diesem eigenartigen Binnensee wurde.

Die Finsternis der Nacht - die Nehrung stoppt die Weiterfahrt

Nach einer wohl dreistündigen Fahrt auf dem Eisweg, wir hatten an einer Stelle einen brückenhaften Belag überfahren - dort war die Fahrrinne für Schiffe, die eisfrei gehalten war - trat eine urplötzliche Finsternis uns entgegen, so daß eine Weiterfahrt sich ausschloß. Was war die Ursache? War die Finsternis des diesigen Wetters wegen so abrupt? War es die kürzere Übergangzeit vom Tag zur Nacht, wie in größerer Nähe des Äquators ja üblich? War vielleicht Neumond? All das traf irgendwie nicht zu. Laternen durften nicht entflammt werden. Ein Rufen und Schreien, allen

Fahrzeugen Halt gebietend, erfüllte die plötzlich windstill herein-
brechende Nacht. Die Sicherheitsabstände waren längst nicht
mehr gültig. Lediglich ein seitliches Entfernen half, um nicht
Wagen bei Wagen zu haben. Wichtig erschien lediglich, daß die
Familien in Rufnähe ihren Rastplatz sicherten.

Eine Nacht auf dem Eis

Danach wurden die Pferde versorgt. Mit Decken war einer Unterkühlung der Rückenpartie der Tiere vorzubeugen. Denn eine lange
Nacht von mindestens 13 Stunden lag vor uns und den Tieren. Wir
aßen vom vorhandenen Proviant und suchten dann auf den Wagen
einen Schlafplatz. Da erwiesen sich Aufenthalte und Nachtlager in
Ställen und Scheunen als luxuriöse Domizile. Aber fünf Personen
auf zwei großen Leiterwagen, das war kein Notfall. Bei den
Sandauern war das etwas komplizierter. Ich glaube, daß der André
noch zu uns kam. In Abständen von zwei Stunden stieg Vater vom
Wagen und befühlte alle Erfordernisse bei den Pferden und deren
Sielenzeug. Die Unruhe der Tiere wuchs von Stunde zu Stunde.
Die Kälte machte sich breit.
Auch die beiden Franzosen übernahmen so etwas wie eine Wache.
Ähnliche Bewegung war bei allen anderen Wagen festzustellen.
Die Männer, soweit sie überhaupt anwesend waren, rauchten und
unterhielten sich untereinander.
So etwa ab 3.00 Uhr in der Frühe, die Finsternis wich nicht,
begann sich, durch die Last der Wagen verursacht, Wasser aus den
Eisspalten an die Oberfläche zu begeben. Nun standen die Pferde
im etwa 10 cm tiefen eiskalten Wasser und sollten sich nicht
bewegen. Diese Stunden zählten wir später zu den schlimmsten
der ganzen Eisüberfahrt.
Als sich dann der neue Tag einstellte, es war ein klarer, somit auch
ein zeitiger Morgen, erkannten wir, daß unsere gesamte unübersehbare Wagengruppe unmittelbar vor der Nehrung stand. Daher
die so plötzliche Finsternis. Schnell bemühten sich alle, ihre
Pferde aus der Gefahr einer noch weiteren Unterkühlung durchs
Wasser herauszubekommen. Die Gefahr des Einbrechens unmit-

telbar am Strand (ca. 250 m) schien allen nicht so gegenwärtig zu sein.

Auf der Nehrung regte sich dann das Leben ebenfalls von Minute zu Minute mehr. Dort standen die Trecks dicht gedrängt. Vater ging vor, um die Auffahrt zum schmalen Landstreifen auszumachen. Hoffnungslos, dort war nicht nur alles überfüllt, dort war wegen der Schlaglöcher, die die vielen Wagen auf der Eis- und Schneedecke des Nehrungsweges - von einer Straße kann da nicht die Rede sein - verursacht hatten, ein Weiterfahren ausgeschlossen.

25 km entlang der Nehrung

Da entschieden dann viele der Anwesenden, daß es die Vernunft gebietet, die ja gute Eisstraße weiter zu benutzen. Noch war die Sonne nicht am Horizont emporgestiegen, da setzte die Riesenschlange von Flüchtlingswagen den nächsten Tagesmarsch fort. Was würde dieser 8. Februar wohl bringen?

Er brachte mancherlei Überraschungen. Die Sonne schaute schon bald auf ihre Erde. Sie wärmte auch beachtlich alles, was für sie erreichbar war. Dieser klare Tag rief aber auch die sowjetischen Piloten auf die Sitze ihrer Jäger. Sie kamen im Tiefflug, flogen dem Treck regelrecht entgegen.

Jetzt schossen sie aus ihren Bordkanonen

Ihr Suchen muß Militärfahrzeugen gegolten haben. Machten sie ein solches Fahrzeug aus, so flogen sie eine Schleife, gingen dann, zum Treck quergestellt, erneut zum Tiefflug über und schossen aus den Bordwaffen. Wohl manch ein Soldatenfahrzeug trafen sie. Gegenwehr hatten sie nicht zu befürchten. Unseren Nachbarn, Städlers aus Grieben, schossen sie bei einem solchen Manöver das Mittelpferd des Dreigespanns heraus. Ein Soldatenauto hatte sich in die Nähe der Wagen gedrängt. So entstand der Schaden am zivilen Fahrzeug. Soldaten halfen dann der Familie. Ein Franzose war auch dabei. So blieb das getroffene Pferd auf dem Eis zurück.

Ein Schuß aus einer Pistole beendete für das Tier die Qual des Sterbens. Und mit den zwei verbliebenen Pferden setzte die Familie die Fahrt fort. Wir waren zu dem Zeitpunkt mit unseren Wagen etwa 2 km von der Unglücksstelle entfernt. Als diese fatale Situation uns nach einer Wiederbegegnung mit Städlers dann schon in Pommern zu Ohren kam, reagierte Vater sehr nachdenklich. Mutter sprach aus, was zu sagen nötig war: „Ob onse Saldote uk so met de Russe omginge?" (*Ob unsere Soldaten mit den Russen auch so umgehen?*)

Ich sah den ersten Toten des Krieges

Zügiger als am Vortag bewegte sich die Wagenkolonne. Von der Nehrung, etwa 300 m von uns entfernt, hallten Rufe und ungeduldiges Fluchen zu uns herüber. Dort muß wohl das Vorankommen der Fahrzeuge fast aussichtslos gewesen sein. Ich ging wie gewohnt zu Fuß den Wagen voraus oder auch hinterher. Ca. 250 m von der Eisstraße haffwärts gewahrte ich ein großes Bündel. Neugierig oder auch wißbegierig wie ich war (und auch heute noch bin) lief ich zu der Stelle. Eine in Decken gewickelte tote alte Frau zeigte sich meinen Augen, als ich am Bündel hantierte. Hier hatten die Angehörigen gewiß der guten Oma ein Grab in dem kalten heimatlichen Gewässer gewähren wollen. Sie hatten wohl die Finsternis der Nacht als Gunst empfunden. Wo sonst, wenn nicht hier auf dem Eis, wäre eine Gruft aushebbar gewesen.

Versunken im eiskalten Wasser

Erregende Ereignisse müssen wohl eine Anziehungskraft zueinander auslösen. Noch in den Vormittagsstunden entfernten sich einige größere Wagen von der vorgezeichneten Trasse. Sie überholten andere Fuhrwerke und mußten dann hinnehmen, daß dort das Eis barst. Ein Krachen, dann Schreie der Menschen, und schließlich ein lautes Glucksen des aufnahmebereiten Wassers. In wenigen Sekunden waren zwei Fuhrwerke im eiskalten Wasser versunken.

Die Menschen mögen wohl alle noch vom Wagen den Sprung aufs Eis geschafft haben. Allein die Pferde, durchs Geschirr am Fahrzeug gefesselt, fanden den Tod des Ertrinkens. Jegliche Hilfe war zwecklos, obwohl das Haff in Nehrungsnähe gewiß nur einige Meter tief war. Das waren Bilder die trotz immer neuer tragischer Eindrücke lange nachwirkten. So in der Mittagszeit, die Luft zeigte milde Züge, die Sonne hatte, als wollte sie trauern, sich hinter Wolken versteckt, fuhren wir bei dem Nehrungsdorf Vogelsang aufs Land.

Ostpreußen ade!

Damit hatten wir Ostpreußen von Ost nach West durchquert. An konkret dreizehn Tagesfahrten war eine Wegstrecke von etwa 340 km (Luftlinie ca. 250 km) absolviert. Auf einem größeren Platz wurde gerastet. Die Pferde vor allem sollten etwas Ruhe und Futter haben. Hier war auch ein Einbrechen im Eis ausgeschlossen. Aber die Straße auf diesem letzten Zipfel der Nehrung zeigte dann erneut ihre Tücken. Schon wenige hundert Meter nach der Weiterfahrt, Schlaglöcher kennzeichneten auch hier die von Eis und Schnee überzogene Straße, brach ein Rad an einem der Sandauer Wagen. Nun folgte eine Zwangspause. Der Wagen sollte, soweit es möglich schien, entladen werden. Ein Teil der Fracht sollte auf die anderen Wagen umgeladen werden.

Dankbarkeit oder Freude?

Plötzlich erschienen Soldaten. Sie hatten die Lage erkannt und boten eines ihrer Ersatzräder des Kolonnenwagens an. Tante Minna bezahlte glückstrahlend mit einer Flasche Schnaps und einem Stück besten Schinkens. Auch Freude, durch solidarisches Verhalten ausgelöst, verbarg sich in den Wirren und Ängsten dieser Fahrt.
Obgleich dieses Rad nicht recht für einen bäuerlichen Ackerwagen passend war, die Weiterfahrt begann sogleich. Das Rad war größer als die anderen, hatte eine kürzere Nabe, aber es drehte

sich auf der Achse. So fuhren wir an dem Tage durch ein Waldgebiet, das zum Teil noch zur Nehrung, dann aber doch schon zum westpreußisch-danziger Gebiet gehörte. Der Tag hatte sein klares sonniges Wetter bis in die Abendstunden beibehalten. Es dämmerte schon, als wir abermals durch Soldaten von der recht guten Straße zum Abbiegen in einen riesigen Barackenkomplex geleitet wurden.

Stutthof - eines der berüchtigtsten Konzentrationslager des faschistischen Deutschlands

Mehr als 30 km hatten uns die braven Pferde an diesem Tage frontwegwärts, so meinten wir, gezogen. Hinter uns lag ein Tag mit vielen erschütternden Eindrücken. Äußerst dankbar wurde das Quartier in diesem Lager angenommen. Für die Pferde gab es eine stallähnliche Unterkunft. Futter hatten wir ausreichend, und hier erhielten die Tiere nach zwei langen Märschen erstmals die Möglichkeit einer Tränke. Viele, sehr viele Flüchtlingswagen hatten dort Unterkunft gefunden. Es gab warmes Abendbrot. Die Möglichkeit, sich waschen zu können, war eingeräumt. Allen stand auch ein Nachtlager zur Verfügung, zwar auf Stroh, aber was wollten wir mehr? Ich hatte auf einem unserer Wagen zu schlafen, um gewissermaßen Wache zu halten. In einer Pelzdecke eingekuschelt, schlief ich gar zu gut. Als ein Geräusch mich weckte und ich schlaftrunken vom Wagen stieg, stellte ich nur noch fest, daß von den Eimern, die an den Holmen der Wagenleitern befestigt waren, einer abgeschnitten war. Jemand hatte dringend ein solches Gefäß gesucht. Und hier hatte er es gefunden. Am nächsten Morgen wurden an alle heißer Kaffee und auch bestrichene Brote ausgegeben. Zufrieden setzten wir die Fahrt dann am 9. Februar fort.

Erst Jahre später brachte ich in Erfahrung, daß wir uns in einem der größten faschistischen KZ Deutschlands befunden hatten.

Eine kurze Nachbetrachtung

Mehr als 65.000 Menschen hatte die deutsche Mordmaschinerie
im Interesse der Banken und Konzerne dort in Stutthof ausgebeu-
tet und dann umgebracht.
Einige tausend Häftlinge hatten die Liquidatoren auf große
Lastkähne gepfercht, diese zur Ostsee geschleppt und dann durch
Fernbeschuß versenkt. Andere, noch Arbeitsfähige, kamen in
Rüstungsbetriebe. Viele sind erschossen worden. Manchen mag
auch die Flucht gelungen oder die Befreiung durch die Siegermächte ermöglicht worden sein.
Wie sehr wird auch im „Ebenroder (Stallupöner) Heimatbrief"
mancher Jahrgänge, aber auch in anderen, die Flucht betreffenden
Publikationen, das tragische Schicksal der Flüchtlingspassagiere
auf der „Gustloff" in allen verbalen Möglichkeiten beschrieben.
Hier scheint als Motiv die „deutsch-humanistisch gefärbte Einsei-
tigkeit" den Umständen Pate gestanden zu haben, da es sich um
sowjetische Torpedos handelte. So lassen sich historisch-tragische
Abläufe auch nachträglich gut vermarkten. In solchen Veröffentli-
chungen fehlt der kausale Bezug dann gewöhnlich völlig.
So undialektisch an die Geschehnisse heranzugehen, heißt
schließlich, historische Verantwortung der Deutschen abzulehnen.
Damit bleiben wir dann „sauberes" Deutschland-sprich:BRD.
Gewiß wir, die wir damals Kinder waren, sind für die Schuld und
Mitschuld, wie auch für die Verantwortung, die die Generation
unserer Väter und älteren Geschwister auf sich luden, nicht zur
Rechenschaft zu ziehen. Wir haben aber die Pflicht, unseren
Kindern die Wahrheit zu sagen.
Tun wir es nicht, begehen wir eine Unterlassung, die künftige
Verbrechen hervorbringen könnte. Anfänge dafür gibt es ausrei-
chend.

Am 9. Februar durch den Kreis Großes Werder

Durch eine unüberschaubare fruchtbare Ebene wälzten sich die
Fahrzeuge. Gefechtslärm war an dem Tag nicht zu hören. Stand
der Wind ungünstig für diese Kunde oder war die Entfernung der

Front zu groß? Das weiß ich nicht. Bauernhöfe in der Art, wie sie in unserer Gegend oft anzutreffen waren, lagen groß und schwerfällig im Gelände.

Die Weichsel war aber noch zu überqueren. Eine Fähre bei dem Ort Käsemark löste dieses Erfordernis. Obwohl sie recht groß war, die Masse der Flüchtenden vermochte sie nicht in normaler Reihenfolge zum anderen Ufer zu bringen. Um chaotisches Durcheinander zu unterbinden, gab es eine geordnete Reihenfolge. Daher pausierten wir mindestens zwei Tage in dem Ort Vierzehnhuben. (Welche Zufälle das Schicksal doch immer wieder anzubieten hat.) An diesen Tagen wurde Brot besorgt oder gar mit Hilfe Einheimischer selbst gebacken.

Aus Kondensmilch, die Vater vom V-Sturm auf dem Wagen hatte, kochte Mutter Sahnebonbon. Kondensmilch kannten wir nicht. Da ich meinte, es sei ja Milch, trank ich davon. Als Ergebnis gab es dann eine ausgewachsene Magenrevolte.

In den Mittagsstunden des nun wohl 11. Februar brachte die Fähre nach langem Warten die Wagen und auch viele andere Flüchtlinge auf das westliche Weichselufer.

Am 11. Februar erreichen wir Danzig-Ohra. Erneut Unterkunft in einem KZ

Auch an dem Tag war mildes Wetter. Jedoch kein Sonnenschein, was wiederum einen eventuellen Fliegerangriff ausschloß. Auch hier bescherte uns die Fahrt südlich der Danziger Bucht kein winterliches Wetter.

Grünende Wintersaat, vor den Häusern schickten sich in den Vorgärten, die im Sonnenbereich vor den Häusern lagen, Schneeglöckchen an, ihre zarten Blätter aus der Erde zu schieben.

Die große einst „Freie Stadt" umfuhren wir südlich. Nahezu 20 km kam der Treck an dem Nachmittag noch voran. Die Straße muß parallel südlich neben der Radaune, einem Nebenfluß der Mottlau, die wiederum der nördlichste linke Nebenfluß der Weichsel ist, verlaufen sein.

In den Abendstunden war wieder ein Barackenlager das so ersehnte Nachtquartier. Über eine Brücke gelangten wir diesmal aber in ein relativ kleines Anwesen. Wie schon gehabt: Sauberkeit, Unterkunft für Mensch und Tiere, eine schmackhafte Suppe und sogar für jeden ein Bettplatz. Alle wuschen sich, und seit der Abfahrt aus Braunsberg entkleideten wir uns erstmals wieder zur Nachtruhe.

Ein SS-Offizier in schwarzer Uniform war der Leiter dieser schon nicht mehr benutzten Einrichtung. In einem Gespräch, das er mit meinem Vater recht vertrauensselig führte, er muß wohl Vaters Grundhaltung zum Krieg und auch zum Sieg erkannt haben, sagte er wörtlich: „Der Führer hat 10.000 Offiziere nach dem 20. Juli zu wenig erschießen lassen, zu viele Verräter haben uns in diese Lage gebracht." Er sprach dann noch von der „Wunderwaffe", die ja nun bald fertig sei. Diesem Gespräch wohnte ich bei. Irgendwie spendete es Hoffnung. Fast aufrichtig und stolz ließ er uns erkennen, daß es sich hier beim „Radaunelager" um ein Offiziers-KZ gehandelt habe.

Begegnungen: Deutsch-Polnische Freundschaft zu DDR-Zeiten

1974, es war in den Sommerferien, fuhren wir an diesem Barakkenlager wieder vorbei. Unsere Schule hatte achtzehn Jahre mit polnischen Partnern einen Schüler- und Lehreraustausch von jährlich 45 Personen. Eine Fahrt führte uns damals nach Gdansk. Die innere Erregung in mir ist dabei schwer zu unterdrücken gewesen. Den polnischen Begleitern, Henryk Rummler, Aloys Jackowski und Norbert Kolodziej erzählte ich während der Vorbeifahrt an dem Objekt diese Begebenheit. Zufälle gibt es doch, man wundert sich oft genug darüber.

Der langjährige Parteisekretär unserer Brüssower Hermann-Matern-Oberschule, Heinz Warmer, sagte während eines größeren Erfahrungsaustausches zum Wert und zur Organisation solcher Begegnungen mit Kindern, Jugendlichen und Lehrern in Neubrandenburg: „Über 800 Schüler unserer Schule kamen mit über 800 polnischen Schülern in den zurückliegenden Jahren ins jeweilige Nachbarland. Sie lernten dabei sehr viel aus der verhängnisvollen Vergangenheit deutsch-polnischer Feindschaft kennen. Wir denken, daß diese, unsere ehemaligen Schüler, nicht mehr aufeinander schießen werden."

Wie abscheulich und verlogen ist es, die Erziehung an und in den Schulen der DDR pauschal als verordneten Antifaschismus zu betiteln.

Die Fahrt geht weiter

Dann ging es in die Kaschubei. Ob der Winter wieder mit seinem Regiment aufzog, oder er nur im Danziger Raum eine merkliche Lockerung uns angedeihen ließ, weiß ich nicht. Es war jedenfalls in der Gegend nördlich von Karthaus, die unser Treck nach dem Weichselübergang zu durchfahren hatte, heftiges Schneetreiben und bittere Kälte um uns.

Die Menschen in diesem Landstrich, so es Kontakte gab, sprachen ein gebrochenes Deutsch. Schwierig war es, für die Nächte dort aufnahmebereite Bauern zu finden.

Kruzifixe an den Wegen, und ich wurde frech

An einem dieser kalten Tage, die Pferde waren müde und abgerakkert, sollte ich so gegen 15.00 Uhr Quartiere für unsere vier Wagen suchen. Auf dem Wagen, den Vater lenkte, hatte eine Frau mit zwei Kindern und einigen Gepäckstücken schon bei der Fahrt übers Eis Platz gefunden. Die Kinder, sechs bis acht Jahre etwa, froren. Bei mehreren Gehöften, die ich im Laufschritt aufsuchte, weil sie verstreut und fernab der Straße lagen, begegnete mir von den Bauern kalte Ablehnung. Nach meinem Verständnis stimmte hier etwas nicht. In kürzeren Abständen, nahezu an jeder Weggabelung, die zu den Einzelgehöften führten, stand ein Pfahl mit dem gekreuzigten Heiland. Die Eltern klärten mich auf, daß es sich hier um eine von Katholiken bewohnte Gegend handele. Diese Kreuzpfähle, oft ein kleines Dach obenauf, seien Kruzifixe. Die Menschen seien sehr fromm, würden häufig zur Kirche gehen, knien vor dem Heiland, wenn sie vorbeigehen, nieder und bekreuzigen sich. Frömmigkeit in Gestalt von Gebeten hatte ich bei Familie Lamprecht erlebt, die aber waren äußerst hilfsbereit. Ist Hilfsbereitschaft übrigens etwa eine nur durch Christen geübte menschliche Entäußerung? Wir galten keineswegs als fromm, wenngleich ich mich an die Lesungen der Sonntagspredigten erinnern konnte, aber hilfsbereit waren wir doch allemal.

Mit diesen Überlegungen im kindlichen Kopf lief ich, fast schon verzweifelt, auf ein größeres Gehöft und bat sehr höflich um Quartier für die Nacht. Auch hier wieder kalte Ablehnung.

Die Fuhrwerke hatten an der Weggabelung Halt gemacht. Tante Minna, einen Winterpelz auf dem Körper, kam mit dem zweijährigen Manfred auf dem Arm mir zu Hilfe. Ebenfalls folgte uns die auf unserem Gefährt mitfahrende Frau, die einen gewiß recht teuren schwarzen Außenpelz trug. Wir drei nun redeten auf die Frau, die nicht so gut die deutsche Sprache beherrschte, zuerst bittend ein. Als sie jedoch keine Bereitschaft erkennen ließ, uns Unterkunft gewähren zu wollen, rief ich, etwas im Hintergrund stehend: „Kruzifixe an allen Wegen und Höfen, gewiß beten sie auch täglich, helfen wollen sie aber nicht. Was sind sie für eine Frau?" Ganz erregt erwiderte sie darauf und tippte sich mit einem Zeigefinger an die Brust: „Ich bin eine deutsche Frau, du aber bist ein frecher Junge. Wieviel Personen sind sie? Sind noch mehr mit Pelz nach außen und Pelz nach innen? Kommen sie auf den Hof und bleiben sie!" Da wurde es dann ein gutes Quartier für alle. Die Frau kochte Milchsuppe, es gab vom frisch geschlachteten Schwein Wurst und Fleisch. Ein Nachtlager in einem geheizten Zimmer ließ sie für die nun 14 Personen herrichten.

Frech war ich gewiß sehr. Aber der Zweck heiligt die Mittel. Vater und Mutter schmunzelten über meine Dreistigkeit. Jedoch Tante Mietze, die Hüterin des guten Tones in der Verwandtschaft und Miterzieherin all ihrer zwölf Neffen und Nichten, erhoffte von mir, daß ich mich vor der Abfahrt am nächsten Morgen bei der Frau entschuldige. Sie habe uns ja doch Unterkunft gewährt, hieß es. Ich entschuldigte mich natürlich. Mit einem Diener verabschiedete ich mich dann. Ob jedoch ohne meine freche

Bemerkung wir dieses Nachtlager hätten beziehen dürfen, blieb meiner Tante verborgen. Der Anstand war gerettet. Der innere Friede auch. Mutter bewertete diesen Eklat und sagte, Tante Mietzes gouvernantehaftes Gebaren bewertend: „Mog di nuscht drut, der Klegere gewt noh."(*Mach dir nichts draus, der Klügere gibt nach.*)
Wurde diese Flucht- bzw. Übernachtungsstation in späteren Jahren einer erneuten Bewertung unterzogen, so hieß es der vielen Erlebnisse und Eindrücke wegen: „Die Nacht bei der deutschen Frau."

Eine Einblende trotz dringender Weiterfahrt

Mit den Frauen, den deutschen, mit anderen sicherlich auch, ist das eine recht komplizierte Sache. Mit Männern gewiß noch ärger. Mein Cousin Hans Reuter, zweiter Sohn der ältesten Schwester meiner Mutter und Bruder des Hauptmanns Otto Reuter, von dem schon die Rede war, hatte, wie das mit der Liebe so ist, kurz entschlossen ein Mädchen aus Freiberg in Sachsen nach nur zweiwöchiger Urlaubsbekanntschaft 1943 schließlich geheiratet. Fast wäre es gar eine Ferntrauung geworden. Die ganze Verwandtschaft hatte der Hans in Rage gebracht. Alle waren aber zum Fest erschienen. Jeder befand: „Es war ein hübsches Paar." Allein der Krieg und die Pflicht trennte die Jungvermählten. Hans mußte wieder nach Afrika, und Ruth blieb in Freiberg.
Briefe und Päckchen stillten den Liebesdurst der jungen Frau auf Dauer nicht. Das Kriegsende brachte in dieses erzgebirgische Städtchen Befreier aus Übersee. Die hatten manches zu bieten und natürlich auch zu fordern, wie das in Kriegszeiten so ist.
Als Hans 1946 aus englischer Kriegsgefangenschaft heimkehrte, fand er eine kranke Frau vor. Es folgte auf dem Fuße die Scheidung. Seinen Eltern, die der Sommer 1945 ins Mecklenburgische verschlagen hatte, schrieb er dann voller Enttäuschung zum Vorfall:
„Die deutsche Frau ist eine Sau, ich hab' die Nase voll!"

Er und einige zehntausend andere deutsche Männer hatten Rommels Afrikakorps zu füllen, das dann zwischen Tobruk und El-Alamein verblutete. Wie klangen doch die Liederverse? „Deutsche Panzer im Sonnenbrand stehen im Kampf gegen England.

Es rasseln die Ketten, es dröhnt der Motor, Panzer rollen in Afrika vor."

So unterschiedlich durcheilen die Menschen ihre Wege, die der Webstuhl der Zeit ihnen vorgibt.

Da war es doch nicht vermessen, daß die, denen der Webstuhl immer das Band des Weges vorgab, sich gegen die erdreisteten, die das Schiffchen immer zu ihren Zwecken zwischen die Aufzüge schossen, und so ihnen das Schiffchen samt Webstuhl entrissen. Leider mißlang das Unterfangen. Nun muß mit wachem Auge auf die Hände derer geschaut werden, die an den Hebeln des Webstuhles erneut und sogar weltweit hantieren.

Aber noch einige Sätze zu den Männern. Aus der „Schöpfung" als Mitschöpfer und Oberhaupt (Haushaltsvorstand sind sie immer noch) hervorgegangen, standen und stehen ihnen mittels des Geldes und der Not der Frauen die Wege zu ihren Zielen offen.

Die einen Sieger und Besatzer taten es mit Kaugummi, Schokolade, Zigaretten, Corned Beef und Weißbrot und nur zuweilen mit Gewalt. Stefan Heym hat in „Kreuzfahrer von heute" diese Art von Wechselwirkungen hinreichend beleuchtet.

Die anderen, weil ihnen selbst das Weißbrot fehlte, und mit einem Kanten trockenen Schwarzbrotes, Zwiebeln, Machorka und Wodka war dann meistens nur mit Gewalt das Ziel zu erreichen.

Da gewährt Horst Bastian in „Gewalt und Zärtlichkeit" den Nachfahren häßlicher Exzesse Aufklärung. Von den Betroffenen ist selbst nach Jahrzehnten Absolution nicht zu erwarten. Das Gesetz des Krieges wirkte also auch in der Sphäre intimer menschlicher Begegnungen. Da gilt es als Pflicht für die Politik, Kriege auch aus diesem Grunde zu unterlassen.

In einer der Nächte, die wir in der Kaschubei verbrachten,
zerschmolz Dresden

Wo wir uns in der Nacht vom 13. zum 14. Februar 1945 aufhielten, hat das Gedächtnis nicht aufgezeichnet. Wir erfuhren erst
etwa ein Jahr später, was sich dort als Generalprobe für Hiroshima
abgespielt hatte. Heute beantworte ich mir eine Kernfrage der
künftigen Strategie für die militärische Reinwäsche deutscher
Kriegstaktik des 2. Weltkrieges wie folgt:

Wenn die Dresdener Frauenkirche um das Jahr 2005 aufgebaut
und der Palast der Republik in Berlin wird geschleift sein, erlangt
die bereits fertige Variante vom notwendigen Präventivkrieg
gegen die Sowjetunion 1941 den Rang einer weitsichtigen Tat
Hitlers und seiner Generäle. So, glaube ich, werden die Herr-
schenden der Gegenwart die Schuld der Allianz des Todes-
Konzerne, Banken, Generalstab und Faschisten - den
Rechtfertigungsprozeß ansteuern wollen.

Auch Nächte unterm Sternenzelt waren dabei

Die allgemeine Richtung der weiteren Tagestouren orientierte sich
wohl auf Stolpe, in nordwestlicher Richtung. Dazwischen gab es
zumindest zwei Nächte, die unter freiem Himmel, in der Nähe
einer größeren Baumgruppe, verbracht werden mußten. Die
Pferde wurden von den Wagen gespannt und an Bäume gebunden.
So hatten die eigentlichen Leistungsträger dieser „Tour de Germa-
nia" etwas Bewegungsfreiheit. Zehn bis zwölf Tage mögen wir
uns durch das westpreußisch-ostpommersche Gebiet mit unendlich vielen anderen Flüchtlingen mitunter im Kreise bewegt
haben. Die Orte Kartschenken, Seefeld und Lebno waren dabei.

Die 08 saß locker

An vielen Weggabelungen waren auch in der Gegend, hier jedoch
ausschließlich, Soldaten zur Entkrampfung der vollgestopften

Straßen postiert. Schneetreiben verhinderte eine weite Sicht. Ein Offizier der Feldgendarmerie, das große Schild der „Kettenhunde" auf der Brust, hatte Mühe, die auf Weiterfahrt drängenden Fuhrwerkslenker zu regulieren. Vater schaute aus dem Verdeck des Wagens heraus, um den Wink zur Fahrt besser sehen zu können. Der Regulierer winkte mit seinem Stab und sagte: „Fahr weiter du Schwein." Vater reagierte so, wie ich es von ihm absolut nicht kannte: „Wie ein Schwein doch das andere kennt."
Er lächelte gar dabei, so daß er die Scherzhaftigkeit seiner Äußerung damit unterstrich. Der Offizier jedoch riß die 08 aus der Pistolentasche und schrie: „Über den Haufen müßte man dich schießen!" So eine Kostprobe von der Moral der „Wehrmacht".

Es wurde reguliert und dirigiert, jedoch allein das Gesetz des Krieges wirkte unbeirrt

Hoffnungslos waren die Straßen an manchen Stellen regelrecht von den Wagen verkeilt. Um die Weiterfahrt überhaupt zu ermöglichen, wurden dann, so erlebte ich es mehrere Male, jeweils zehn Wagen in die eine Straße, zehn Wagen in eine Abzweigung dirigiert. Fuhren wir, so bestand Hoffnung, der immer stärker um uns sich bemerkbar machenden Front zu entkommen.
Bei gutem Wetter an einer solchen Stelle trug sich folgende, recht gewagte, Begebenheit zu. Unser Moritz lenkte den letzten Wagen unserer Fünfergruppe. Städlers, unsere Nachbarn, waren da schon wieder zu uns gestoßen. Der Regulierer wies jeweils zehn Wagen in eine, die nächsten zehn in eine andere Richtung. Wir, ich saß bei Moritz auf dem Wagen, wären von unseren Angehörigen getrennt worden. Meinen Hinweis, daß wir zu den vorderen Wagen gehören, negierte der Soldat. Er faßte kurzerhand ein Pferd am Zügel und riß es auf die von ihm gewollte Richtung.

Der Peitschenhieb

Moritz erhob sich von seinem Platz, hob die Peitsche und ließ den Lederstreifen auf die Hand des Soldaten sausen. Dieser sprang zur

Seite und schrie: „Ich erschieße dich, du Hund!" Die Pferde legten jedoch, weil die Peitsche gesprochen hatte, einen anderen Gang ein. Die Situation war gerettet.

In Hinterpommern angelangt

Wir hatten bereits das Gebiet Westpreußens durchquert, wenn auch auf vielen Um- und Schleichwegen. Hinterpommern war erreicht. Die Menschen erlebten wir dort den Flüchtlingen zugewandter. Quartiere waren leichter zu beschaffen. An diesen Tagen begegneten wir drei unserer Griebener Nachbarn: Lottermoser, Beckeschat und Baltruschat.

Überlegungen zur Sprache der Menschen

Es ist wohl doch eine logische Reaktion, wenn eine Bevölkerung ihre Eingliederung oder ihren „Anschluß" als Annexion in ein ihr fremdes Regime, als Zwang, als Nötigung empfindet. Wir, ich meine die Nordostpreußen, haben Masuren und Westpreußen immer irgendwie als zu Polen gehörend interpretiert. Zumindest, was die Menschen betrifft. In Masuren, wie auch in weiten Teilen Westpreußens, in der Kaschubei sehr extrem, sprachen viele, vielleicht sogar die meisten Bewohner, eine der polnischen Sprache sehr verwandte slawische Mundart, nebenbei ein gebrochenes hartes Deutsch. Wir in Nordostpreußen sprachen verschiedene plattdeutsche-niederdeutsche Dialekte und unser sehr breites Hochdeutsch. Bei Anschlüssen allerdings geht es um die Immobilien, nicht so sehr um die Menschen und deren Sprache. Diese sind nur Mittel zum Zweck. Betrachte ich diese Sachverhalte, so hilft mir jetzt der fast völlige Ausverkauf der DDR-Reichtümer durch die Treuhand beim Urteil.

Nur Blumen fehlten zur Begrüßung

Ein größerer Ort in der Gegend östlich von Stolp bot sich für ein Nachtquartier an. Ich hatte als „Quartiermeister" meine Aufgabe erfüllt. Wahrscheinlich war es der Bürgermeister, der hier die

Belegung der freien Plätze regelte. Am Straßenrand stand eine junge Frau und suchte für das Gehöft ihrer Familie zwei oder drei Wagen. Sie wollten teilhaben, entweder an der Not der Umherziehenden oder am noch zu erringenden Sieg. Es war jedoch für unsere, von den Strapazen gezeichneten Pferden nicht zu verlangen, die schweren Flüchtlingswagen einen recht steilen Berg zum Anwesen der Familie zu ziehen. So entschlossen wir uns, einen Wagen im Unterdorf abzustellen und mit vier Pferden einen Wagen hochzuziehen. Die Aufnahme war wie in einem Hotel. Zwar hatte ich zu der Zeit ein Hotel von innen noch nicht gesehen. Aber manches vermittelt ja auch die Einbildungskraft, so man über sie verfügt.

Auch die Bremse zähmte das edle Tier nicht

Die Sandauer und auch Städlers waren im Unterdorf ebenfalls gut durch die Nacht gekommen. Tante Minna hatte erneut einen Schmied aufgesucht. Dieser erbot sich sogar, wiederholt einen Versuch anzugehen, der sensiblen Stute die Hufe der Hinterbeine mit Eisen zu versehen. Mit einer Bremse versuchte er, das Pferd zu betäuben. Die Bremse ist ein „Hausmittel", Pferden die Widerspenstigkeit zu nehmen. An einem hammerstielgroßen Holz mit einem Loch an einem Ende ist eine Schlaufe aus Leder oder einem dünnen Strick eingeknüpft. Diese Schlaufe wird dem Tier um die sehr empfindliche Spitze der Oberlippe gelegt und wie ein Knebel zugedreht. Normalerweise gibt jedes Pferd jeglichen Widerstand auf. Die Helda, so hieß dieses Prachttier, beugte sich dem Folterwerkzeug nicht.
Den Versuch, es mit dem Bauchgurt vom Erdboden zu heben, verbot der Umstand, daß das Tier hoch trächtig war. So blieb das Erfordernis, verlängerte Tagestouren anzugehen, auch weiterhin ein Wunsch.

Mützenow wird als Zwischenziel angefahren

Eine Familie Richter aus Sandau, gute Bekannte beider Wiemer-Familien, hatte den Weg ins „Reich", wie andere Familien auch,

per Bahn mit Pferden und Wagen im November 1944 zu Kriegs-
kameraden eines Sohnes angetreten. Die Adresse war bekannt.
Etwa 15 km nordwestlich von Stolp lag Mützenow. Dorthin
sollten zwei Tagesfahrten ausreichen. Umwege und verstopfte
Straßen verlängerten auch diesen Weg. Wohl um den 24. Februar
mögen wir dort angekommen sein. In der Absicht der Eltern hatte
der Wunsch Gestalt angenommen, dort evtl. zu bleiben. Ferner
Geschützdonner erreichte uns bei entsprechender Windrichtung
immer wieder. So glaubten wir, daß eine Weiterfahrt doch sinnlos
sei.

Die Ankunft bei der Familie Richter und deren Quartierleuten war
durchaus herzlich und offen. Jedoch war der Ort so sehr mit
Flüchtlingsfamilien überfüllt, daß der Gedanke, dort zu bleiben,
schnell wieder verworfen werden mußte. Es hieß also, daß es nach
zwei Tagen weiter geht.

Über die Frontlage konnte dort nur das in Erfahrung gebracht
werden, was in den deutschen Nachrichten dazu gesagt wurde.
Und das stimmte nicht.

***Erzwungene Rast in Neuwasser, und die Ostsee zeigt sich uns
aufbegehrend***

Von Mützenow fuhren wir somit am 26. Februar auf einer in der
Nähe der Ostsee verlaufenden Straße weiter. Diese aber war für
die Pferde in einem weniger günstigen Zustand. Der scharfe
Straßenbelag rieb bei jedem Schritt an den Hufen der an den
Hinterfüßen barfuß laufenden Stute, so daß oft Blutspuren zu
sehen waren.

Umwege forderte jede Tagestour. Wieder war eine Nacht ohne
Quartier angesagt. Die Gegend war recht dünn besiedelt. Die
Dörfer somit relativ weit voneinander entfernt. Ein seltsames
Brausen und Dröhnen erreichte unsere Ohren und ließ uns sowohl
hoffen, als auch mit Angst füllen. Vater hoffte am ehesten und
meinte, auf einer anderen Straße würden deutsche Panzer den
Russen entgegenfahren. Der Geschützdonner wäre merklich
intensiver geworden, so unsere Wahrnehmung.

In den späten Nachmittagsstunden fuhren wir in das Dorf Neu-wasser. Hier waren die Menschen schon geflüchtet. In der Schule kehrten wir ein. Den Tieren gab der Stall des Lehrers ausreichend Platz. Futter war auch zu finden. Die Menschen belegten einen Klassenraum, denn die Wohnung wollten wir nicht beanspruchen. Elektrisches Licht brannte noch, somit hat das dazu gehörende Kraftwerk noch gearbeitet.

Mein Cousin Alfred und ich machten uns auf den Weg, die anrol-lenden Panzer zu suchen. Dem Geräusch, das von Zeit zu Zeit stärker wurde, rannten wir, völlig außer Atem, entgegen. Schließ-lich hatten wir einen langgestreckten Sandhügel zu erklimmen, hinter dem das Geräusch in Intervallen sich uns näherte. Wie angewurzelt blieben wir auf dem Gipfel des Sandhügels stehen. Dort bot sich unseren Augen und Ohren die tobende Ostsee.

Ein Anblick, der vor nun mehr als 50 Jahren erlebt wurde, unbe-schreiblich einprägsam und schön. Wie sehr tobte der Sturm mit dem Wasser. Scheinbar meterhohe Wellen trugen Schaum und Gischt als Reiter bis über die Buhnen (Wellenbrecher) hinweg, wo sie sich dann am Fuße der Dünen ermattet auflösten. Das Natur-schauspiel fesselte unser Interesse mehr, als die erhofften Panzer. Unsere Angst war einer bis dahin für uns unbekannten Macht gewichen. Der Kanonendonner hatte seine Auflösung erfahren. So unmittelbar war die Front somit nicht vorhanden. Das gab dann allen, nachdem wir unseren Kundschafterlauf auf diese Weise beenden konnten, etwas Ruhe für die nächste Nacht.

Folgen unerhörter Strapazen

Einer der Männer schlief bei den Pferden im Stall, denn die beiden trächtigen Stuten zeigten sowohl Erschöpfung als auch Nervosität. Diese Vorsichtsmaßnahme erwies sich als berechtigt. Beide Fuchsstuten der Sandauer verwarfen ihre Frucht als Frühge-burt. In unserem Sprachgebrauch hieß es: Die Muttertiere haben verfohlt. Die erforderliche Hilfe konnte Vater aus seiner langen Zuchterfahrung mit allen bäuerlichen Haustieren den Stuten angedeihen lassen. Hilfe in der Situation hieß ganz einfach: Ruhe für die Tiere. Ich glaube, zwei Tage erzwungene Rast folgten.

Nachrichten, der Heeresbericht und eine Goebbelsrede

Vater hatte vom V-Sturm ein Radiogerät auf unseren Wagen
gelegt. Hier war Gelegenheit, das Gerät einzuschalten. Sowohl
Strom als auch Zeit waren vorhanden. Der Wehrmachtsbericht
ließ durchblicken, daß die sowjetischen Truppen schon vor gerau-
mer Zeit die Oder erreicht haben mußten. Genaue Angaben über
Ort und Richtung der Kämpfe machte der Sprecher nicht.
In Wirklichkeit hatte ja bereits am 2. Februar ein sowjetischer
Brückenkopf bei Kietz am Westufer der Oder festgemacht. Zu
dem Zeitpunkt waren wir noch in Braunsberg. Die Desinformati-
on - sprich Lüge - war sehr groß.
Am letzten Abend unseres Neuwasser-Aufenthaltes sprach
Goebbels. Er pries die Kampfkraft der Soldaten und forderte
weiteren Mut von ihnen. Er ließ durchblicken, daß der Feind bald
bezwungen sein wird. Berlin wird er nicht bekommen. Wird
jedoch nicht gekämpft, ereilt alle Deutschen das Nemmersdorfer
Schicksal. Die Wunderwaffe behalte sich der Führer für den
letzten Schlag vor. „Der Sieg wird unser sein." So ähnlich war der
Inhalt der letzten Rede, die wir überhaupt in Empfang nehmen
konnten.

Lisbeth wird 20

Am 1. März wurde meine Schwester 20. Als erste gratulierten die
Eltern ihrem ältesten Kind. Vater sprach von einem hoffentlich
besseren Lebensjahr als das vorherige. Alle weiteren wünschten
ebenfalls Gesundheit und Glück. Auch die beiden Franzosen
fehlten nicht.
Die Pferde hatten sich in den Tagen erholt und vor allem gekräf-
tigt. Fieber schienen die beiden Stuten nicht zu haben. Wie
Abortus und Nachgeburt entsorgt wurden, weiß ich nicht. Gewiß
ist, daß es nicht irgendwo achtlos weggeworfen wurde. Eine
solche Art von Verrohung hatte zu keiner Zeit die Familie zerstö-
rerisch erfaßt.

Weiter, immer weiter wälzt sich der Strom der Hoffenden

Buckower und Jamunder See, haffähnliche Gewässer, die eine
Nehrung von der Ostsee trennt, blieben meerwärts von uns liegen,
als wir die Fahrt am 1. März fortsetzten. Auf Wegen und Straßen
nördlich von Köslin sollte es in vermeintlich westlicher Richtung
bis Cammin/Pommern gehen, um dann auf der Insel Wollin den
Rettungsanker fassen zu können. Diese Fahrtroute muß wohl dem
Wehrmachtsbericht in Neuwasser entsprungen sein. Die Gewiß-
heit hatte Vater den Meldungen entnommen, daß es über Stettin
absolut nicht mehr möglich sein wird, das Odergebiet zu überqueren. An eine Übernachtung mit Unterkunft für Menschen und
Pferde kann ich mich erinnern. Das war in Neuenhagen. Die
Quartierleute bewirteten uns mit vom frisch geschlachteten
Schwein gefertigter Wurst und wohlschmeckendem Wellfleisch.
Zwei der noch verbliebenen Nächte verbrachten wir im Freien.
Pausen geboten vor allem die erschöpften Pferde. Von Gehöften
wurde in Eimern den Tieren Wasser geholt. Pumpen, bzw. Brun-
nen waren überall zu finden und der verhältnismäßig milden
Witterung wegen auch nicht eingefroren.

Eine Strecke von etwa 70-90 km
wurde an den vier Tagen seit Neu-
wasser zurückgelegt. Tags wärmte die
Vorfrühlingssonne die unendlich
vielen auf den Straßen daherziehenden
Menschen fast sommerhaft. Mäntel
und Joppen wurden abgelegt. Jedoch
in den Nächten war es dann empfindlich kalt.

Frontnähe kündigte sich an

Stärker als an allen anderen Tagen hier
im Hinterpommerschen schwoll der
Geschützlärm irgendwie rings um uns,
mal häufiger, mal spärlicher, aber
immer näherkommend, an.

Lisbeth Wiemer

In der dritten der verbliebenen Nächte, gab es keine Ruhe. Ein Ausscheren aus dem Treck wagte niemand. Es hätte ohnehin auch nur ein Rastplatz am Weges- oder Feldrand sein können. Durch einen Hochwald führte eine von Militärfahrzeugen stark benutzte Straße in Richtung Treptow an der Rega. Die Trecks fuhren an der rechten Straßenseite, so daß die Soldaten in Richtung Kolberg, uns entgegenkommend, den Weg frei hatten. Ein kalter klarer Spätwintermorgen, dieser 4. März 1945, ließ uns deutlich die MG-Garben erkennen. Noch 4 km bis Treptow, und die Durchfahrt in Richtung Cammin wäre erreicht. Dazu kam es nicht mehr. Stockungen in der Weiterfahrt häuften sich und wurden immer länger. Schließlich verebbte auch der Strom deutscher Militärfahrzeuge.

Eine Rufbotschaft wirkte wie ein Schock

Von Wagen zu Wagen kam die Kunde: „In Treptow sind die Russen." Letzte Funken vager Hoffnung ließ diese Botschaft erlöschen. Was bleibt uns nun zu tun? Diese Frage bewegte wohl alle.
Aus der Ferne erschallte lautes Rufen. Ein Militärfahrzeug anderer Bauart, aber mit der ähnlichen Tarnfarbe versehen, kam aus Richtung Treptow und hielt etwa alle 300 Meter an. Über einen Lautsprecher war folgende Weisung zu vernehmen:
„Die Rote Armee hat Treptow erreicht. Eine Weiterfahrt ist nicht mehr möglich. Alle Wagen sollen umgehend die Straße freimachen, damit die Panzer den Weg frei haben. Im Wald ist ausreichend Platz. Der Abstand zur Straße soll mehr als 100 Meter betragen." Die Stimme, die diese schreckliche Meldung in den Wald über den Lautsprecher schickte, klang regelrecht angenehm. Es muß ein Deutscher dort am Mikrofon des Lautsprechers gesessen haben.

Eine Wagenburg im Hochwald

Schnell fanden erste Wagenlenker Überfahrten in den Hochwald, der nun für einige Tage uns bereitwillig aufnahm. Etwa 150 Meter von der Straße entfernt fanden wir unter großen Kiefernbäumen einen geeigneten Platz. So daß die fünf Fahrzeuge unserer kleinen Treckgruppe eine Wagenburg bildeten. Die Niedergeschlagenheit, die uns erfaßte, ist nicht nachvollziehbar.

Wie die Franzosen diese Situation empfanden, kann ich nicht bewerten. Mit ihnen sprach, gewiß aus Scham oder einem anderen Gefühl der Hilflosigkeit, niemand von uns über die für uns prekäre Situation. Obwohl es doch logisch gewesen wäre. Das Schweigen aber überwog. Oder war es nicht doch nur die Scham, die die Zungen lähmte?

Dieser 4. März wurde, als die Sonne den Morgendunst und die Kälte der Nacht verdrängt hatte, ein Tag mit vorfrühlingshaftem Wetter. Er erlegte uns aber soviel Enttäuschung und Niedergeschlagenheit auf, daß die Natur in ihrer ewigen Unberechenbarkeit und Größe nicht beachtet wurde.

Der legendäre T-34

Kurzum, nur eine Stunde nach der Aufforderung, die Straße freizugeben, erfüllte das Dröhnen der Panzermotore und das Rasseln ihrer Ketten die Stille der Waldes. Dreißig oder auch mehr dieser Ungetüme aus Stahl, bemannt mit dem unbeugsamen Siegeswillen der Besatzung und ihrer aufsitzenden Infanterie, rollten in Richtung Kolberg. Dorthin, wo noch vor einigen Stunden unsere deutschen Panzer ihren Weg mit einem entsprechenden Kampfauftrag genommen hatten, um sich dann in der Endkonsequenz gegenseitig umzubringen. Welch ein Wahnsinn der Kriegslustigen, der Dividendeneinstreicher an Rhein und Ruhr und sonstwo.

Heute, während ich mein Erinnerungspotential dem PC anvertraue, ist der 25. Februar 1998. Gestern unterzeichnete Bundeskanzler Kohl während seines Spanienbesuches mit dem dortigen Ministerpräsidenten die Lieferung einiger hundert Leopard-Panzer. Von Osterweiterung war auch die Rede. Die Gelüste nach Profit und Machterweiterung sind groß, die Verantwortung gegenüber den Menschen abermals gering.

„Ach truzter (trauter) Gott!"

Wie angewurzelt standen wir neben unseren Wagen und sahen erstmals dieses Kriegsgerät, über das die Rote Armee verfügte. Die aufsitzenden Soldaten, in Pelze gekleidet, die MPi mit dem Trommelmagazin umgehängt, beachteten die Gaffenden im Wald nicht. Wer wird ihre Gedanken festgehalten haben. Sie selbst gewiß nicht, denn der Kampf um Kolberg dauerte noch an, als auf dem Reichstagsgebäude die rote Fahne schon wehte. Wieviele von ihnen mögen ihre Heimat nicht mehr gesehen haben.
Mutter rang faltend die Hände und sagte: „Ach truzter Gott, was haben die für eine Ausrüstung, wie sitzen die in ihrer guten Soldatenkleidung auf ihren Panzern. Gegen die sollten unsere Jungens den Krieg gewinnen?"

Vergrab die Gewehre!

Vater wurde von Mutter aufgefordert, das Gewehr, das er vom V-Sturm auf seinem Wagen hatte, beiseite zu schaffen. Sogar zwei nahm er vom Wagen, wickelte sie in einen Leinensack und vergrub sie in der Nähe eines Baumes, den er auch noch markierte. Wahrscheinlich wollte er immer noch den Krieg damit gewinnen helfen. So tief können Überzeugung, „Treue" und Erziehung ihre Wurzeln schlagen.

Die Pferde wurden versorgt, Wasser holten wir von einem Flüßchen, das in der Nähe waldeinwärts seinen Lauf nahm. Moritz, der André und auch der Franzose von Städlers aßen von dem, was die Frauen auf den Wagen als Proviant hatten. Wir aßen alle an dem ersten Tag der „Begegnung" nichts. Die Nacht war verhältnismäßig ruhig im Wald. In der Umgebung war jedoch immer wieder MG-Geknatter und auch manch eine Detonation schwererer Geschosse zu hören. In und um Treptow mußte noch weiteres Blut die Erde tränken.
Am 5. März war ebenfalls schönes, vorfrühlingshaftes Wetter. Der Kampflärm in der Nähe war verstummt, ferner Geschützdonner

grollte aber. In den Nachmittagstunden hatten sich andere „Waldbewohner" auf die Suche nach etwas Bebautem gemacht. Wir, das waren Gertrud und meine Schwester, die beiden Franzosen, Moritz und André, sowie mein Cousin Alfred und ich.

Über den Graben, der das Wasser für Mensch und Pferde lieferte, ging es durch Wiesen einem großen Gebäudekomplex entgegen. Von einem sehr stabilen Zaun umgeben, war aus roten Ziegelsteinen ein gewiß staatliches Anwesen, das bei näherer Untersuchung als eine Anstalt für Geisteskranke gedeutet wurde, erreicht. In einem dieser Gebäude griffen hinter von innen vergitterten Fernstern menschenähnliche Gestalten zu den Stäben der Gitter. Handelte es sich um Geistesgestörte, die der Euthanasie-Lösung der Faschisten noch nicht zugeführt waren?

Wir waren zu abgestumpft und durch die Erziehung auch zu unempfindlich gegenüber solchen Wesen, als daß wir uns Gedanken in humanistischer Richtung auch nur vom Ansatz her hätten machen können.

Einen Abstecher nach Klein-Marwitz. Was erwuchs diesem Erlebnis?

Vom 2. bis 23. April 1943 besuchte ich, laut „Einberufungsbescheid" (nicht Befehl) in Klein-Marwitz, bei Hirschfeld im Kreis Preußisch Holland, eine Gebietsführerschule der Hitler-Jugend (HJ).

96 HJ- und Pimpfenführer (Deutsches Jungvolk = DJ) wurden von drei SS-Scharführern (Unteroffizieren) und sechs HJ-Führern unter der Leitung des Oberbannführers Hans Langbehn (SS-Oberleutnant und Stalingradkämpfer) ausgebildet. Von den 96 Lehrgangsteilnehmern war ich der Zweitjüngste, jedoch nicht der Zweitkleinste. Meine Naivität kannte keine Grenzen. Ich möchte darauf hier nicht eingehen, der Leser müßte zu oft die Lachtränen aus den Augen wischen.

Auf den Inhalt eines Schulungsabends am 20. April (Hitlers Geburtstag) will ich angesichts der vorhin erwähnten Geisteskranken eingehen.

Gebäude der HJ-Schule in Klein-Marwitz

Am Oberländischen Kanal, Aufnahme 1995

In einem großen Foyer des einstigen Gutshauses - 1995 habe ich den Ort übler Verführung mit unseren polnischen Bekannten besucht - saßen wir auf unseren Schemeln und hörten gespannt den Ausführungen des Lagerleiters zu. Er sprach von der Notwendigkeit, die nordische Rasse von allem unwerten Leben zu säubern. Er machte die Juden und den Bolschewismus für den eventuellen Untergang der Zivilisation verantwortlich. Er sprach von der höheren Gewalt und der Sendung, die der Führer dem deutschen Volke zu vermitteln habe. Er sprach vom Endsieg, der errungen werden müsse. Gelinge es im Sommer 1943 nicht, Stalingrad wieder zu erobern, dann sei die Katastrophe nur durch eine höhere Gewalt von Deutschland abzuwenden. Er selbst habe in Stalingrad den rechten Arm verloren, klopfte auf die hölzern klingende Prothese und verwies auf die Möglichkeit, auch noch mit einem Arm gegen die Juden und Bolschewisten kämpfen zu können. Nach Beendigung des Vortrages, dem wir wohl alle und besonders aufmerksam unser Ohr liehen, wurde draußen in der Dunkelheit der stürmischen Frühlingsnacht die Fahne eingeholt. Oberbannführer Langbehn war diesmal beim Einholen der Fahne dabei. Noch einmal ergriff er an des Führers Geburtstag das Wort. Er rief zum guten Abschluß des Lehrgangs durch alle Teilnehmer auf und er beendete seine Ansprache mit den Worten: „Deutschland erwache!"
Alle 96, und wohl auch die Ausbilder schrien: „Juda verrecke!"
Das war Faschismus, das war sein Programm. Und wir waren Träger dieses Programmes, ob es der einzelne wahr haben wollte oder nicht. Für die Notwendigkeit einer Neuorientierung des Denkens und Handelns deutscher Staatsbürger nach dem 2. Weltkrieg hatte allerdings der Aufenthalt in Klein-Marwitz wie ein Meilenstein bzw. wie eine Nötigung auf mich seine Wirkung nicht verfehlt.

Wo Schiffe über Berge gehoben oder gesenkt werden

Übrigens, dort in der Nähe befindet sich ein in Europa wohl einmaliges technisches Wunderwerk. Dort fahren Schiffe über die

Berge. Statt Schleusen wirkt da das Prinzip der schiefen Ebene im Austausch der Lasten der Schiffe zur Überwindung von Höhenunterschieden. Das ist der Oberländische Kanal, der den Drausensee mit Osterode auf einer Länge von 67 km und fünf solcher Stationen verbindet. Die Anlage ist auch jetzt noch intakt.

Trotz Abgestumpftheit, ohne Wirkung blieb das Gesehene nicht, und wir plünderten

Wir durchstöberten den Gebäudekomplex und erkannten sehr bald, daß dort ein Heereslager für Verpflegung seinen Standort hatte. Was gab es da nicht alles mitzunehmen? Zucker, Erbsen, Konservendosen mit unendlich unterschiedlichem Inhalt, Mehl, Reis, Kakao u.v.a. Kleidung.

Unsere Mädels, wie auch Alfred und ich, hatten jeder in einen Pappeimer, den wir dort fanden, Dinge hineingelegt, die wir zu benötigen glaubten. Mit den Franzosen suchten wir dann in einem Keller eines weiteren Gebäudes nach anderen Geheimnissen. Dort war die Tür eines Raumes noch durch einen breiten Überwurf verschlossen. Moritz suchte eine Eisenstange und erbrach den Verschluß. Der Raum, in den Abmessungen eines großen Wohnzimmers, barg bis unter die Kellerdecke säuberlich gestapelte Kartons. Moritz nahm einen Karton vom Stapel, öffnete ihn und hatte Sekt in der Hand. André entnahm der gegenüberliegenden Stapelseite einen Karton und war bei Rotwein fündig geworden. „Walter, diese Sachen wir nehmen mit", sagte lächelnd der Moritz.

Die Männer schulterten ihre Kartons, Alfred und ich nahmen die gefüllten Eimer, und wir gingen den etwa 2 km weiten Weg zu den Fahrzeugen im Wald zurück. Wir hatten gestohlen, wir waren zu Plünderern geworden. Eigentlich hatten wir ohne jede Unterweisung die Situation, die uns umgab, begriffen.

Unsere „Beute" stellten wir neben die Fahrzeuge und berichteten, was sich den Augen, den Händen und dem Verstand dort aufblätterte. Moritz entnahm seinem Karton eine der wohl zwölf Sektflaschen. Mit lautem Knall, fachmännisch gekonnt, öffnete er diese, setzte an, und er trank gewiß ein Viertel des Inhaltes in einem

Zuge aus. Hielt die Flasche dann in der ausgestreckten Hand
seitlich in Augenhöhe und sagte recht stolz: „Das ist bester Wein
Frankreich!" Zu Vater gewandt, fragte er: „Chef, sie auch?" Vater
verneinte. Mit André leerte er dann gemeinsam die Flasche.
Gewiß für beide der verdiente Befreiungstrunk nach fast fünfjähri-
ger Gefangenschaft und 4 1/2 jährigem Warten bei uns. Für sie
waren auf der Straße nebenan in der Tat die Befreier auf ihren
Panzern zu neuen Siegen unterwegs.

Am 6. März 1945

Schon in den Morgenstunden des nächsten Tages erfüllte Moto-
renlärm die Straße. Unaufhörlich fuhren motorisierte Einheiten
mit Geschützen aller Kaliber und auch immer wieder Panzer in
Richtung Kolberg. Wir gafften und zitterten, wollten nicht begreifen, daß dort etwas sich unserem Auge und dem Verstand aufdrängte, was bisher für unmöglich gehalten wurde. Stolze Soldaten mit einer guten Ausrüstung wälzten sich über deutsche Straßen.
An dem Tag war in unmittelbarer Nähe Kampflärm nicht mehr zu
hören.

Erneut zerrinnen Hoffnungen, oder was uns zu widerfahren erschien

Etwa in der Mittagszeit näherte sich sehr deutlich und geschwind
ein Flugzeug. Wir schauten durchs Geäst der Bäume und wollten
ein deutsches Flugzeug sehen, das dem Feind sich entgegenstellen
möge. Ganz niedrig flog ein Aufklärer über die Straße und den
angrenzenden Wald. Der Sowjetstern leuchtete regelrecht und ließ
erneut unsere Hoffnungen platzen. Nun waren die Russen nicht
nur hinter und vor uns, sie waren auch über uns.
Ich entsinne mich sehr genau, daß nach dieser Enttäuschung ich
fragte: „Papa, was wird nun, wenn die Russen uns kriegen?" Vater
ganz ruhig: „Ja, was wird? Sie werden kommen, wir werden uns
Löcher zu graben haben, und dann werden sie uns erschießen.

Mußt nicht Angst haben, wir sterben dann alle zusammen." Dieser
Augenblick hat in den unendlich vielen Gesprächen, die noch
nach Jahrzehnten in der Familie als Erinnerungspotenzial lebendig
gehalten wurden, eine nicht zu unterschätzende Rolle gespielt,
den Wandlungsprozeß in der ganzen Familie zu nähren.
In Goethes Dichtung und Wahrheit heißt es an einer Stelle:
„Denn dies scheint die Hauptaufgabe der Biographie zu sein, den
Menschen in seinen Zeitverhältnissen darzustellen und zu zeigen,
inwiefern es ihn begünstigt, wie er sich eine Welt- und Menschen-
ansicht daraus gebildet."
Diese Weltansicht bedurfte zu ihrer Neubildung noch mancher
Anlässe. Die Anfänge jedoch machten im Wald bei Treptow an
der Rega beachtliche Schritte, wenngleich sie erst Jahre später
empfunden bzw. gar von anderen erkannt wurden.

***Eine weitere Aufforderung per Funk. Der zweite Akt der Flucht
endet an der Rega***

In den zeitigen Nachmittagsstunden dieses dritten Tages fuhr
abermals ein Militärfahrzeug mit einem Lautsprecher, die Straße
von Treptow kommend, heran.
Alle Menschen, die mit ihren Wagen im Wald stehen, haben
innerhalb von zwei Tagen den Wald zu verlassen. In die umliegenden Dörfer sollen alle fahren. Wer nach dieser Frist noch im Wald
angetroffen wird, muß damit rechnen, daß er als Partisan betrach-
tet und dann erschossen werden kann. Die Stimme, die diese
Weisung in den Wald rief, war eher bittend als drohend.
Was gab es da noch zu orakeln, wir rüsteten zur Räumung des
Waldplatzes und verließen diesen Standort, der uns so ungeheuer-
liche Einschnitte in den Sinn bisheriger Überlegungen und Handlungen abverlangte. Das war das Ende des zweiten Aktes der
Flucht von Grieben.

Teil 5

Die Front hat uns überrollt. Wie nun weiter?

In den späten Nachmittagsstunden des 6. März wurden die Pferde
wieder vor die Wagen gespannt. Zwar war der Kriegslärm nur
noch aus der Ferne bei günstiger Windrichtung zu hören, jedoch
die Verzweiflung und Ziellosigkeit hatte noch zugenommen.
Wohin soll die Reise nun gehen? Eine Karte, die hätte Aufschluß
geben können, war nicht in unserem Besitz.
So schlossen wir uns den Wagen an, deren Besitzer möglicherweise weniger von Ausweglosigkeit ergriffen sein mochten als wir es
waren. Zunächst wurde der Wald verlassen. Nach etwa einer
halben Stunde erreichten wir mit vielen anderen Wagen ein Gut.
Der Name des Ortes ist nicht mehr bekannt, und eine Karte kann
ihn auch nicht eindeutig feststellen, da die Richtung, die wir
nahmen, unbekannt blieb.

Sektgelage in einer Schweinebucht

Die Pferde kamen in eine Scheune, und wir suchten im Schweinestall, der leer war, Platz für die Nacht. Die Franzosen, Alfred und
ich lagerten in einer Bucht (Box). Kekse, Fleischkonserven und
Sekt vom „Plünderungsausflug" tafelten die Franzosen mit uns
gemeinsam. Moritz hatte in seinem Soldatenrucksack neben
Teilen eines Eßbestecks auch einen kegelstumpfförmigen blecher-
nen Henkeltopf. Daraus tranken auch wir Jungen jeder einen
Becher dieses prickelnden Gesöffs. Wohlgeschmack konnten wir
ihm damals nicht abgewinnen.

11 Tage in Zimdarse - und die schwersten Stunden der ganzen Flucht

Der 4. März, so mein Kalender des 20. Jahrhunderts die Wahrheit
offenbart, war ein Sonntag. Da hatten die Russen uns überholt.
Am 7. März, einem Mittwoch folglich, steuerten wir das Bauern-
dorf Zimdarse, etwa 6 - 8 km südöstlich von Treptow gelegen, an.

Zunächst erwies sich der Ort als menschenleer. Die Bewohner wären ebenfalls geflüchtet, meinten wir. Ein größerer Bauernhof auf der rechten Straßenseite schien für die vier Wagen, die wieder beieinander waren, als geeignet.

Im Rinderstall (wir sagten Kuhstall) brüllte unablässig eine größere Anzahl Kühe. Im Schweinestall schrien die Schweine und wollten gar über die Wände der Buchten springen.

Diese Situation holte Vater kurzerhand in sein berufliches Element zurück. Als wären die Erschütterungen der letzten Tage nur ein Traum gewesen. „Nu war wie man foorz (sofort) de Perd utspanne un kemmere ons om de Kech un de Schwien" (*Jetzt werden wir sofort die Pferde ausspannen und uns um die Kühe und Schweine kümmern.*), sagte er. Die Frauen suchten im großen Wohnhaus die erforderlichen Plätze für alle zwölf Personen.

Vater, die beiden Franzosen, Alfred und ich machten uns daran, zuerst den Rindern Wasser zu geben. Eine Handpumpe im Stall gab umgehend Hilfe für die durstenden Tiere. Augenblicklich verstummte das Brüllen und Schreien der Tiere. Durst ist quälender als Hunger. Da gleichen sich Mensch und Tier. Wir Jungen stiegen auf den Heuboden und warfen duftendes Heu durch eine Luke in den Stall.

Während beide Franzosen den Tieren das Heu in die Krippen warfen, hatte Vater bereits im Schweinestall den Tieren Wasser und etwas Schrot in die Tröge gegeben. So war in kurzer Zeit Ruhe in den Ställen eingekehrt. Danach nahmen wir den Pferden die Geschirre ab, tränkten und fütterten sie in gewohnter Manier.

Als ob's zu Hause wäre

Im Haus hatten die Frauen inzwischen Gleiches zur Herstellung einer gewissen Normalität in der Küche und in zwei großen Stuben angestellt. Eine erste Mahlzeit folgte für alle. Eier waren zubereitet, und Stullen gab es dazu. Danach begaben sich alle, die melken konnten, zu den Kühen in den Stall, um so schnell wie möglich die Tiere von der Milch zu erleichtern und zu erreichen, daß evtl. Euterentzündungen ausbleiben.

Schon in den Nachmittagsstunden konnten wir in Erfahrung bringen, daß einige ältere Dorfbewohner doch noch im Ort geblieben waren. Von denen erhielt Vater Auskunft, auf wessen Grundstück wir uns niedergelassen hatten. Ferner wußte jemand von einer Wassermühle zu berichten, die in nicht zu großer Entfernung vom Dorf sogar noch arbeitete.

So wurde beratschlagt, was in den folgenden Tagen, neben der Versorgung der Tiere in den Ställen, notwendig ist. Brot war nur noch äußerst wenig vorhanden, und Mehl war nicht in den Vorratsräumen aufzustöbern. Also, wird zur Mühle gefahren, wenn die Auskunft stimmte.

Schon am nächsten Tag holten wir vom Speicher etwa sechs Zentner Getreide. Darunter war auch etwas Weizen, ein Sack Roggen, der Rest Futtergetreide für die Schweine und Kühe.

In der Tat, die Mühle im nahegelegenen Wald, an einem Flüßchen mit Stauteich und rauschendem Wasser durchs Wehr, klapperte kräftig. So sah ich die erste Wassermühle.

Der Müller, freundlich und hilfsbereit, tauschte Weizen- und Roggenmehl sogleich gegen die mitgebrachten Mengen. Futterschrot sollte am übernächsten Tag fertig sein.

Bäckerei im Freien

Fürs Brotbacken gab es einen großen Backofen im Garten. Eine solche Vorrichtung kannten wir nicht. Bei uns zu Hause waren die Backöfen in den Küchen. Hier gab eine ältere Frau, offensichtlich eine Landarbeiterin, die sich vor den Russen nicht fürchtete, wie sie sagte, Hilfe. Holz und Strauch zum Beheizen des großen Ungetüms war ausreichend vorhanden. Diese Aufgabe wollte Vater am nächsten Tag übernehmen.

In der recht geräumigen Speisekammer war ein Stück Sauerteig durch Tante Minna entdeckt worden. Ohne dieses Treibmittel ist gutes bäuerliches Brot nicht zu haben. Hefe wurde aber auch gefunden. So konnte auch an Kuchen gedacht werden, den wir ja seit Wochen hatten vermissen müssen. Die Vorbereitungen wurden also in trauter Eintracht der beiden Bäuerinnen, Tante Minna und Mutter, mit ihren Töchtern für den kommenden Tag getätigt. Für mich war das recht spannend.

Der Backtag brachte herrlich duftendes Brot und goldgelben Kuchen hervor. Irgendwie hatte diese altgewohnte Tätigkeit, die in den Eltern und auch schon in uns Kindern haftete, Momente der Zufriedenheit und des Vergessens, all dessen, was da hinter uns lag und was sich da noch vor uns auftürmte, herausgekehrt. Der Backofen hätte bequem 30 große Brote in sein Inneres aufnehmen können. Wahrscheinlich haben ihn im Normalfall mehrere Familien gleichzeitig genutzt.

Neu um uns herum war, daß die Franzosen von vornherein nicht wie bisher in Nebenräumen untergebracht waren, sondern mit uns die Zimmer im Haus gleichberechtigt teilten.

Der Backtag hatte den Brotvorrat für einige Zeit gesichert. Nun hieß es dann, müsse ein Schwein geschlachtet werden. Die Vorbereitungen dazu bestanden in der Auswahl des Tieres, im Schärfen der Messer und in der Suche nach einem Brühtrog. Alle notwendigen Gerätschaften waren auf diesem Hof vorhanden, so daß nichts improvisiert werden mußte.

Unerklärlich erschien uns der Umstand, daß diese Bauernfamilie die Tiere in ihren Ställen so ihrem Schicksal überlassen hatte. Was wäre geschehen, wenn wir nicht zufällig in den Ort gekommen wären?

Schlachtetag und Karbonade

Am 4. oder 5. Tag unserer Anwesenheit wurde ein mittelgroßes Schwein geschlachtet. Vater war zu Hause immer der Schlächter. Es gab da keinerlei Unsicherheit bezüglich der auszuführenden Arbeiten. Lediglich ein Fleischbeschauer, der die Untersuchung auf den Befall des Tieres mit Trichinen hätte vornehmen müssen, war nicht aufzutreiben. Aber warum sollte gerade dieses Tier, aus einem doch sehr ordentlichen Stall, diese Schmarotzer in sich tragen. Der Ablauf des Schlachtetags ähnelte dem von zu Hause: Tötung des Tieres, Blut wurde gerührt, der Brühvorgang folgte, die Innereien werden ausgeworfen, das Fleisch kühlte aus. Därme

wurden gereinigt und gesalzen, und zu Mittag briet Mutter aus
den Filetstücken die herrliche Karbonade.
Am nächsten Tag ging es ans Wurstmachen. Leberwurst, Blut-
wurst, Grützwurst, und natürlich durfte die Dauerwurst nicht
fehlen. Daß wir die evtl. gar nicht mehr essen würden, fiel nie-
mandem ein. So sehr hatte der Rhythmus der Arbeitsabläufe alle
voll gepackt, die Franzosen eingeschlossen.
Erstaunlicher oder auch logischerweise waren alle Zutaten für die
Schlächterei und die Folgearbeiten nahezu lückenlos in den
Vorratsräumen dieses Bauernhauses auffindbar. Lediglich Majo-
ran (Meiran) fehlte. Diesem Gewürz ist Mutter auch in folgenden
Jahren weder im Pommerschen noch in Mecklenburg und der
Uckermark so vorrangig begegnet, wie es in Ostpreußen der Fall
war. Da wurde dann eben Thymian als Ersatz in die Wurst getan.

Große Wäsche

Während Tante Minna und Mutter die Wurst in Därme stopften,
Vater Fleischstücke in ein Salzfaß verstaute - sogar ans Räuchern
wurde gedacht - hatten die Marjellens (Mädchen), meine Schwester und die beiden Cousinen, sich ans Waschen gemacht. Große
Waschzuber und auch Waschpulver stöberten die Mädchen in der
Waschküche auf. Ebenfalls war ein Wasch- oder Rubbelbrett
vorhanden. Im großen Kessel dampfte die Wäsche. Mitunter
hatten wir die Leibwäsche einige Wochen nicht gewechselt. Für
12 Personen war da ein ganzer Berg Wäsche durch verschiedene
Waschvorgänge abzuarbeiten. Die Franzosen und wir Jungen
besorgten Holz zur Feuerung.
So war jeder ins Werk der Tage eingespannt. Tante Mietze war die
Hüterin des Jüngsten der Doppelfamilie, und Manfred fühlte sich
gewiß sehr wohl unter ihrer Obhut.
An einem der folgenden Tage holten Vater, Moritz und ich von der
Mühle im Wald das Futterschrot ab. Ein Gespräch mit dem Müller
gab etwas Aufklärung über das für uns rätselhafte Ausbleiben der
Russen im Dorf. Er mahnte und sagte, daß sie gewiß in den
allernächsten Tagen auftauchen werden. Mit ihm seien sie recht

glimpflich umgegangen, da sie Futter für ihre Pferde gemahlen haben wollten. Allerdings sollten sich die Frauen nicht sehen lassen. Und ganz verrückt seien sie nach Uhren. „Frau komm! Und Uhri, Uhri!" das könnten sie sagen. Und von Pferden würden sie was verstehen, so der Müller.

Nichts blieb uns erspart

In den Vormittagsstunden des 15. März muß es gewesen sein, da waren sie plötzlich auf dem Hof. Vier oder fünf Soldaten, einer mag ein Offizier gewesen sein, lenkten ihre Pferde von der Toreinfahrt schnurstracks zur Tränke an der Pumpe in Hausnähe. Einer hatte wohl eine MP umgehängt, die anderen Pistolen an dünnen Lederriemen befestigt. Ihr Rundumblick ließ uns im Zimmer erzittern. Mutter guckte mich an und sagte ganz erregt: „Ach Gott, Jung, zieh bloß die Uniformbluse aus und schmeiß sie in den Ofen." Schnell tat ich das. Zwar warf ich sie nicht in den Ofen, denn da wäre sie ja verbrannt. Ich warf sie hinter das Gesims des hohen Stubenofens und zog schnell einen Pullover an.
Tante Minna rief die drei Mädchen und verließ das Zimmer, um sich mit ihnen zu verstecken. Leider waren beide Franzosen zu dem Zeitpunkt nicht anwesend. Scheu blickten die Soldaten um sich. Einer mag gar die Hand an den Griff seiner Pistole geführt haben. Behend sprangen alle von ihren Pferden. Einer nahm die Zügel der an der Tränke saufenden Tiere. Wohl drei kamen zur großen Treppe vor dem Haus, und schon hatten sie das Zimmer betreten. Was sie sagten, verstand natürlich niemand. Die Angst, die wir empfanden, ist kaum nachvollziehbar. Böse Worte sagten sie nicht, das wäre zu merken gewesen. Möglicherweise sagten sie auch das Wort Faschist oder Soldat? Eine Frage jedoch war es. Vater zuckte die Schultern und verneinte. Mutter, Tante Mietze, der Alfred und ich saßen auf einer Ofenbank. Einer kam auf Mutter zu: „Uhri jest? Jeika jest?"
Mutter band ihre goldene Uhr vom Arm und reichte sie einem der Soldaten. Der betrachtete das Prachtstück und steckte es weg. Die erste Plünderung war vollzogen. Was folgte danach? Alle setzten

sich an den Tisch, an dem Vater saß. Die Pelzmützen legten sie auf einen Stuhl. Einer nahm aus einer großen Tasche, die er über der Schulter trug, Brot, Zwiebel und Speck heraus. Messer hatten sie alle bei sich. Einer stellte immer wieder Fragen, die wir absolut nicht verstanden. Sie unterhielten sich untereinander. Der Russe, der bei den Pferden geblieben war, aß draußen ebenfalls. Danach ging der in die Ställe und kehrte dann zu den Pferden zurück.

Die Angst in uns schien gewichen zu sein. Das dauerte etwa eine halbe Stunde. Der erste schickte sich an, aufzustehen, da öffnete ganz zögerlich die Gertrud die Tür zum Zimmer, in dem wir mit den Russen waren.

Wie elektrisiert guckte einer um sich, und schon war er aus dem Zimmer und folgte der weglaufenden Gertrud. Wie angewurzelt, völlig wehrlos mußten wir zusehen, wie nicht Gertrud, sondern unserer Familie das Opfer abverlangt wurde. Ohne jede Hektik mußte dem Offizier gefolgt werden. Die folgenden Minuten waren zum Zerreißen für meine Eltern und für mich. Wußte ich auch nicht, was geschehen sollte, so ahnte ich die Unerhörtheit. Dreist und frech, wie ich ja schon unter Beweis gestellt hatte, beschimpfte ich Gertrud, zu der ich immer ein äußerst herzliches Verhältnis hatte, mit einem für Mädchen und Frauen häßlichen Wort. Bange Stunden vergingen. Wird das Mädel überhaupt wiederkommen? Was wird ihr widerfahren? Vater war bleich und gedemütigt, wie ich ihn sonst nie erlebt habe. Mutter erging sich betend in leiser Nänie.

Mit den Worten und bitter weinend: „Eine Bestie war er nicht", endete das Drama. Die Familie war wieder beieinander. Das Schreiben dieser Zeilen kostete mich eine unerhörte Überwindung und Konzentration, zumal heute der 1. März ist. Müssen sich solche Verdichtungen komplizierter Gedankengänge so quälend auf uns niederlassen? Ist man bei der Wahrheit geblieben? Fragen über Fragen.

Der verwandtschaftliche Frieden, der so mühevoll durch Vaters Zurückhaltung nach seinen Forderungen vor der Abfahrt aus Vierzighuben doch irgendwie gewahrt blieb, war nun aber einer

Erschütterung durch mich ausgesetzt worden, die schwer zu glätten war. Von meinen Eltern erfuhr ich keine kritische Bemerkung, und Tante Mietze verlangte diesmal auch nicht, daß ich mich entschuldige. Hier mußte ganz einfach der Ablauf der Ereignisse die Versöhnung herbeiführen. Und das geschah in vielfältiger Weise. Die Forderungen des Lebens und der Vergebung waren bitterster Art für alle. Zeit heilt jedoch manch eine Wunde.

Die Franzosen werden nach Hause kommen

Am nächsten Tag, es muß dann der 16. März gewesen sein, wurden alle Franzosen und Belgier von einem höheren sowjetischen Offizier zu einer Unterweisung zusammengefaßt. Dort erfuhren sie, daß schon am 17. März ihr Abtransport in Richtung Odessa und danach per Schiff nach Marseille seinen Anfang nehmen sollte.

Pferdetausch ohne „Einwilligung"

In den Nachmittagstunden des 16. März waren erneut Gruppen von Russen im Dorf und auf dem Hof, der uns Unterkunft bot, erschienen. Diesmal muß es ihnen nur um Pferde gegangen sein. Mit ihren Pferden ritten zwei bis zum Stall. Sie müssen den Geruch des Pferdestalles in ihrer Nase gehabt haben, denn sie fanden sogleich die richtige Tür. Oder war es gar der Trupp, der am Vortag uns in so bittere Bedrängnis gebracht hatte? Einer sprang von seinem Pferd, legte die Zügel um die Pumpe und betrat den Stall. Aus dem Wohnzimmerfenster beobachteten wir den Hergang der Abläufe. Die Mädchen hatten sich versteckt, ihnen galt eigentlich unsere Sorge. Schon nach wenigen Minuten kam der Soldat mit dem Pferd aus dem Stall, das mich vor fünf Monaten nach Tharau getragen hatte.
Der Soldat wechselte den Sattel, betätschelte mein Lieblingstier, brachte das weitaus schlechtere Tier, das er vorher ritt, in den

Stall. Ich wollte rauslaufen und den Tausch unterbinden.
Vater hielt mich fest und sagte: „Bleib hier, die schießen sonst."
Bitterlich weinte ich um dieses herrliche Tier. Es war eine braune
siebenjährige Trakehner Zuchtstute, die da als Tauschobjekt ohne
Absprache entwendet wurde. Letztendlich blieben der Verlust der
Uhr und dieses Pferdes bescheidene Anfänge kriegerisch marodie-
render Soldaten. Wir hatten uns an Dinge und Abläufe zu gewöh-
nen, die ganz einfach als ein Begleichen unerhört großer
Schuldenberge des deutschen Volkes gegenüber fast allen europäischen Völkern begriffen werden mußten.
Als wir nach diesem Schreck wieder alle beieinander waren, sagte
die Margarete: „Wenn der aber nun unsere Helda genommen
hätte?" Mutter darauf äußerst gereizt: „Na, was wäre denn gewesen?" Margarete reagierte: „Tante, unsere ist doch die Wertvolle-
re!" Mutter: „Die werden auch eure Pferde nehmen und noch viel
mehr."

Abschied von den Franzosen

Mutter und Tante Minna machten für den Moritz und den Andre`
Stullen und Wäsche für die lange Reise und den Abschied fertig.
Beide hatten ihre Uniformen in einem guten Zustand. Die Ruck-
säcke waren mit allen erforderlichen Sachen prall gefüllt.
Zur Verabschiedung standen wir alle beisammen. Schwermut
mußte wohl auch die heimkehrenden Kriegsgefangenen erfaßt
haben. Moritz stand mit meinen Eltern, Schwester Lisbeth und
mir in einer Runde auf dem Hof. Andre` mit allen sechs
Sandauern ebenfalls.
Moritz trat zu meiner Mutter und bedankte sich herzlich für die
fürsorgliche Behandlung in den langen Jahren seiner Gefangenschaft. Mutter sagte zu ihm: „Na Moritz, nun müssen sie vielleicht
noch in den Krieg?" Er antwortete: „Nein Frau, wir fahren nach
Hause, nix mehr Krieg." Lisbeth und mich drückte er fast brüder-
lich. Er trat zu Vater und sagte: „Chef, vielen Dank für gute Jahre
bei ihnen." Nun war der Letzte der fünf Fremdarbeiter, die der
Krieg in unsere Verantwortung gezwungen hatte, fort. Eigentlich

waren sie alle in ein Ausbeutungsverhältnis schlimmster Art und verbrecherischster Absicht seitens Deutschlands mit Gewalt gedrängt worden. Wenn daraus, ich kann das mit Fug und Recht in Vertretung meiner Eltern sagen, ein menschlich-herzliches Verhältnis wurde, so wirkte das mildernd für die Betroffenen und reuevoll-entschuldigend auf die Familie. Die ja, wie man die Dinge auch drehen mag, in der Endkonsequenz in den Augen der Betroffenen Deutschland darstellte. Mögen sie, so sie eine Zeit-spanne der Nachkriegszeit überlebt haben, im Gedächtnis aufbe-wahrt haben, daß es neben dem offiziellen, auch noch ein anderes Deutschland gab. Damit konnte die Familie auch eigene Schuld im übertragenen Sinne tilgen.

Ein paar Sätze zum Moritz

Dieser Unteroffizier der französischen Streitkräfte war ein Pariser Bankangestellter. Etwa 1,85 m möchte dieser stattlich gewachsene hübsche Mann an Körpergröße gehabt haben.
Schnell und unkompliziert erlernte er alle Arbeiten auf dem Bauernhof. Um die erforderlichen Sprachkenntnisse war er gleichermaßen bemüht. Es war recht eigentümlich mit der Ver-ständigung.
Die fünf Fremdarbeiter auf dem Hof (ein Franzose, zwei Litauer ein Pole und ein Russenmädchen) unterhielten sich in deutscher Sprache, wenn der Moritz zugegen war. Und das war sehr oft der Fall. Wurde das Essen auf den Tisch gestellt oder die Mahlzeit auf dem Felde eingenommen, so sagte Moritz stets: „Danke." Unter dem Lichterbaum zum Heiligen Abend waren immer alle Leute des Hofes mit uns im großen Zimmer vereint. Mutter hatte für jeden als praktisches Weihnachtsgeschenk ein Paar Strümpfe und Handschuhe aus Schafwolle gestrickt. Das ließ sie sich nicht nehmen. Ferner waren Hemden, Unterwäsche und andere Klei-dungsstücke durch die Hausschneiderin für jeden gefertigt. Erinnere ich mich recht, so sangen auch manche der Fremdarbei-ter unsere Weihnachtslieder mit.
In den Sommermonaten ging er bei gutem Wetter gewöhnlich nur mit einer Hose gekleidet. Der freie Oberkörper, von athletischer

Schönheit, war dann schon nach wenigen Wochen kräftig ge-
bräunt. Oft mühte ich mich, französische Vokabeln zu erlernen.
Leider bin ich über etwa 50 oder 70 Worte nicht hinausgekom-
men. Unseren drei Kindern gelang das in der Schule 25 bzw. 40
Jahre später besser. An der Brüssower Mittelschule, der späteren
Polytechnischen Oberschule ist seit 1957 Französisch als zweite
Fremdsprache gelehrt worden. Von der Französischen Revolution
1789, vom Schlachtruf „Freiheit, Gleichheit, Brüderlichkeit", wie
von den großartigen kulturellen Leistungen dieses Volkes, wußte
ich verschwindend wenig.
Frankreich war der Erbfeind, und den hatte Deutschland besiegt.
Das allein hatte Gültigkeit. Lehrer Reschat hatte einmal von den
Maßstäben der Kultur eines jeweiligen Landes erzählt.
„Da sind die Franzosen führend. An der Masse der verbrauchten
Seife und des Parfüms wird der Kulturstand eines Volkes gemes-
sen", so unterwies er uns.
Wichtiger als das, war allerdings die Regel:
„Jeder Schuß ein Russ', jeder Stoß ein Franzos', jeder Tritt ein
Brit!"
Moritz hat einen großen Anteil an meiner Befreiung von solchem
Unrat deutscher Überheblichkeit und Menschenverachtung. In
einem angeregten Gespräch mit ihm an einem Sonntag, als ich mit
meinen Eltern die Fahrt zur Kirche nach Schloßberg vorbereiten
half, fragte er mich, warum ich an Gott denke?
Als ich sagte: „Na, Gott hat die Welt und auch uns Menschen
gemacht." Er erwiderte nachdenklich und ein wenig mitleidig
lächelnd: „Walter, und wer hat Gott gemacht?" Dieses Gespräch
ist mir nie aus den Gedanken und Überlegungen zu weltanschauli-
chen Grundfragen gewichen. Es war eine gute Hilfe bei der
Erreichung meiner Freiheit vor dem wohl größten Irrtum, dem die
Menschheit erlegen ist.

Und erneut ein Befehl zur Flucht

Am 17. März waren nicht nur die Franzosen abtransportiert
worden, es wurde erneut der Befehl zur abermaligen Weiterfahrt
mit allen Fahrzeugen verbreitet. Jedoch diesmal durch sowjetische

Offiziere, die in größerer Zahl ins Dorf gekommen waren. Ein Dolmetscher erklärte: „In der Gegend von Regenwalde ist eine große Einheit faschistischer Soldaten eingekesselt. Diese plant einen Ausbruch aus dem Kessel. Es werden Kämpfe erwartet. Alle Zivilisten müssen aus der Gefahrenzone ab morgen raus."

So begann dann am 18. März 1945 das Flüchtlingsdrama auf den Straßen für uns erneut, Wirklichkeit zu werden. Zwar war Frontlärm wieder vermehrt wahrzunehmen. Aus welcher Richtung er sich uns aufdrängte, ist schwer nachvollziehbar, denn um Kolberg begann schließlich ebenfalls ein erbitterter langwieriger Kampf. Kolberg war ja zur Festung erklärt worden. Dort sollte in historischer Nachahmung ein Beispiel nach Nettelbecks und Gneisenaus Art wie 1806 statuiert werden. Vater meinte allerdings: „Unsere Soldaten werden bald hier sein."

Jedoch nach einstündiger Fahrt, der Treck hatte das Dorf Dargislaf erreicht, wurden alle Wagen auf einen riesigen Luzerneschlag hinter großen Wirtschaftsgebäuden eines Gutes durch sowjetische Soldaten zur Auffahrt gedrängt. Ich meine, es waren mehrere hundert Wagen, die dann dort von den Besitzern bzw. Familien verlassen werden mußten. Lediglich Handgepäck durfte mitgenommen werden.

Die Regie für diese Art der Enteignung klappte. Eine Gegenwehr oder Weigerung schloß sich angesichts der Umstände von selbst aus. Erklärungen wurden durch die recht zahlreich anwesenden Soldaten nicht abgegeben. So pilgerten dann gewiß tausend und mehr Menschen, nun Flüchtlinge im umgekehrten Rechtsverhältnis, von Soldaten des Feindes begleitet und gedrängt, in eine erneute Ungewißheit. Bei herrlichem Frühlingswetter, die Sonne trachtete danach, die Menschen zum Ablegen des Gepäcks und sogar lästiger Oberbekleidung und umgehängter Decken zu verlocken, wälzte sich dieser Menschenstrom in südöstlicher Richtung dem Dorf Roman zu.

Mütter trugen ihre Kinder im Huckepack Meter um Meter. Immer wieder wurde versucht, den Fortgang des Menschenstroms zum Stocken zu bringen, denn neben Geschützdonner war auch MG-Feuer zu hören. So würden doch unsere Soldaten nicht mehr weit von uns entfernt um unsere Erlösung kämpfen. Das waren die

Gedanken wohl aller Menschen. Vater sprach sie aus und machte uns Mut.

Auf ihren kleinen Panje-Pferden ritten die Soldaten im Straßengraben und trieben uns mit dem Ruf: „Dawai, dawai", von einem Stehpunkt zum nächsten Straßenbaum, wo wir wieder die Gepäckstücke ablegten, uns umschauten, ob nun nicht unsere Soldaten endlich zu sehen seien. Mehr als 3 km wurden am ersten Tag nicht zurückgelegt. Übernachtet wurde in großen Strohschobern in der Nähe eines Dorfes. Es mag der Ort Jarchow gewesen sein. Wir hatten Vaters Forderung beherzigt und keines der mitgeführten Kleidungsstücke oder Decken abgelegt. So groß Durst und Hunger auch waren, es hatte sich gelohnt. In der Nacht war es empfindlich kalt. Irgendwo waren ein paar Kohlrüben aufgestöbert. Einige Scheiben Brot blieben dem kleinen Manfred vorbehalten. Am nächsten Morgen ging es in ähnlicher Manier, mit dem verhaßten: „Dawai, dawai", weiter. Auch der zweite Tag brachte den Zug hoffender und verzweifelter Menschen nicht mehr als 7 oder 8 km weiter. In einer Scheune im Stroh suchten wir Schutz vor der Kälte, die vor allem in den Morgenstunden uns frösteln ließ.

An einem Gewässer wuschen wir uns den Schlaf aus den Augen und tranken auch einige Schluck Wasser aus der hohlen Schöpfhand. Der Ort hieß Sternin. Der Kriegslärm war schwächer und lückenhafter geworden, bis er nahezu ausblieb. Damit schwand auch die Hoffnung.

„Dawai, noch vier km bis Roman"

Der dritte Tag, es war der 20. März, brachte den Frühling mit Sonne und angenehm mildes Wetter ins Land. Die Natur fragt nicht nach der Befindlichkeit der Menschen oder ihrem Vermögen, die Schönheit solcher Tage überhaupt in sich aufzunehmen. Gewiß waren zwitschernde und pfeifende Stare, trällernde Lerchen und wippende Bachstelzen auf den Feldern unsere Begleiter. Die Weidenkätzchen färbten sich schon gelb. Kamen wir durch ein Dorf, so läuteten die Schneeglöckchen. Allein die Schwäche und Verzweiflung nach drei entbehrungsreichen Tagen verbot jegliche Wahrnehmung der Umwelt.

Wieder waren sie auf ihren Ponys neben uns. Jetzt hieß es sehr deutlich: „Dawai, dawai, noch vier km bis Roman." Was hatte es mit diesem Wort auf sich? Bald sollten wir Aufklärung erfahren. Der Marsch der „Elenden" kam aus einem kleinen Waldstück, das die Straße säumte, heraus. Eine große Feldscheune rechts vom Weg hätte als drittes Nachtlager dienen können, denn der Tag mag schon weit über 17.00 Uhr hinaus gewesen sein. Ein Abbiegen zur Feldscheune jedoch gestatteten die Soldaten nicht. Dann das Ortsschild: „ROMAN, Kreis Kolberg, Reg.-Bezirk Köslin."

Vater gerät in Zivilgefangenschaft

Vor dem ersten Haus des Dorfes ein aufgeregtes hektisches Treiben vieler sowjetischer Soldaten und Offiziere. Alle Männer wurden nach ihrem Alter befragt, so auch Vater. Er sagte, trotz großer Lebenserfahrung, jedoch völlig naiv: „50 Jahre!" Ein Soldat faßte ihn. Vater war in nur wenigen Sekunden ein Zivilgefangener. Ich schrie: „Papa, Papa!" Und wollte ihn festhalten. Schon war ein weiterer Soldat zur Stelle, hielt mich zurück und fragte: „Du, wie alt?" Ich: „Zwölf!" „Weg", rief er und stieß mich zur Straße, wo Mutter und die anderen den Vorgang mit ansehen mußten. Vater war uns entwendet. Das geschah in wenigen Augenblicken, so daß die Tragik des Hergangs zunächst gar nicht voll ins Bewußtsein aufgenommen werden konnte. Weiter, immer weiter ging der Zug ins Dorf hinein. Den meisten der wenigen Männer, die überhaupt unter dem dahergetriebenen Menschenzug waren, blieb so die Gefangenschaft nicht erspart.

Vater hatte sich, der Gewohnheit folgend, am 18. März unmittelbar vor der Abfahrt rasiert. So sah er in der Tat nicht älter als 50 aus. Wie betäubt trotteten wir mit den anderen durchs Dorf. Der Abend senkte sich mit seiner Dämmerung über die Frühlingslandschaft. Schon dem Ortsausgang nahe, bogen viele der Wanderer rechts in einen Seitenweg. Ein Bauernhof mit seinen Ställen, der Scheune und einigen Stroh- und Heumieten gab etwa 50 - 60 Menschen eine Bleibe.

In Richtung Petersfelde beim Bauern Nörenberg angelangt

Auf dem Heuboden des Kuhstalls fanden wir Platz. Die Verzweiflung, die uns eigentlich hätte packen müssen, blieb angesichts neuer Gefahren aus. Sonderbar ist der menschliche Organismus auch nach großen Strapazen in der Lage, logische Schlüsse zu ziehen.

Und wieder suchten sie Frauen

Schon war die Dunkelheit der Nacht ausgebreitet, als Soldaten, mit Taschenlampen ausgerüstet, selbst den Heuboden, auf dem wir schon schliefen, nach Frauen absuchten. Mutter und ich versteckten Lisbeth unter uns, da blieb sie diesmal sicher dem Zugriff der Häscher verborgen.
Neben einer anderen jungen Frau ereilte diesmal Gertrud das harte Los. In unseren gedanklichen Abläufen waren eigenartige Schlüsse feststellbar. Was hilft's, die Wahrheit will ich nicht verdrängen. Und so schreibe ich sie auf. Die Nacht währte noch, da wurden die Frauen zurückgebracht. Dieser Akt war der letzte der scheußlichen Siegerpose, die wir erlitten.

Kochgelegenheiten in großer Zahl rings ums Gehöft

An den folgenden Tagen entwickelte sich auf dem Hof und um die Gebäude herum ein regelrechtes Flüchtlingstreiben, wie es in der Gegenwart aus afrikanischen Tragödien im Fernsehen vermittelt wird. Jede Familie fertigte aus Ziegelsteinen, die in großen Stapeln neben riesigen Kieshaufen lagen, ofenähnliche Gebilde. Kartoffeln waren in Mieten reichlich vorhanden. Töpfe und andere wichtige Utensilien, wie auch Speck und Wurst fanden wir in der Nähe umgekippter Flüchtlingswagen.
Angehörige der Familie Nörenberg waren im Haus. Zu sagen hatten sie wenig. Hier wirkten die Gesetze des Krieges. Was gebraucht wurde, entwendeten die Menschen. Brauchte jemand Milch für die Kinder, so wurden die noch vorhandenen Kühe

gemolken. Solchen vandalischen Ausschreitungen hielten wir uns fern. Belästigungen gegenüber Frauen wiederholten sich auf dem Gehöft in den Folgetagen nicht wieder.

Neben uns auf dem Heuboden campierte eine Frau Musolf mit ihren beiden Schwiegertöchtern, zwei bildhübschen Frauen von etwa 25 Jahren. Alle drei sprachen fließend polnisch. Sie kamen aus der Posener Gegend, also Volksdeutsche. Ferner war in der Nähe eine Familie Holweg, aus der gleichen Gegend stammend und der Fremdsprache mächtig. Diesen Familien hatte sich vor allem Tante Minna genähert.

„Gehen sie alle ins Dorf, das Leben muß weitergehn!"

Es mögen sechs oder sieben Tage des Aufenthaltes auf dem Hof vergangen sein, als an einem Vormittag alle Anwesenden zu einer Zusammenkunft aufgefordert wurden. Drei sowjetische Offiziere und ein deutschsprechender Zivilist waren erschienen. Dieser stellte sich auf einen der Ziegelsteinhaufen und übersetzte, was der Offizier in russischer Sprache allen Teilnehmern des „Meetings" sagte.

Der Inhalt war in etwa folgender: „Deutsche Männer und Frauen, Hitler ist bald kaputt. Der Krieg und das Sterben werden aufhören. Das Leben muß weitergehen. Die Menschen sollen schnell ins Dorf gehen. Dort sind viele Häuser leer. Viele Wagen der Flüchtlinge sind an der Straße, und da ist alles zu finden, was Menschen zum Leben brauchen. Im Dorf ist ein großes Gut, dort muß schnell mit der Arbeit begonnen werden. In den Ställen ist Vieh vorhanden. Kühe müssen gemolken und gefüttert werden. Auch an die Aussaat muß gedacht werden. Macht euch gleich auf den Weg und nehmt euch eine Wohnung. Niemand soll Angst haben." Die letzten Worte dieses Mannes, er hieß Emil Wilke, sagte er sehr laut in seinem harten westpreußisch-ostischen Dialekt: „Denkt daran, Hitler ist kaputt, wessen Brot ich esse, dessen Lied ich singe. Wenn ihr Sorgen habt, dann sucht mich auf. Ich suche mir mit der Familie auch im Dorf eine Bleibe."

Dieser Emil Wilke war danach von den Russen als Bürgermeister

eingesetzt worden. Eine der Musolf- Frauen hatte mit dem Offizier ein Gespräch begonnen. Von dem war der Hinweis geäußert,
im Dorf in der Nähe des Gutes möglichst ein kleines altes Haus
für die Bleibe auszuwählen. „Sie sind dort weniger Belästigungen
durch unsere Soldaten ausgesetzt, und in der Nähe des Gutes
werden auch Soldaten und Offiziere immer schnell zu finden
sein", riet er. Diesem Rat folgte die Familie Musolf, der wir uns
gemeinsam mit Familie Holweg dankbar anschlossen.

Auf Wohnungssuche in Roman

Kurze Zeit nach dieser Aufforderung verließen die besagten
Frauen, denen sich Tante Minna, Alfred und ich anschlossen, das
Heubodenquartier, um eine neue Bleibe zu suchen. Etwa 150
Meter vom Gut entfernt fanden wir ein recht altes Gutsarbeiter-
haus mit zwei kleinen Wohnungen. Dieses Haus „besetzten" wir.
Die linke Wohnung, bestehend aus einer kleinen Küche, einem
Wohnzimmer und zwei Kammern, bezogen beide Wiemer-Famili-
en. Inzwischen waren wir nur noch neun Personen.
Der kleine Vorflur, eine sogenannte Räucherküche und die Küche
selbst hatten einen Fußboden aus Ziegelsteinen. Im Wohnzimmer
waren einfache Möbel (Tisch, Stühle, ein Schrank, eine Kommo-
de, ein Ohrensessel) und ein Ofen aus Ziegelsteinen gemauert und
dunkelbraun gestrichen, davor eine hölzerne Ofenbank. In den
Kammern fanden wir weitere Bettgestelle und auch einen
Schrank. Alle notwendigen Zubehörteile (Federbetten, Geschirr,
Decken ect.) fanden wir sowohl in der Wohnung als auch in
unübersehbarer Fülle auf der Straße neben und auf den vielen
Flüchtlingswagen, die abgestellt und z. T. umgekippt das ganze
Dorf übersäten. Tante Minna blieb mit zwei Frauen der neuen
Nachbarsfamilien sogleich in den Wohnungen. Alfred und ich
gingen zurück zum Stallbodenquartier, um die anderen Familien-
mitglieder zu holen. Unterwegs stießen wir hinter einer Scheune
auf die Leiche eines Soldaten. Der Stahlhelm war seitlich auf dem
Kopf verrutscht, das schon dunkel verfärbte Gesicht der Erde
zugekehrt, so lag dieser Tote der einstigen Siegerarmee auf

deutscher Erde. Ich ging an den Leichnam heran, in der Annahme, evtl. den Bruder oder einen anderen Bekannten zu erkennen. Ein Gefühl der Angst oder des Abscheus empfand ich dabei nicht. Die Härte des Lebens der letzten Monate hatte das Ihrige zur Abstumpfung und zum Verfall jeglicher Sensibilität getan. Kurt war es nicht. So holten wir den Rest der Familie mit der geringen Habe (ein Koffer, zwei Taschen und drei Decken) ans Ufer einer erneuten Hoffnung.

Es ist unbedingt erwähnenswert und festzustellen, daß trotz größter seelischer Erschütterungen und körperlicher Schwächung, Hoffnung etwas Belebendes, Aktivierendes für jegliche Handlungen und Erfordernisse des Lebens darstellt. Wie Recht hat Goethe, wenn er rät:

„Gut verloren, etwas verloren. Mußt dich bemühen, neues zu gewinnen. Ehre verloren, viel verloren. Mußt danach streben, sie wieder zu erlangen. Hoffnung verloren, alles verloren."

Diese Regel fürs Leben lehrte uns die harte Zeit der Flucht und manch eine andere Begebenheit bis in die Gegenwart hinein. Sie zu beherzigen, hatte Vater, in andere Worte gekleidet, uns oft vermittelt: „Kommt Zeit, kommt Rat. Kommt Rat, kommt Tat. Sorget nicht zu sehr für den anderen Morgen, ein jeder Tag wird für das Seine sorgen."

Jetzt, wo er nicht den Rat geben konnte, wirkte sein Vorbild um so wirkungsvoller in uns weiter.

Tante Minna ist der ruhende Pol der Doppelfamilie

Tante Minna hatte nun nach Vaters Gefangennahme den Platz des Familienoberhauptes übernommen. Klug, umsichtig, äußerst kontaktfreudig, praktisch im Denken und Handeln, hat diese warmherzige Frauengestalt dann auch in der Arbeit auf dem Gut und im Umgang mit ganz fremden Menschen, die uns fortan umgaben, die Geschicke der kommenden Wochen und Monate mit ihrer kaum zu übertreffenden Güte als Bürde auf sich genommen. Immer erhobenen Hauptes rang sie unermüdlich mit uns um das tägliche Brot.

*Das Gutshaus in Roman. Früherer Besitz der Familie von Dewitz,
Aufnahme 1995*

Mutter hatte eine Phase seelischer und physischer Erschütterungen nach Vaters Gefangenschaft durchzustehen. Ein rapider Gewichtsverlust ließ die Widerstandskraft des Körpers von Woche zu Woche bedrohlich schwinden.

Sechs Gutsarbeiter aus einer Wohnung, das lohnte sich

Es könnte der 27. März gewesen sein, als wir ins Dorf in die geschilderte Wohnung einzogen. Schon am nächsten Tag hatten wir (Tante Minna, die drei Mädchen, Alfred und ich) uns auf dem Gut zur Arbeit laut Weisung durch den Kommandanten und den Bürgermeister einzufinden.
Schlicht und ohne große Umstände waren wir Gutsarbeiter geworden. Nach altem Brauch erscholl morgens um sieben Uhr die Gutsglocke. Ein Pflugschar und ein Eisenhammer an der Einfahrt zum Gutshof, vom ehemaligen Boden- oder Speichermeister,

Herrn Fehlhaber, betätigt, rief alle pünktlich zum Tagewerk zusammen. 50 oder gar 60 Menschen, darunter auch einige ehemalige Gutsarbeiter, erschienen zur Arbeit. Von Tag zu Tag wurden es mehr. Aus dem Stamm der alten Gutsarbeiterfamilien sind mir gleich zu Beginn unserer Arbeit die Namen Fehlhaber, Lutz und Wiese geläufig. Gewiß waren auch noch andere um uns herum, deren Namen sich jedoch nicht eingeprägt haben.

In den Gutsställen waren zu der Zeit etwa 10-12 Pferde, vier Zugochsen, etwa 20 Milchkühe, eine beachtliche Anzahl Jungrinder und 30 - 40 Schweine. In den Scheunen, in Siloanlagen und auf den Stallböden befand sich ausreichend Futter für die Tiere. Die Einteilung zur Arbeit nahm Herr Fehlhaber gemeinsam mit Herrn Lutz vor. So jedenfalls sprachen wir diese etwa 55 jährigen Männer an. Wir waren vier Jungen, Gerhard Lutz, ein Wiese, Alfred und ich, alle im Alter von 13 -14 Jahren, die zu den Hofgängern zählten. Dieser „Titel" war uns bislang nicht geläufig.

Ich wurde Ochsenkutscher

Uns vier vertrauten die neuen Wirtschafter die vier Ochsen an. So avancierte ich zum Ochsenkutscher.

Gerhard Lutz und der Wiese Junge waren recht unkompliziert, so daß wir echte Kumpel oder gar Freunde wurden.

Diese beiden Jungen, vor allem Gerhard Lutz, lehrten mich, eine andere Betrachtungsweise zum Krieg und auch zur Rolle der Gutsbesitzer einzunehmen. Zum ersten Mal erschien im Blickfeld der Klassengedanke. Wir merkten, man denkt und handelt in Hütten anders als in Palästen. Und Bauern denken und handeln anders als Arbeiter. Hitler wußte Gerhard Lutz als Verbrecher und die Generale und Offiziere als seine besten Handlanger zu bezeichnen. Ein solcher Zusammenhang, von einem Arbeiterjungen geäußert, war völlig neu, jedoch erschien mir so eine Deutung auch unseres Schicksals wegen nicht abwegig zu sein. Im Gespräch mit Mutter und Tante Mietze gab ich einige solcher Worthülsen preis. Daraufhin belehrte Tante Mietze mich mit der kategorischen Zurechtweisung: „Über seinen Regenten spricht

man nicht so abfällig." Gewiß lebte zu der Zeit der „Regent"
Hitler gar nicht mehr. In der Wirkung auf die Betrogenen jedoch
war er immer noch existent.

Frühjahrsbestellung und das Sortieren der Kartoffeln

Den Umgang mit den Ochsen lernten wir sehr schnell. Das
Ansetzen des Stirnjochs und das Anschirren der Tiere, wie auch
die verständlicherweise andersgeartete Lenkung der schwerfälligen Tiere, begriffen Alfred und ich sehr bald.
Die Wintersaat, ausschließlich Roggen, versprach eine gute Ernte.
Sommergetreide wurde gesät. Mit den Gespannen wurde gepflügt,
geeggt und gedrillt. Auch Dünger wurde gestreut. Mit unsern
beiden Ochsengespannen brachten wir auch einige Fuhren Stall-
dung aufs Feld. Auf dem Dewitzschen Gut muß die Züchtung und
Vermehrung von Kartoffeln der Schwerpunkt landwirtschaftlicher
Absicht gewesen sein. Gewiß 50 und mehr große Kartoffelmieten
waren, wohl geordnet in Reih und Glied, fast endlos im Terrain
der schon erwähnten Feldscheune angelegt. Mit Schildern, die die
jeweilige Sorte auswiesen, waren die Mieten versehen.
Vorwiegend Frauen hatten mit Spaten, Schippe und Forke die
Erde und das Stroh von den Mieten zu entfernen. Dann wurde
geklappert. So bezeichneten uns die Jungen den Vorgang des
Sortierens mittels einer von Hand- und Körperkraft in Bewegung
zu setzende Maschine, die wir nicht kannten.
Die Saatkartoffeln blieben auf dem Feld liegen. Futterkartoffeln
kamen zum Hof und wurden für die noch in der ersten Zeit
vorhandenen Schweine gedämpft. Wir Ochsenkutscher waren für
den Transport der Kartoffeln zuständig. Speisekartoffeln holten
die Russen mit Lkws ab. Es hieß, sie bringen sie in Krankenhäu-
ser, in die Städte und zu ihren Soldatenküchen.

Wir waren überall gern gesehene Bengels

Wir hatten den Auftrag erhalten, alle Familien des Dorfes, vornehmlich jedoch die auf dem Gut arbeitenden zu befragen, wie-

viel Kartoffeln sie benötigten. Lag eine Anforderung vor, so brachten wir den Familien die gewünschte Menge. Dabei lernten wir den Ort und vor allem viele Menschen kennen. Wir Ochsenkutscher waren angesehene Bengels. Das gefiel uns durchaus. Die hiesigen Jungen lehrten uns auch, unseren Blick auf die vielen Mädchen im Dorf auszurichten. Die Art, sich bemerkbar zu machen, war uns so nicht geläufig. Auch das Vorgehen sowjetischen Soldaten gegenüber Frauen bewerteten die Arbeiterjungen anders als wir. Allerdings hatten auch die hiesigen Arbeiterfrauen dazu eine andere Sicht.

Viele sahen manches anders

Offen und von Lachsalven begleitet, erzählten sie von ihren nächtlichen Kontakten zu den Russen. Wir spitzten die Ohren und waren froh, wenn manch eine Darstellung recht real vorgetragen wurde. Scham uns Jungs gegenüber kannten diese Frauen offenbar nicht. Möglicherweise stillte manch eine Kriegerwitwe oder „tapfere kleine Soldatenfrau" ihren Liebeshunger auf diese Art. Selbst in Gemeinschaft taten es einige. Für uns eine unmoralische Entgleisung dieser „Weiber". Den Ausdruck „Weiber" gebrauchten die hiesigen Jungen, wenn es sich um Frauen oder Mädchen drehte.
Inzwischen war eine Einheit polnischer Soldaten ins Dorf gekommen, die auch den Kommandanten stellten. Das Verhältnis sowjetischer und polnischer Soldaten zueinander war in der Phase, als noch Krieg war, durchaus freundschaftlich. Ich kann das aber nur für meinen Erlebnisbereich so beschreiben. Später machten wir auch gegensätzliche Haltungen aus, die Haß vermuten ließen.

Manch eine Sorge mit den Tieren

Während die Arbeit auf den Mietenplätzen unvermindert voranging, war die Aussaat des Sommergetreides abgeschlossen. Mitunter geriet der Fortgang der Feldarbeiten auch ins Stocken, denn die Zahl der Pferde verminderte sich von Woche zu Woche.

Schon zur Zeit, als Kartoffeln gepflanzt wurden, hatten wir Ochsenkutscher Feldarbeiten mit den langsamen und schwerfälligen Tieren zu erledigen. Half lautes Brüllen nicht, wenn die Tiere bei warmem Wetter die kühlen Furchen zur Abkühlung bevorzugten und sich hinlegten, mußte die Peitsche oft arg geschwungen werden.

Es mangelte an vielem, aber wir hungerten nicht

Alles in allem gefiel uns die Tätigkeit auf dem Gut. Von Seiten der Arbeitstechniken, die auszuführen wir beauftragt waren, hatte weder Alfred noch ich Probleme.

Seit wir auf dem Gut arbeiteten, war eine Versorgung der Menschen mit den notwendigsten Nahrungsmitteln gegeben. An jedem Freitag schlachtete jemand ein Rind oder in den ersten Wochen ein Schwein. Entsprechend der Anzahl der Familienmitglieder wurde ein mehr oder weniger großes Stück gegen Angabe des Namens ausgehändigt. Ebenfalls wurde Mehl zum Brotbacken und für andere Erfordernisse ausgegeben. Waren Kinder in den Familien, so gab es jeden zweiten Tag einen Liter Milch. Geld war grundsätzlich nicht in Umlauf.

Beseitigung der ärgsten Kriegsfolgen

Im Ort waren einige Menschen, vorwiegend allerdings Flüchtlinge, bei Aufräumungsarbeiten beschäftigt. Es gab sehr viel zu tun. Zuallererst war eine Panzersperre, nur wenige Meter von unserem Wohnhaus unterhalb der Schulhausruine, abgetragen worden. Eine Vermutung, daß aus dem Grunde das Schulhaus in Flammen geschossen wurde. Andere Kriegsruinen sind mir aus dem Dorf nicht in Erinnerung. Kämpfe hat es jedoch gegeben, denn um den Ort und auch im Dorf waren deutsche Soldaten gefallen. Die erst nach etwa 3 - 4 Wochen dort, wo sie gefunden wurden, auch ihre Grabstätte erhielten.

Sowjetische Soldaten waren gewiß ebenfalls gefallen, allerdings waren die von ihren Einheiten längst beigesetzt worden.

Eine Unmenge kriegerisches Strandgut (Gewehre, MGs, Muniti-
on, Panzerfäuste, Motorräder und sogar kleine Geschütze) lag am
Straßenrand.

Was die Straße so zu bieten hatte

Von den durchziehenden Flüchtlingen, die die Front hier ereilt
haben muß, waren ganze Wagenkolonnen seitlich am Straßenrand
zum Teil noch stehend, zum Teil umgekippt, mit all der Habe,
wegzuräumen. Was wir auch zum Leben brauchten, hier fanden
wir alles wohlfeil.
Wäsche, Betten, geräucherte Schinken und Speckseiten, Einge-
wecktes, Schuhe, reichlich gesponnene und ungesponnene Wolle,
Decken, Geschirr, Eßbestecke und vieles andere mehr. Tote Pferde
lagen am Straßenrand. Und sehr viele Fahrräder, zum großen Teil
voll funktionstüchtig, konnten geborgen werden. Letztere nutzten
die Soldaten, um das Radfahren zu erlernen. Es sah richtig drollig
aus, wie erwachsene junge Männer sich im Halten der Balance
übten.

Erneut Hoffnung, aber die Ernüchterung folgte sogleich.

Zwei Wochen der Gewöhnung an diese Art der Tagesabläufe und
des Kennenlernens des Dorfes mögen vergangen gewesen sein, als
ein für unsere Vorstellungen und Erwartungen ungewöhnliches
Ereignis über uns kam. Mehr oder minder starker Kriegslärm, von
großen Geschützen herrührend, erreichte unser Ohr immer wieder.
Die Hoffnung auf eine Wende der Geschehnisse war noch nicht
aufgegeben. Informationen jeglicher Art fehlten. Daß es sich um
den Kampflärm der eingeschlossenen deutschen Truppen in
Kolberg handelte, ahnte niemand.

Und sie bliesen ihre Märsche.

Wohl am 10. April mag es gewesen sein, da begannen sowjetische
Truppenverbände in nicht enden wollenden Marschkolonnen drei
Tage mit nur geringer Unterbrechung, sich durch den Ort zu

wälzen. Stundenlang zogen berittene Artillerie-Einheiten, mit bestem Kriegsgerät ausgerüstet, die Straße in Richtung Stettin von Danzig kommend entlang. Mitunter hatten ganze Verbände gleiche Pferde. Rappen, Füchse, Schimmel, Braune, wohl genährte Soldaten mit einem auserwählten Kriegsgerät saßen auf den Pferden und Fahrzeugen. Zaum- und Sattelzeug gepflegt, als ginge es zu einer Parade.

Mehrere Einheiten hatten ihre Blasmusiker auf den Pferden zu sitzen, und sie bliesen ihre Märsche, als wären sie zur Siegesparade unterwegs.

Auf uns wirkte das alles unerhört deprimierend. Da war an einen doch noch Sieg wohl nicht mehr zu glauben. Mutter konnte sich angesichts dieser Art von Truppen nicht beruhigen.

Zwei Generale - zwei Welten, und wir sind Zeuge dieses Unterschieds.

Am zweiten dieser Marschtage erschien in den späten Nachmittagsstunden ein Offizier zu Pferde vor unserem ärmlichen Häuschen und verlangte Einlaß in die Wohnung. Er guckte sich aufmerksam im Wohnzimmer und in den Nebenräumen um und sagte dann in recht verständlichem Deutsch: „Heute Nacht hier ein General schlafen. Niemand muß Angst haben, aber Ruhe muß sein. Alle können in der Stube nebenan schlafen." Er zeigte auf den Ohrensessel: „Hier General wird sitzen und gut schlafen."

Mutter und Tante Mietze hatten diese Nachricht entgegengenommen. Wir waren zur Arbeit auf den Feldern. Die Erregung hatte uns alle ergriffen. Was wird uns widerfahren, wenn in der Nacht auch noch gewiß viele andere Soldaten im Ort campieren.

Ja, mit einem General hatten wir schon einmal unsere Erfahrung gemacht. Diesmal aber war es einer des Feindes.

Schnell wurde alles für ein Versteck der Mädchen unternommen. Auch die Sauberkeit wurde im Zimmer beachtet. Mutter rang die Hände und jammerte.

Es muß wohl gegen 19.00 Uhr gewesen sein, als der Offizier vom Nachmittag mit dem General zu Pferde vor dem Haus erschien. Eine große hagere Gestalt, ein Umhang, wie Kosaken ihn ge-

wöhnlich um die Schulter trugen, und eine entsprechend hohe
Pelzmütze über ergrautem Haar, zierte diesen hohen Offizier. Er
würdigte, die wir in angemessener Entfernung seitlich zur Eingangstür standen, uns keines Blickes. Beim Betreten des Hauses
beugte er sich, da er größer als die Flurtür war.

Anschließend verließ er für etwa zwei Stunden noch einmal das
Haus und kehrte erst, als es schon finster war, zum Schlafplatz auf
den Sessel zurück.

In der Nacht hörten wir die schwermütigen Gesänge russischer
Männerstimmen. Wäre die Angst nicht in und um uns gewesen,
hätte es ein seltsames Kulturereignis sein können, das uns darge-
boten wurde. Die Division soll in mehreren Orten genächtigt
haben.

Am nächsten Morgen in aller Frühe hatte er das Haus schon
verlassen, wohl um zu seinen Soldaten zu gehen. Der Offizier,
sicherlich seine Ordonnanz, hinterließ auf dem Tisch etwas Brot
und Speck und ein Päckchen Tee mit der Bemerkung einer Ent-
schuldigung für die Störung.

*So hatten wir uns natürlich einen Bolschewisten nie und nim-
mer vorgestellt.*

Die Begegnung mit diesem General und seinem Betreuer war so
ungewöhnlich für uns, daß oft in späteren Erinnerungsgesprächen
dieses Ereignis als Bewertungsmaßstab zweier sich konträr
gegenüberstehender Welten diente. Betrachtete man die
Vergleichsgrößen miteinander (ich denke dabei an General Wolf
vom Juli 1944 in Grieben), so reifte allmählich in mir die Erkenntnis: Der sowjetische General war in seiner gesamten Entäußerung moralisch dem deutschen General haushoch überlegen.
In den folgenden Tagen wußte man zu berichten, daß dieser
unübersehbare Militärtransport zur Siegesparade nach Berlin
sollte. Mir ist aus der Literatur allerdings nicht bekannt geworden,
daß es in Berlin je eine solche Parade gegeben hat.

Weiße Futterrüben und Sirup

Beim Abdecken der Mieten stießen Frauen auf eine Miete mit weißen Futterrüben. Findige Hausfrauen erkannten die Möglichkeit, daraus Sirup kochen zu können. Haben wir auch nicht hungern müssen, so fehlten Gewürze, Zucker und auch bald Salz. Um den zuckerhaltigen Sirup ging es schließlich hierbei. Mit den Ochsengespannen brachten wir mehrere Fuhren dieser recht süßen Futterrüben zu mehreren Familien. War uns die Sirupkocherei auch unbekannt, Tante Minna hatte sehr bald ausbaldowert, wie das zu tun sei.

Ein Wochenende genügte, und der süße braune Brotaufstrich konnte in große Steintöpfe gefüllt werden. Am glücklichsten war der kleine Manfred, der auf alles Süße bisher hatte verzichten müssen. Sogar Kuchen konnte jetzt als süße Seltenheit gebacken werden. Bittend stand er vor seiner Mutter oder Tante Mietze und sagte: „Mam, Kuggelguggelguk!" Wie strahlten alle, wenn das Sonnenkind mit echtem Behagen seinen Kuggelguggelguk schmatzend aß und bald mehr verlangte.

Kuhtreiber suchten sie

Der April mag seine letzten Tage ins Land geschickt haben, da kamen Soldaten vom Gutshof und suchten junge Leute für den Viehabtrieb. Eine große Rinderherde war aus anderen Dörfern schon einige Tage in Roman. Tante Minna, ihre beiden Töchter Gertrud und Margarete, Schwester Lisbeth, die beiden Musolf-Frauen, Ilse Holweg, ihren Bruder Horst und weitere Frauen und Jungen nahmen sie mit. Alfred und ich lagen mit Mandelentzündung und Fieber im Bett. Der Russe sah unsere geröteten Gesichter und verließ schnell die Schlafkammer, in der wir die Betten hüteten. Hätten sie uns auch mitgenommen, wären Mutter und Tante Mietze mit dem kleinen Manfred fortan ohne Lebensmittelrationen geblieben, denn die Zuteilungen gewährten sie in der geschilderten Phase nur den Familien, die Arbeitskräfte stellten. In den ersten Tagen und nach dem Viehabtrieb kamen in Abständen sowohl die Soldaten als auch immer wieder einige der Angehörigen für ein paar Stunden nach Roman.

Die Herde war vorübergehend in dem Dorf Kölpin, etwa 8 km von Roman entfernt, zur weiteren Auffüllung stationiert. Als sie etwa 250 Tiere beieinander hatten, zogen sie mit der Herde in Richtung Greifenhagen weiter. Von dort war der Abtransport zur Ukraine vorgesehen. Darüber werde ich später noch Informationen einblenden.

Zu unserem Glück kam Tante Minna, da sie die älteste der mitgenommenen Frauen war, nach Roman etwa um den 20. Mai zurück. Fortan hieß es, unsere Mädchen seien verschleppt. Über das Wohin und Wielange hatten wir keinerlei Information erhalten. Die Ungewißheit nagte fürchterlich an der Nervensubstanz vor allem der Mütter.

Nun fehlten weitere drei Angehörige der Doppelfamilie. Was würde das Schicksal noch alles parat haben?

Untermieter kamen zeitweilig in die kleine Wohnung

Die Umstände, wie zwei ältere alleinstehende Frauen zu uns in die kleine Wohnung kamen, sind mir nicht nachvollziehbar. Im Gedächtnis ist haftengeblieben, daß mit ihrer Hilfe sowjetische Soldaten, wenn sie in den Nächten auf Frauenfang aus waren, erfolgreich in die Flucht geschlagen wurden. Das Nachtlager dieser beiden Frauen befand sich im Wohnzimmer unmittelbar unter dem Fenster auf dem Fußboden. Klopften in der Nacht Soldaten ans Fenster, und das geschah doch einige Male, dann setzte eine der Frauen eine mit Spitzen besetzte Nachthaube auf den Kopf, schob die Gardine zur Seite, auf den Knien hockend legte sie den Kopf an die Fensterscheibe und rief mit tiefer kranker Stimme: „Typhus, Typhus, alles krank!" Dann rannten die Häscher augenblicklich davon. Vor Krankheiten hatten sie Respekt, vor der Würde der Frauen in vielen Fällen nicht.

So ist der Krieg, und so folgt ihm der Mensch.

Nach solchen Erfolgen wurde dann schallend gelacht. Einmal so sehr, daß die Soldaten davon noch Kenntnis bekommen hatten.

Sie kamen zurück und verlangten Einlaß. Das Alter der Frauen muß sie aber dann doch überzeugt haben, daß hier eventuell doch Krankheit vorlag.

„Mutter, Mutter, woina kaputt, ja damoi!"

Der 8. Mai 1945 ist ein Dienstag gewesen. In der Zeit verstummten auch die Detonationen, die der Wind gelegentlich von Kolberg zu uns herübertrug.
Es war aber ein Sonntag, von dem jetzt die Rede sein soll. Wir waren nicht zur Arbeit. Herrliches Frühlingswetter an dem Sonntagmorgen, der 13. Mai muß es folglich gewesen sein. Im Gärtchen vor dem Haus, der Zaun war kaputt, blühten die ersten Frühlingsblumen. Und wir, Mutter, Tante Mietze, der kleine Manfred und ich hackten und harkten im Gärtchen und fegten die Straße.
Da hielt von den Militärfahrzeugen, die oft die Straße passierten, ein Jeep. Ihm entstieg ein junger Soldat. Tante Mietze nahm instinktiv den kleinen Jungen auf den Arm, um ins Haus zu gehen. Dazu kam sie jedoch nicht. Der Soldat trat zuerst auf Mutter zu, umarmte sie und sagte: „Mutter, Mutter, woina kaputt, ja damoi." Dann trat er zum Kind, streichelte es und sagte: „Oh malenki, malenki!"
Mutter erschrak fürchterlich, die Worte konnten wir nicht deuten, er ließ aber beide nicht los und drückte abermals Mutter und sprach auch die gleichen Worte. „Geh und hol' Frau Holweg", sagte Mutter zu mir. Diese kam schon, wußte sie doch, daß wir nicht verstanden, was der Soldat da von sich gab. Sie übersetzte dann das Gesagte: „Mutter, Mutter, der Krieg ist zu Ende, ich fahre nach Hause, oh Kleiner, oh Kleiner", habe er gesagt.
Der Soldat drückte auch Frau Holweg. Er war erfreut, daß jemand seine Worte verstand. Inzwischen war auch Frau Musolf vors Haus gekommen. Schließlich begannen die Frauen zu weinen. Der Soldat, gewiß noch nicht älter als 20 Jahre, verabschiedete sich von allen. Er wußte nicht, daß die Frauen nicht aus Dankbarkeit über den nun beendeten Krieg weinten. Ihre Tränen galten

dem verlorenen Krieg. Die Enttäuschung in und um uns war erschütternd.

Nun war jede Hoffnung verloren. Das Schicksal hatte sein bitteres Urteil über uns gefällt. Was soll nun werden?

Trotz alledem, das Leben ging weiter, wenn auch die Hoffnung fehlte

In den darauf folgenden Wochen wurde die Arbeit auf dem Gut entsprechend der anfallenden Aufgaben weitergeführt. Es war ja ein herrlicher Frühling in dem Jahr 1945. Mit unseren Ochsen mußten wir neben einigen Pflegearbeiten bei den Hackfrüchten mindestens jeden zweiten Tag ein großes Faß, gefüllt mit Wasser von der Hofpumpe, zu einer Weidekoppel bringen, auf der einige Kühe und auch Jungrinder grasten.

Solche Touren dienten immer dazu, die Umgebung des Gutes kennenzulernen. Zum Dorf selbst hatten wir, vor allem aber die beiden Romaner Jungen, wenig Kontakt.

Kraniche im Moor

An einem Sonntag, es war gewiß schon der Monat Mai vorbei, stöberten wir mit den hiesigen Jungen durchs Gutsgelände hinter dem Gutspark. In einem moorigen Gelände waren am Horizont große Vögel zu erkennen. Wie uns Gerhard Lutz erklärte, seien es scheue Kraniche. Ein Erlebnis besonderer Art war der Anblick dieser seltenen Vögel.

Wenn im Herbst und im Frühling der große Vogelzug auch über Ostpreußen hinwegzog, hatten wir Kraniche immer mit großer Aufmerksamkeit fliegen sehen. Kündigte ihr Flug und ihre Schreie doch den nahenden Winter oder Frühling an. Nun erlebten wir sie gar an einem ihrer Nistplätze.

Seltenheiten auf der Spur

Am Rand dieses weiten ebenen Areals waren inmitten einer Baumgruppe uns nicht bekannte Bäume aufgefallen. Die Blätter

ähnelten denen der Kastanienbäume. Wir sahen erstmals Walnuß-
bäume und erfuhren, daß dort im Herbst auch Walnüsse zu finden
sein werden.

Anfang Oktober, nach den ersten Nachtfrösten, gingen wir hin,
suchten und fanden auch einige Nüsse. Hatten es aber, nach Tante
Minnas Rat, auf Blätter und Nußschalen abgesehen. In dem Sud
aus Blättern und Schalen wurde Wolle gefärbt. Eine Echtheit in
der Farbe wurde erreicht, die verblüffend ist.

Wolle war in großen Mengen vorhanden. Wir hatten Spinnräder
ausfindig gemacht, so daß Mutter strickfähige Schafwolle in
bester Qualität spinnen konnte. Tante Mietze hatte aus den vielen
Wäschestücken, die wir gefunden hatten, für den kommenden
Winter ausreichend vorgesorgt.

Unsere Neugier führte uns auch ins Gutshaus. Wohl wußten wir,
wann die zur Kommandantur gehörenden Soldaten abwesend
waren. Die Türen verschlossen sie eigentlich nie, und so stöberten
wir, als hätten wir Narrenfreiheit, durch alle Räume. Von seltenem
Wert erschien uns in der Vorhalle des Hauses ein präparierter
Wildschweinkopf. Mit seinen großen Eckzähnen, über dem
weißen Kamin hängend, erregte er unsere besondere Aufmerksamkeit.

Ferner bestiegen wir einen Wasserturm, von dessen Plattform ein
guter Rundblick über den Park und das Gelände dahinter möglich
war. Selbst die Kirche des Dorfes blieb nicht verschont.

Zwar war im Dorf kein Pfarrer, Gottesdienst aber fand in Abständen statt. Ein älterer Lehrer aus der Danziger Gegend hielt die
Sonntagspredigten.

Tante Minna und Mutter gehen nach Dargislaf

In der Hoffnung, in Dargislaf, dort wo wir am 18. März unsere
Pferde und Wagen hatten verlassen müssen, noch etwas Brauchba-
res zu finden, machten sich Tante Minna und Mutter Anfang Juni
auf den Weg in dieses Dorf. Sie fanden den Platz völlig verödet
und bedeckt mit den Resten der längst verstockten und zum Teil
verfaulten Gegenstände aus dem einstigen Besitz. Neben einigen
Handtüchern aus stabilem Leinen mit Mutters eingesticktem

Monogramm fanden sie einige vom Wetter angegriffene Fotografien und Mutters gutes Kochbuch. Dieses Stück ist als eine wertvolle Erinnerung noch in unserem Besitz.

Sommer, Sonne, Badewetter - und am 20. Juni kommt Vater aus der Gefangenschaft

Dem schönen Frühling folgte ein noch schönerer Sommer. Auf den Feldern wuchs die in die Erde gebrachte Saat recht gut. Allerdings waren die mit Sommergetreide und Kartoffeln bestellten Flächen doch sehr gering geblieben. Fehlende Pferdegespanne und Traktoren, und gewiß auch die unzureichende Arbeitsorganisation hatten ihren Anteil daran.

Im Bereich des Gutsgeländes nahe der Straße war ein Teich, der von uns Kindern zum Baden genutzt wurde. Tante Mietze hatte aus Stoffresten jedem eine Badehose genäht, so daß wir den Einheimischen nicht nachstehen brauchten. Badezeit war am Abend angesagt.

So tummelten sich gewiß 20 - 25 Mädchen und Jungen im warmen Teichwasser. Da wurde getaucht, gespritzt, geschwommen und viel Lärm gemacht.

Am Abend des 20. Juni ging es dort ähnlich zu. Plötzlich höre ich laut meinen Namen rufen: „Walter, komm nach Hause, dein Vater ist gekommen!"

Schnell ergreife ich die an den Rand des Teiches abgelegte Hose und das Hemd und laufe die etwa 300 Meter schnell nach Hause.

Vater stand in der Stube. Eine unglaubliche Freude erfaßte mich. Zwar war er mager im Gesicht, der Kopf kahl geschoren, aber Vater war wieder bei uns. Mutters Glück sprach aus ihrem Lächeln. Zur Familie gehörten nun schon wieder drei. Er drückte mich herzlich und musterte mich, ob der Zentimeter, die ich wohl gewachsen sein mag in den drei Monaten der Trennung.

Was mag in diesem Moment der Freude bei uns in Tante Minna und Alfred an Empfindungen abgelaufen sein? Für Onkel Otto

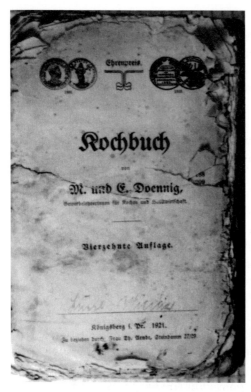

*Mutters Kochbuch war
ein Geschenk zur
Hochzeit 1924 von
Familie Richter aus
Sandau*

war eine Wiederkehr ausgeschlossen, so auch für seine Angehörigen die Freude. Dennoch, Zuversicht war für alle ins Haus gekommen. Vor allem wuchs die Hoffnung, daß unsere drei Mädchen und die anderen zum Viehtrieb Verschleppten vielleicht auch so unverhofft auftauchen mögen.

Vater erzählte:

Viel wußte Vater zu erzählen. Nach der Gefangennahme war er durchsucht worden. So fanden die Suchenden sein EK1 aus dem 1. Weltkrieg, das er bei sich hatte. Sogleich trat die Vermutung auf, er sei ein Offizier. Seine weiteren Papiere ließen dann aber die Identität ins Normale gleiten. Bis nach Schneidemühl wären etwa 6000 Zivilgefangene, darunter auch einige 15-16jährige

Jungen gebracht worden. Stolzenburg, Schiefelbein, Falkenburg und Deutsch-Krone waren die Stationen, bevor Schneidemühl als Lagerort für die Gefangenen erreicht war.

Unter den Mitgenommenen wäre auch unser Nachbar aus Grieben, Herr Beckeschat, gewesen. Während des Marsches wurden die Männer an einen kleinen See zum Waschen und Trinken geführt. Diese Situation nutzte Herr Beckeschat, um den Tod des Ertrinkens für sich zu wählen. Diese Absicht hatte er angedeutet. Jedoch schossen die Wachmannschaften sofort in die Luft, und der Gehpelz, den er trug, ließ den Körper nicht untergehen. So mißlang diese Absicht. Der völlig durchnäßte Körper jedoch ließ die Widerstandskraft dann weiter sinken.

Herr Beckeschat starb an den Folgen der Gefangenschaft, wie weitere 2000 auch. Vater war gesund, und er kannte Bedingungen, die der Krieg den Menschen abverlangte, besser als manch ein anderer.

Von Schikanen seitens der sowjetischen Lagermannschaft berichtete er nicht. Jedoch sei das Essen in den ersten sechs Wochen sehr dürftig und einseitig gewesen. Morgens gab es etwas Brot und Kaffee. Erst zum Abend, wenn sie von der Arbeit kamen, wurde wochenlang Sauerkohlsuppe ausgegeben. Ruhr und Typhus hätten grassiert. Vater sei immer zur Arbeit auf einen Flugplatz mitgegangen. Dort fanden die Gefangenen mitunter manch ein Stück geräucherten Schinken und andere eßbare Ware. Nach Beendigung des Krieges habe die Verpflegung sich durch täglich einen Löffel Zucker und zwei Löffel Öl etwas verbessert. Die Sauerkohlsuppe ersetzten die Köche dann durch Kascha, einem Brei aus Grütze.

Schlimmer als die Russen seien die Gefangenen zum Teil unter sich selbst gewesen. Manch einer habe durch Denunziation eine Anbiederung versucht. Hier hätten die sowjetischen Offiziere oftmals eine gerechtere Haltung bezogen, als zu erwarten war. Anfang Juni wurde begonnen, die Jungen und die über 50jährigen Männer zu entlassen. Bei der Registrierung hatten sie nach russischer Art neben dem eigenen Namen, den ihres Vaters angeben müssen.

Für ihn hörte sich dann der Aufruf seines Namens bei der Entlassung wie folgt an:
„August Wiemer! Vatersname?" Er mußte dann sagen: „Georg!"
Damit war die Aushändigung des Entlassungsscheines, der die Größe eines kleinen Notizbuchblattes hatte, verbunden. Dieses formlose Dokument befindet sich noch in unserem Besitz.
Vater hatte sich bei zwei anderen Männern aus dem Kreis Ebenrode (ein Herr Reuter war dabei), die sogleich den Weg nach Ostpreußen nehmen wollten, mit dem Vorschlag durchgesetzt, zuerst dort hinzugehen, wo sie von den Familien getrennt worden waren.
Unterwegs waren die Heimkehrer in manchen Orten gut versorgt worden. Trugen sie auch keine Uniform, so glaubten ihnen doch die Menschen ihren Status schon allein der geschorenen Köpfe wegen.

Entlassungsschein des A. Wiemer aus dem sowjetischen Zivilgefangenenlagfer in Schneidemühl

Herr Waldow tauchte auf

Fast zeitgleich mit Vaters Rückkehr tauchte Herr Waldow, der
Inhaber der Wohnung, die wir belegt hatten, mit seinem Sohn
Horst auf. Woher Herr Waldow kam, weiß ich nicht. Da die
Wohnung besetzt war, und mehrere Parteien sie nutzten, schlief er
mit uns nun drei Jungen auf dem kleinen Hausboden. Es war
Sommer und folglich warm, so genügten einige Decken und etwas
Stroh für ein Nachtlager. Er arbeitete mit uns einige Wochen auf
dem Gut. Sein Sohn Horst, nicht wesentlich jünger als wir, schloß
sich uns und auch den anderen Jungen aus Roman nicht an. Wir
erfuhren, daß Frau Waldow als Kinderbetreuerin mit Frau von
Dewitz den Fluchtweg über die Oder angetreten hatte. Diese
Aussage bestätigte uns dann unser Gesprächspartner 1990 abermals in der Bahn. Eigenartig kreuzen sich die Begegnungen
mancher Menschen wiederholt.
Noch vor Beginn der Ernte war Herr Waldow dann ganz plötzlich
mit seinem Sohn Horst nicht mehr bei uns. Es hieß, er habe bei
einer Bekannten Aufnahme gefunden.

Erneut einige Sekunden Hoffnung

In den frühen Abendstunden eines warmen Junitages fuhren durch
den Ort in mehreren großen Personenwagen (Cabriolets), deren
Dächer zurückgeklappt waren, höhere deutsche Offiziere in
kompletter Uniform langsam an uns vorbei. Die Insassen winkten
uns ernst zu. Vor Freude sprangen wir und winkten. Der Gedanke
auf einen Sieg Deutschlands in diesem fürchterlichen Krieg war
noch nicht erloschen. Um so ernüchternder nahmen wir am Ende
dieses seltsamen Konvois wieder sowjetische Begleitfahrzeuge
wahr. Hier wurden gewiß hohe Offiziere in die entsprechenden
Kriegsgefangenenlager abtransportiert.

Städlers und Frau Beckeschat waren in der Nähe von Roman

Schon während unseres Aufenthaltes auf dem Hof Nörenberg nach jenem 20. März hatten wir in Erfahrung gebracht, daß im nahegelegenen Petersfelde oder Peterswalde Frau Städler und ihre Tochter Erna, unsere nächsten Nachbarn aus Grieben, Unterkunft gefunden hatten. Noch vor Vaters Rückkehr, so um den 20. Mai, waren Mutter und ich an einem Sonntag nach Petersfelde gegangen.

Dort fanden wir - oh welch ein Elend - beide Städler-Frauen in Gemeinschaft mit der erkrankten Frau Beckeschat, die ihre Hausangestellte, Fräulein Lisbeth Schweiger, als Pflegerin bei sich hatte, in einer Bucht im Schweinestall des dortigen Gutes.

Jetzt, da Vater nun über das Schicksal des Nachbarn Auskunft geben konnte, gingen beide Eltern wohl schon nach wenigen Tagen der Ruhe für Vater zu den Resten dieser beiden Familien.

Es mag seit unserem ersten Besuch eine Spanne von sechs Wochen vergangen gewesen sein. Inzwischen war der Schweinestall als Liegeplatz aufgegeben. Jedoch Frau Beckeschat lag völlig entkräftet nach überstandenem Typhus im Bett.

Die Eltern entschlossen sich, wenn Tante Minna und ihre Angehörigen ihr Einverständnis geben, Frau Beckeschat zur Pflege vorübergehend zu uns zu holen.

Wie vorgedacht, konnte mit einem Pferdewagen, den das Gut auslieh, Frau Beckeschat zu uns nach Roman geholt werden. War die kleine Wohnung auch überbelegt, die Absicht, Hilfe zu gewähren, konnte verwirklicht werden. Für Roman traf auch zu, daß der hiesige Arzt, Dr. Reiferscheid, im Ort bei seinen Patienten geblieben war. So jedenfalls wußte er seinen Verbleib, trotz Fluchtmöglichkeit für ihn, zu deuten. Und er konnte mit Ratschlägen Hilfe gewähren. Eßbares war bei uns vorhanden. So genas Frau Beckeschat. Nach vier oder fünf Wochen konnte sie wieder ins alte Quartier zurück. Und durch Vaters Vermittlung fanden sich schließlich nach zwei weiteren Jahren Mutter und Sohn, Reinhold Beckeschat, wieder.

Für uns war das eine innere Genugtuung. Mit Reinhold Beckeschat verbindet uns auch gegenwärtig noch ein nachbarliches Verhältnis. Das kann man getrost als Reichtum im Leben bezeichnen.

„Republikflucht" ins „Wirtschaftswunderland" und die Motive dafür

Wieviel Egoismus und Gewissenlosigkeit muß doch in den Ärzten und Lehrern Platz gehabt haben, die der DDR und somit ihren Patienten und Schülern den Rücken kehrten, nur um im „Wirtschaftswunderland" BRD ihre Wunder (Vorteile) zu erheischen. Andere Motive sind mir von „Republikflüchtigen" nie bekannt geworden. Es sei denn, sie hatten auf krimineller Ebene ihren Konflikt mit den Gesetzen der DDR. Die Buhlerei ums „Goldene Kalb" hat gewiß auch für Menschen anderer Berufsgruppen die ausschlaggebende Rolle für den Schritt dargestellt. Für solche Menschen hatte und habe ich nur Verachtung übrig. Dr. Reiferscheid war hinsichtlich der Berufsehre und allgemeiner Moral des Menschen ein guter Ratgeber.

Nach nur einer Woche wurde Vater mit einer äußerst komplizierten Aufgabe betraut

Schon um den 1. Juli, Vater hatte auf dem Gut Arbeit zugewiesen bekommen, erschien eines Abends Herr Wilke (Bürgermeister) mit einem einheimischen Bewohner, einem Herrn Plate, bei uns. Dieser eröffnete den beiden Männern, daß der Kommandant die Forderung erhoben hatte, die Umgebung des Dorfes, einschließlich der Waldstücke, nach Kriegsleichen zu durchforsten und evtl. Leichname an Ort und Stelle zu beerdigen. Wahrscheinlich waren die Russen bei ihren Jagdausflügen auf derartige Funde gestoßen, denn zwei solche Stellen konnten den Männern benannt werden. Die beiden machten sich flüchtig bekannt. Herr Plate war ja ortskundig, so daß schon für den nächsten Tag die Route des Weges abgesteckt werden konnte.
Galt der erste Tag der Suche nach den angedeuteten Plätzen, so fanden sie auch noch weitere Stellen mit schon fast verwesten Leichen.

Mit Spaten, Schippen, Dunghaken und Tüchern als Mund-und
Nasenschutz ausgerüstet, gingen nun die beiden „Totengräber"
wohl länger als drei Wochen zur ungewöhnlichen Arbeit ins
Umfeld des Ortes.

Gefallene Soldaten und erhängte Zivilisten

Acht Soldaten, darunter ein Offizier, und drei Zivilisten waren das
Ergebnis der Suche. Die Leichen der Soldaten fanden sie an
verschiedenen Stellen an etwa ein bis zwei km vom Dorf entfernten Waldrändern. Kriegsgerät lag in der Nähe. Aus den Uniformen
konnten einige Papiere gesichert werden, die jedoch bis auf einen
Fall durch das Wetter unbrauchbar geworden waren. Erkennungs-
marken konnten alle sichergestellt werden.
Diese nahm Vater an sich und hat sie schließlich im Frühjahr 1946
in Berlin beim Roten Kreuz abgegeben. Es darf die Hoffnung
ausgesprochen werden, daß damit verantwortungsbewußt umgegangen wurde.

In einem Waldstück, in der Nähe der schon mehrfach erwähnten
Feldscheune, fanden sie drei Leichname. Von einem hing nur noch
der Kopf in der Schlinge, der Leib war bereits abgefallen. Ein
Abschiedsbrief konnte in der Brieftasche des Mannes gefunden
werden. Herr Plate kannte die Familie. Hier hatten Menschen aus
ihrer Verbundenheit zum 3. Reich kein Hehl gemacht.
Alle Leichen beerdigten die Männer, wie empfohlen, am Ort des
Todes. Handtücher vor Mund und Nase und der Dunghaken waren
die wichtigsten Behelfswerkzeuge bei dem ungewöhnlichen
Unterfangen.
Vaters gemeinsame Aufgabe mit Herrn Plate sollte für mich noch
durchaus angenehme und interessante Folgen zeitigen.

Einige Bemerkungen zu Roman

Die wirtschaftliche Struktur des Dorfes ist mit großer Wahrscheinlichkeit durch das Gut der Familie von Dewitz wesentlich geprägt
worden.

Ich möchte an dieser Stelle einflechten, daß Ernst Engelberg im 1. Band der 1988 erschienenen Bismarck - Biographie mehrmals die Familie von Dewitz erwähnt.

Dennoch lagen im Ort und in der Gemarkung eine beachtliche Anzahl mittlerer und kleinerer Bauernhöfe. Schon im April waren zur Zeit der Frühjahrsbestellung immer wieder Pferdegespanne und auch schon Kuhgespanne auf den Feldern zu sehen. Manche Gehöfte waren aber auch von Flüchtlingsfamilien besetzt, die dort regelrecht wirtschafteten.

Der obere Teil des Dorfes in Richtung Köslin erhielt sein Gepräge durch den Bahnhof und den dazugehörenden Lager- und Speichergebäuden. Ein großer Getreidespeicher war voller Brotgetreide. Von dort fuhren die Russen mit ihren LKWs über mehrere Wochen Getreide zu Mühlen und sicherlich auch zum Abtransport in die Sowjetunion. Auf dem Bahnhof selbst wurde nicht verladen, da es sich um eine Kleinbahnstrecke handelte, die zu keinem Zeitpunkt unseres Romanaufenthaltes in Betrieb war.

Zwar gab es einige kleine Geschäfte bzw. Gaststätten, aber keinerlei Geschäftsleben florierte. Wie schon erwähnt, Geld war nicht in Umlauf.

Bis in den August 1945 hinein dominierten sowjetische Kommandanturen, wenngleich kurzfristig auch polnische Soldaten diese Aufgabe wahrnahmen. Das änderte sich schon Mitte August. Die Dominanz des Bürgermeisters Wilke verlor für den Bereich außerhalb des Gutes an Bedeutung.

Dort hatten Zivilpolen kurzerhand Gehöfte und Geschäfte in ihren Besitz genommen. Die Zusammenhänge blieben uns damals völlig fremd. Die Abkommen von Teheran, Jalta oder gar Potsdam kannten wir weder von ihrer Existenz noch vom Inhalt.

Zu keiner Zeit unseres Roman-Aufenthaltes war die Stromversorgung gewährleistet. Die Abende im Herbst waren fürchterlich lang und dunkel. Harzhaltiges Holz wurde zu Kienspanstücken zerteilt, in Blechbehälter gelegt und abgebrannt. Sehr schnell verrußten die Räume durch die starke Rauchentwicklung des kienhaltigen Holzes. Da es keine Streichhölzer gab, wurde Jagd auf Feuerzeuge gemacht. Etwas Benzin war von den Soldaten gelegentlich zu bekommen.

Im nahegelegenen Schulstall, der nicht abgebrannt war, fanden wir eine beachtliche Menge Briketts. Diese hatten wir in unseren Besitz gebracht (hört sich besser an als gestohlen). Damit konnte das Feuer im Küchenherd auch über Nacht durch Bewerfen der Glut mit Asche erhalten werden.

Holzvorrat für den Winter war relativ leicht zu beschaffen. Der Umgang mit Säge und Axt gehörte zur Alltäglichkeit, und trockene Bäume wie auch andere Holzreste lagen im Dorf in allen Winkeln umher. Für den Transport dieser Vorräte dienten Handwagen.

Komplizierter und sorgenvoller war es mit fehlendem Salz. Hier half das rötliche Viehsalz, von dem im Gutsstall ein beachtlicher Haufen gefunden wurde. Aber die vielen anderen Familien bedienten sich zur Deckung ihres Bedarfs auch davon. Schließlich griffen dann die „zu spät Gekommenen" schon zum Kalisalz im großen Düngerschuppen.

Fanden wir in den ersten Wochen noch geringe Reste an Waschpulver, so mußte später zur Asche aus verbranntem Holz gegriffen werden. Die Wäsche hatte danach ihre entsprechende Note.

Mutter kräftigte sich wieder

Mutters Gesundheitszustand war für mich äußerst bedenklich geworden. Gewiß, ich erhielt den erforderlichen Anteil uns zustehender Wochenrationen auf dem Gut ohne Schwierigkeiten ausgehändigt.

Die fürsorgliche Unterstützung durch die Sandauer war ohne Frage gesichert, jedoch für mich wäre der Verlust der Mutter unvorstellbar auch mit seinen Folgen gewesen.

Noch vor Vaters Rückkehr konnten Alfred und ich an einem Sonntag hinter der Kleinbahnlinie ein Schwein von etwa 75 kg einfangen und umgehend, ohne bemerkt zu werden, schlachten. Das Fleisch vom frischgeschlachteten Schwein, vor allem das Schmalz davon, leitete plötzlich Mutters Gesundung von Darm und Magen ein. Dr. Reiferscheids Diagnose: „Deiner Mutter hilft jeden Tag ein Löffel Schweineschmalz am ehesten", traf zu.

So verknüpfen sich manchmal Erfordernisse mit gelegentlichen

Möglichkeiten in wunderbarster Weise. Derartiges darf man dann wohl als Zufall bezeichnen.

Ein paar Zeilen zu meinem Cousin Alfred

Immer wieder dürfte dem Leser auffallen, daß in den Abläufen mein Cousin Alfred oft als Handelnder, jedoch niemals als erzählende Person in der Fülle der Abläufe auftritt. Alfred hat es mit der Sprache immer bitter schwer gehabt. Er ist, wie sein Vater, Stotterer.

Dieses Hemmnis hat ihn bis ins Alter nicht verlassen. Im praktischen Bereich jeglicher Erfordernisse hat er in allen Situationen, auch schon als Kind (und wir waren ja damals noch Kinder), mir als Vorbild gegolten. An jedem auszuheckenden Blödsinn war er oft jedoch führend beteiligt. Das hat den Zusammenhalt bis in die Gegenwart festgeschweißt.

Das Leben, der Krieg, hat gerade dieser Familie am bittersten mitgespielt. Davon wird noch zu erzählen sein.

Vom Ochsenkutscher zum gewöhnlichen Knecht - oder gar „Fremdarbeiter"

Es mag Anfang August gewesen sein. Herr Wilke erschien an einem Abend vor unserem Häuschen und teilte meinen Eltern mit, daß der Sohn sich am folgenden Tag bei einem Zivilpolen, der sich das Erdmannsche Grundstück, am Weg nach Petersfelde gelegen, schon angeeignet hatte, als Helfer melden solle. Diese nun folgenden 3 1/2 Monate bargen für mich erneut durchaus interessante Erlebnisse und Erfahrungen in sich.

Am folgenden Morgen begab ich mich, mit den vielfältigsten Hinweisen seitens der Eltern und Verwandten ausgerüstet, zur Arbeit als Knecht zu einem Polen. Die Verhältnisse waren gründlich umgekrempelt und ins Gegenteil gelenkt worden. Die Zeit hatte die Rollen der Handelnden geradezu vertauscht.

Ein etwa 23jähriger Pole hatte sich das Grundstück der Familie Erdmann angeeignet. Sein Vorname war Stefan, der Nachname ist mir entfallen. Er war als 19jähriger ins Nachbardorf aus der

Gegend um Bromberg mit anderen ins „Reich" verschleppt worden. Sein Bruder Stanislaus, einige Jahre älter, hatte sich zum Besitzer des Grundstücks der Familie Plate erklärt. Dazu gehörten neben 15 ha Land noch eine Fleischerei und eine Gaststätte. Dieser Stanislaus war von den Polen zum Amtsvorsteher ernannt. Von Beruf war er Fleischer und hatte in den Kriegsjahren bei Plate im Schlachthaus und auf den Feldern gearbeitet. Hier war die Umkehrung perfekt in Szene gesetzt worden. Ich füge ein, daß Herr Plate durch den Stanislaus keinerlei Schikanen ausgesetzt war. Die Umkehrung der Verhältnisse wirkte für sich.

Ein weiterer Pole, Schuhmacher von Beruf, war als Bürgermeister eingesetzt. Er hatte ein häßlich pockennarbiges Gesicht, daher nur der „Pockennarbige" genannt und war brutal gegen alle Deutschen. Er hatte sich vorgenommen, seinen ehemaligen „Herrn", den Schuhmachermeister aus Roman zu finden, um ihn aufzuhängen. Mehr Schläge als Brot soll er zugeteilt bekommen haben, wußte Herr Plate zu erzählen.

Weitere Polen, sowohl als Fremdarbeiter dort vorher tätig, als auch andere, waren im Dorf ansässig geworden.

Die Teilung zwischen Gut und Dorf war wieder, wie es vorher auch gewesen sein soll, zurückgekehrt. Wägt man die Vorgänge und Fakten, wie sie sich als Nachkriegssituation dem Betrachter offenbaren, ab, so mußten die Eingriffe, die von dem zur Macht gekommenen polnischen Bürgermeister zu erwarten waren, schmerzlich ausfallen. In der Tat war es so.

Wöchentlich einmal zogen vornehmlich diese drei Polen, vom „Pockennarbigen" angeführt, zu regelrechten Plünderungs-ausfahrten in die umliegenden Dörfer. In solchen Fällen halfen nur sowjetische Soldaten, Schlimmes für die Deutschen zu verhindern. Im Dorf selbst war ihr Auftreten nicht unbedingt anstößig, da auf dem Gut immer wieder gelegentlich Russen einkehrten.

Bei der Arbeit mit dem Ehepaar Helwig

Auf dem benannten Grundstück war bereits seit Ende März das Ehepaar Helwig ansässig geworden. Bis zur Rückkehr nach

Ostpreußen wollte es dort bleiben und Frau Erdmann unterstützen. Helwigs stammten aus der Elchniederung im Memel-Gilgegebiet. Es waren gute Menschen, zu denen ich schnell Vertrauen gewann. Mit dem Stefan, dem neuen Besitzer, hatten wir sehr wenig zu tun. Der ließ Herrn Helwig in der Wirtschaftsführung gewähren. Noch war die Getreideernte, als ich dort hinkam, nicht beendet.

Mit zwei guten Pferden, die Stefan in seinen Besitz gebracht hatte, machte die Arbeit wieder mehr Spaß als mit den Ochsen. Neben den letzten Getreidefuhren, die in die Scheune kamen, wurde sogleich mit der Schälfurche begonnen. Diese Arbeiten hatte ich schon als 11jähriger Junge in Grieben zu tätigen gehabt. Frau Helwig kochte ähnlich, wie ich das von Mutters Kochkunst gewohnt war. An Fleisch mangelte es nicht, denn aus der Fleischerei seines Bruders brachte der Stefan gewöhnlich zweimal in der Woche eine Schüssel Kleinfleisch. Mitunter sagte er zu mir: „Nimmst für deine Eltern auch ein Stück mit."

Frau Erdmann, die bisherige Besitzerin, hatte zuweilen auch Anteil an den Fleischrationen. Eine Enteignung, die rechtlich sanktioniert gewesen wäre, hatte es nicht gegeben. Hier herrschte das Faustrecht oder das Gesetz der Rache. Gewiß hatten die Polen von den Ergebnissen der Potsdamer Konferenz Kenntnis. Sie empfingen Rundfunksendungen und lasen zuweilen auch Zeitungen.

Erste Anzeichen einer Verwaltung

Vom September 1945 datiert ein Registrierschein mit den Angaben aller Personendaten unserer Familie. Die Schreibarbeiten tätigte die Ehefrau des Stanislaus. Sie fungierte auch als Verkäuferin im Fleischerladen, wenn Polen dort erschienen. Ob die dann mit Geld bezahlten, weiß ich nicht.

Diese Polin, eine hübsche adrette Frau, ging durchs Dorf auch zu den deutschen Familien und forderte diese auf, am Sonnabend die Straße zu fegen. Sie sagte dann: „Fegen sie bitte immer pünktlich die Straße, denn in Polen herrscht „Hordnung!"

Den sprichwörtlichen polnischen Nationalstolz kehrten viele
Polen durchaus sinnvoll und auch ohne Arroganz und Haß heraus.
Entgegengesetzte Beispiele hatte ich schon erwähnt.

Einige Episoden aus dem Arbeitsalltag

Nach Beendigung der Kartoffelernte wurde Dung für die Wintersaat aufs Feld gefahren.
Hierbei taten die beiden Brüder sowohl ihre Pferde als auch die
Arbeitskräfte, über die sie geboten, zusammen. Herr Plate, Knecht
auf seinem eigenen Hof, lud aus der Mistgrube den Dung auf
Wagen. Ich kutschierte mit den Pferden die Fracht zum Feld. Dort
war ein Herr Frenkel, ein Flüchtling aus Westpreußen. Er hakte
den Dung vom Wagen und streute ihn aus. Als ich an einem der
Tage mit dem leeren Wagen zum Hof des Stanislaus kam, um den
vollen Wagen wieder zum Feld zu bringen, war Herr Plate sehr
nervös. Er sagte: „Walter, schau doch mal nach, ob die Polen alle
vom Hof sind." Seine Vermutung bestätigte sich durch meinen
Kontrollgang durchs Haus. Er ging in eine Ecke der betonierten
Dunggrube, entfernte eine Menge trockenes Stroh aus einer Ecke
und zog ein langes Bündel hervor, mit dem er zur Scheune eilte
und mich zu sich winkte. Säcke und eine Zeltbahn entfernte er
vom Bündel und hatte vor sich drei große Fahnen mit den dazugehörenden geteilten Trägerstangen.
Es war eine Fahne des Kriegervereins, eine solche kannte ich.
Ferner eine Reichskriegsflagge, die war mir nicht bekannt, aber
auf Bildern hatte ich sie gesehen. Schließlich lag da noch eine
Fahne mit einem großen Stahlhelm als Fahnenemblem auf der
Scheunentenne.

Von einer Elitetruppe und einer Zuhälterserenade war die Rede

Gerhard Lutz hatte von einer solchen Organisation in Roman zu
erzählen gewußt, Inhalte jedoch konnte er nicht nennen.
Diese Fahne nahm Herr Plate liebevoll in die Hand und erklärte:
„Der Stahlhelm, Walter, ist eine Elitetruppe in Deutschland

gewesen. Wären wir an die Macht gekommen, dann hätte es den Hitler mit seinem Krieg nicht gegeben, und dieses ganze Elend jetzt wäre uns erspart geblieben. Na, und der Horst Wessel, dieser Zuhälter mit seiner Zuhälterserenade, wäre nicht zum Zuge gekommen. Was meinst du wohl, wie es in Deutschland hätte aussehen können, wenn es diese Bande nicht gegeben hätte." Eine solche politische Interpretation war mir bis dahin verschlossen geblieben. In aufgewühlter innerer Erregung vertraute er mir seinen Standpunkt an, dem ich absolut nicht folgen konnte. Weder wußte ich was eine Serenade, noch was ein Zuhälter ist. Von Horst Wessel hatten wir in der Schule Lebensdaten und das „Horst-Wessel-Lied" zu lernen gehabt. Dessen erste Strophe wurde dem Deutschlandlied, dann mit erhobenem Arm, singend nachgestellt. Sorgfältig wickelten wir diese „Kostbarkeiten" wieder ein, die er dann irgendwo versteckte. Für mich waren Gespräche mit Herrn Plate sehr lehrreich und interessant, wenngleich ich manches noch nicht verstand. Wem solche Sichten völlig verschlossen bleiben,

Registrierschein der Familie Wiemer aus den Augusttagen 1945 in Roman

der ist ärmer. Geschichtliche Ereignisse waren mir nicht fremd, da konnte ich die Unterhaltung oft positiv mitgestalten. Vertrauen brachte er mir entgegen, denn die gemeinsamen Wochen mit Vater als „Totengräber" erwähnte er gerne.

Mir ist in all den vielen Gesprächen, die wir miteinander bei vielfältigen Gelegenheiten führten, niemals aufgefallen, daß er zu den Polen Haß empfand. Seine Nüchternheit beim Betrachten der eigenen Situation lernte ich schätzen.

Was Herr Frenkel zu bieten hatte

Dieser Mann konnte mit seinen Kräften unerhört viel bewegen. Waren gemeinsam Vorhaben auf den Höfen zu lösen, nahm er mir schwere Arbeiten immer ab. Er sprach das westpreußische Platt, das ich gut verstand. Seine Redensarten bewegten sich immer zwischen Frauen und ihrer Unterwäsche. Soviel Frivolität aus dem Munde eines Mannes ist mir nie wieder begegnet. Auch vor mir als Kind hielt er sich nicht zurück.

Praktische Dinge des Lebens beherrschte er. So konnte er mit Hilfe von etwas Lumpenasche, einem Feuerstein und einem Stückchen Flachstahl mit sicherer Hand den Tabak in seiner Pfeife zum Glühen bringen. „Dumm kann man sein. Wichtig ist, daß man sich zu helfen weiß", eine oft von ihm geäußerte Sicht auf sich selbst.

Erste Ahnungen griffen um sich, und Vorkehrungen wurden getroffen

Erste Ausweisungen aus Hinterpommern muß es bereits Anfang September gegeben haben. Gruppen von Menschen mit voll bepackten Handwagen und anderen zweirädrigen Ziehkarren zogen gelegentlich durchs Dorf und erzählten von Ausweisungsbefehlen, die sie erhalten hatten. Allerdings waren auch schon vorher einzelne Familien durchs Dorf gezogen, die über die Oder wollten. Diese hatten sich aus eigenem Entschluß auf den Weg gemacht. Wir warteten ja schließlich immer noch auf unsere

Mädchen und hegten derartige Absichten nicht.

Vom Bürgermeister Wilke waren alle angehalten worden, Handwagen oder Karren für den Fall der Ausweisung sich zu besorgen. Vater und auch Alfred fertigten an den Wochenenden für uns und auch für die Sandauer je einen zweirädrigen Karren in der Stellmacherwerkstatt an.

„Mach die Augen zu und trink!"

In den Vormittagsstunden des 1. November rief Herr Helwig mich ins Haus. Im Zimmer, das der Stefan für sich hergerichtet hatte, saß er am Tisch und sagte: „Setz dich Walter!" Auf dem Tisch waren eine Flasche mit einer klaren Flüssigkeit, drei Weingläser, ein Teller mit einigen Scheiben Brot und eine Karaffe mit Wasser. „Heute ist in Polen ein Feiertag, es ist Allerheiligen, da trinken wir einen Schnaps", sagte er und goß aus der Flasche Flüssigkeit in die Weingläser. Es wurde angestoßen und getrunken. Beim ersten Schluck glaubte ich, es brennt lichterloh im Hals, und ich setzte das Glas ab. Der Stephan lachte und sagte: „Mach die Augen zu und trink!" Das muß 80%iger Sprit aus einer Brennerei gewesen sein, den er eingegossen hatte. Mit etwas Brot und Wasser dazu leerte ich mein Glas, und ich hatte mein erstes Beträknis mir von dem Polen zufügen lassen müssen.

„Wenn ich Serum hätte,..."

Wir hatten erfahren, daß in anderen Orten Menschen an Typhus, Ruhr und anderen Krankheiten gestorben waren.

Anfang November wurde der kleine Manfred von Fieber und Atemnot erfaßt. Die Erwachsenen befürchteten das Schlimmste, was schließlich auch eintrat. Jemand bat den Arzt um einen Hausbesuch. Dr. Reiferscheid kam sogleich. Seine Diagnose: Diphtherie!

Hilflos stand er im Zimmer neben Tante Minna und sagte wörtlich: „Liebe Frau, wenn ich Serum hätte, aber weder ich noch die Kommandantur kann es beschaffen, wir könnten den Jungen retten. Wenn ich die Luftröhre öffnen könnte, gäbe es auch vielleicht eine Chance. Aber dazu fehlen mir die Instrumente. Wenn nicht ein Wunder geschieht, werden wir zusehen müssen, wie der Junge erstickt."

In der Tat, Manfred rang nach Luft, und er erstickte regelrecht in den Armen seiner Mutter, während wir alle hilflos und jammernd, die Mütter und Tante Mietze betend, um ihn herumstanden, am Mittwoch, dem 7. November 1945 in Roman.

Alfred fertigte in der Stellmacherwerkstatt des Gutes seinem kleinen Bruder, der am 26. Dezember drei Jahre alt geworden wäre, einen kleinen Sarg.

Wenige Tage danach trugen wir beide den Sarg zum Friedhof, gefolgt von allen Angehörigen und Nachbarn. Die ergreifende Trauerrede hielt ein Lehrer, der sich dieser schweren Aufgabe für seine Mitbewohner des Dorfes zugewandt hatte. Auch ein schlichtes Holzkreuz hatte Alfred gemacht. Nun war auf dem Friedhof in Roman, in der Nähe der Hecke rechts vom Eingangstor, ein Grab mit einem weiteren Opfer des Krieges, das Tante Minna und ihrer Familie abgefordert worden war, fern der Heimat angelegt.

Die Ausweisung erfolgt

Der Verlust des kleinen Jungen war schwer zu ertragen. Wie ein Sonnenstrahl erhellte er mit seiner Unbeschwertheit die finsteren Tage für uns alle.

Es könnte der 23. November 1945 gewesen sein. Völlig normal, wie an den anderen Tagen, war jeder zu seiner Arbeit gegangen. Vater und Alfred zum Gut, ich zum Polen. Was vorgefallen war, wußte so richtig niemand. So gegen 10.00 Uhr kam Vater ganz erregt zum Erdmannschen Grundstück und sagte: „Walter, du mußt nach Hause kommen, um 12.00 Uhr müssen wir das Dorf verlassen haben." Was blieb da zu tun?

Es hätte schlimmstenfalls passieren können, daß der Stefan mich nicht hätte mit den Eltern mitgelassen. Herr Helwig wußte da die Lösung. „Geh du nur mit, ich sage dem Stefan, daß deine Mutter sehr erkrankt ist, und du bist mal nach Hause gegangen, wenn er fragen sollte." Diese Täuschung ging auf.

Vater und Mutter hatten indessen die wichtigsten Sachen gepackt und auf dem zweirädrigen Karren verstaut. Wir verabschiedeten uns von den Verwandten, mit denen wir fünfzehn schwere Monate gemeinsam den Weg der Flucht und alle damit verbundenen Sorgen und Aufgaben des Lebens irgendwie doch gelöst hatten. Für eine weitere Strecke der Flucht, die uns nun abermals ins Ungewisse trieb, gab es weder ein Rezept noch eine vage Hoffnung.

Mutter setzten wir auf das Gefährt neben einer Reihe von Gepäckstücken. Vater und ich legten die Ziehgurte um die Schultern und zogen nun, wie die „Courage" aus Brechts Stück, das er dem einfachen Volk des 30 - jährigen Krieges gewidmet hatte, in Richtung Oder. Dem vierten Abschnitt des Fluchtweges von Ostpreußen folgte nun ein fünfter.

Als Hoffnung für ein Wiedersehen blieb die gemeinsame Kenntnis der Adressen von Reuters im Erzgebirge und Tante Elli, einer Schwägerin von Tante Ida Gruber, die in den Kriegsjahren mehrere Male zum „Speckurlaub" nach Grieben gekommen war, aus Berlin.

Teil 6

Auf der Landstraße in Richtung Lewezow bei Treptow an der Rega

Die Tage in der dritten Novemberdekade brachten nebliges, aber trockenes Wetter. Die ebene Landschaft dieser Gegend ließ uns den recht schweren zweirädrigen Karren zügig die Schotterstraße entlangziehen. War eine kleine Anhöhe zu bewältigen, stieg Mutter vom Gefährt, und wir zogen unsere Fracht ruhig einem ungewissen Ziel entgegen.

Zu der Zeit war Mutter noch im Besitz ihres Pelzes. In der guten Handtasche, die schon mit Stoffresten umnäht war, hütete sie den wertvollsten Schatz: Einige Dutzend Fotografien, Briefe, Sparkassenbücher, Versicherungsunterlagen, das Kochbuch und etwas Geld.

Vater hatte seinen Turgust- Pelz (Marktpelz) schon nach der Gefangennahme verloren. Seinen guten Pelz hatte er unterwegs im Westpreußischen einem Bekannten (Herrn Achenbach aus Dräwen, von dem er das wertvolle Stück in den fünfziger Jahren zurückerhielt), dem der Pelz vom Flüchtlingswagen gestohlen war, geliehen.

In den Abendstunden fanden wir in Lewezow in der Nähe von Treptow an der Rega bei Familie Mikoleit, einer ehemaligen Nachbarsfamilie aus Dräwen, Unterkunft. Diese Begegnung ergab sich ganz zufällig, als wir in dem Ort Umschau nach einer Bleibe für die Nacht hielten. Etwa achtzehn km hatten wir an diesem Tag in knapp fünf Stunden zurückgelegt.

Dieses Zusammentreffen bewirkte, daß am nächsten Tag nicht weitergefahren wurde. Platz war bei Mikoleits ausreichend vorhanden. In dieser Gegend, in der unmittelbaren Nähe von Treptow, war schon durch die Polen Geld in Umlauf gebracht. Die ersten Geschäfte und Handwerksbetriebe hatten das Leben zurückerlangt. Unter dem Eindruck dieser Gegebenheit wurde beraten und festgelegt, daß vor einer Weiterfahrt alle überflüssigen Stücke, die wir mehr als 25 kg Gepäck pro Person bei uns hatten, an einem Markttag in Treptow verkauft werden sollten.

Eine Woche Aufenthalt ergab diese Absicht.

Auf den Feldern in der Nähe des Dorfes wären noch Kartoffeln zu finden. So machte ich mich mit einem Korb und einem Kartoffel-kratzer auf den Weg zum Feld und kratzte etwa sechs Körbe Kartoffeln aus dem nassen Erdreich. Falls unser Aufenthalt sich noch verlängern sollte, wären ausreichend Kartoffeln vorhanden gewesen.

„Liske, wo Jelt wehr, kömmt uk wedder!" (Lieschen, wo Geld war, kommt es auch wieder hin.)

Vater und sein ehemaliger Nachbar, Franz Mikoleit (aus der Zeit noch vor dem ersten Weltkrieg bis 1931), machten sich an einem Tag mit allerhand ausgesuchten Kleidungsstücken auf den Weg zum Markt nach Treptow. Dort wollte Vater sich nach Möglichkei-ten einer Eisenbahnverbindung nach Stettin erkundigen.

Beides erwies sich als gelungen. Alle Gegenstände konnten die Männer dort für Zloty verkaufen. Eine wertmäßige Angabe konnte niemand machen. Ich erinnere mich, daß es nach Monaten wieder einige Scheiben Weißbrot gab, die vorzüglich schmeckten.

Franz Mikoleit betrat die Küche, in der seine Frau und wir uns aufhielten. Er schlug mit einer Hand auf die Hosentasche, die wohl das Portemonnaie beherbergte und sagte ganz stolz zu Mutter gewandt: „Liske, wo Jelt wehr, kömmt uk wedder!"

Diese Episode, später oft belacht, weil belachenswert, nach Mutters Glosse zum Geiz dieses Mannes, gehörte zu den Stan-dard-Story der Fluchtgespräche. 30 000 Zloty hatten dem guten Mann den Kopf verdreht.

„Ei, seh mol an, schmeckt nich e mol schlecht!" (Sieh mal an, schmeckt nicht einmal schlecht.)

Auch hier in Lewezow hungerten die Menschen zu der Zeit noch nicht. Kartoffeln und etwas Brot war in allen Familien vorhanden. Einmal kochte Mutter aus Roggenschrotmehl einen Brei, dem Grießbrei ähnlich, den aßen wir gemeinsam mit beiden Mikoleits. Mit etwas Sirup auf dem Brei verteilt, schmeckte dieser „Küchenzauber" in der Zeit der Not wie Milchreis mit Zucker.

Herr Mikoleit bewertete diese Kost mit der Bemerkung: „Ei, seh mol an, schmeckt nich e mol schlecht!" Mutter hatte dazu, wenn später darüber erzählt wurde, ihre Bemerkung parat: „Zur eigenen Hochzeit hatte der Geiz ihn daran gehindert, zu vorgerückter Stunde (Morgenstunde) etwas Eßbares auf die Tische der noch zahlreich tanzenden Paare zu stellen. Daraufhin gingen einige junge Männer in den Keller und brachten Mohrrüben und Wruken zur Bestätigung des Geizes des Bräutigams auf die Tische."

Diese Bemerkung nehme ich zum Anlaß, wenn jemand die Redewendung, diese oder jene Sache, selbst das Wetter, sei „nicht schlecht", zur Bewertung von sich gibt.

So an die Lebensumstände vielfältigster Bereiche heranzugehen heißt doch, von einer Negativposition oder auch Philosophie sein Umfeld zu betrachten. Diese Art von Beurteilung ist mir fremd. Wenngleich, durch die Zeitabläufe und die um sich greifende Verstümmelung unserer Sprachinhalte bedingt, ich mich vor dem Gebrauch dieser Formulierung gelegentlich auch bewußt hüten muß.

Am 2. Dezember ging oder fuhr es weiter

Auf dem Bahnhof in Treptow hatte Vater die Auskunft erhalten, daß am 2. Dezember 1945 in den Nachmittagsstunden ein Zug mit Aussiedlern in Richtung Stettin zur Abfahrt bereitsteht. Mit dem zulässigen Gepäck ausgerüstet, fanden wir uns dort ein. Ein Güterzug wurde, als es schon dämmerte, aufs Gleis geschoben.

Das „Szenarium" der restlosen Ausplünderung schien gut vorbereitet zu sein

Gewiß einige hundert Menschen mit unterschiedlich vielen Gepäckstücken hatten sich auf dem Bahnsteig versammelt. „Hilfsbereite" Männer gaben Unterstützung beim organisierten Beladen, oder man kann auch Einsteigen sagen. „Kommen sie bitte, steigen sie hier ein", hörten wir ganz verdutzt die Männer rufen. Für eine Umkehr war es zu spät. Die Waggons bestiegen etwa 20 bis 25 deutsche Aussiedler. Dazu gesellten sich wohl fünf oder sechs Polen. Die Türen wurden zugeschoben, und ab ging die Fracht.

Die Dunkelheit ausnutzend, begann nun die systematische Ausplünderung aller Mitreisenden. Taschenlampen erhellten den vorgesehenen Platz im Waggon. Mit festem brutalem Griff wurden zunächst alle Gepäckstücke den Mitreisenden entrissen. In einer Ecke stand einer, mit einer Pistole bewaffnet und sicherte die Beute. Vater ließ die Hand nicht von einem Koffer, in dem das Brot war. Da stach einer mit einem Messer in seine Hand. Vater wehrte sich und stieß den Polen zur Seite. Der, gewiß Wertsachen im Gepäckstück vermutend, schnitt es mit einem Messer auf. Als er das Brot gewahr wurde, ließ er vom Koffer ab. Nachdem sie alles Gepäck in ihren Besitz gebracht hatten, begannen sie, den Menschen die Oberbekleidung auszuziehen.

Mutters schwarzer Pelz war eines der ersten Beutestücke dieser Plünderungsphase. Mir zogen sie eine dicke Joppe und zwei durch Mutter neu gestrickte schöne Pullover aus, so daß ich schon, in Hemdsärmel stehend, der Zukunft entgegensah.

Weder ein Hemd zum Wechseln noch ein Handtuch, weder ein Taschentuch noch ein paar Strümpfe, weder Messer noch Löffel, nichts war uns geblieben. Außer dem Leben, dem Mut und den wenigen Erinnerungsstücken, die Mutter in ihrer Handtasche gerettet hatte, mußte Weiteres nicht mehr behütet werden. Vaters dicke Jacke hatten sie ihm ebenfalls schon trotz heftiger Gegenwehr ausgezogen. Frauen und Kinder weinten, es half nichts. Brutal und voller Haßausbrüche, die wir nicht verstanden, gingen sie dazu über, den Männern selbst die Hosen auszuziehen. Diese fürchterliche Fahrt mag eine Stunde für uns gedauert haben. Der Zug fuhr wohl in einen Bahnhof ein und verlangsamte die Geschwindigkeit bis zum Schrittempo. Vater stieß den einen Polen zur Seite, riß die Schiebetür des Waggons auf und rief: „Walter, spring und halt Mama fest!" Ich sprang, Mama fest an der Hand haltend, aus dem Zug. Vater, mit dem Brotkoffer in der Hand, sprang als letzter. So vollzog sich die „Befreiung" von dem Wenigen was wir hatten. In den Abendstunden dieses wohl ersten

Adventsonntags des Jahres 1945 ereignete sich dieses Drama in einem Güterzug von Treptow an der Rega über Greifenberg, Plathe, Regenwalde, Labes, Wangerin, Freienwalde und Stargard nach Stettin.

Wir waren auf dem Bahnhof Ruhnow, zwischen Labes und Freienwalde gelegen, aus dem fahrenden Zug gesprungen.

Mutter hatte ihre mit Flicken besetzte Handtasche noch bei sich. Eine dünne Bleile-Strickjacke, noch ein Stück von zu Hause, war die ihr verbliebene Oberbekleidung für Wintertage.

Vater hatte unter der Joppe eine grüne Soldaten-Drillich-Jacke, die ihm geblieben war. Fest hielt er den Koffer mit einigen Broten in der Hand. Ich war bis aufs Hemd ausgezogen.

Wie nun weiter?

Der Bahnsteig dieses Bahnhofs war spärlich beleuchtet. Verängstigt standen wir beieinander und wußten in der Situation, zumal finstere Dezembernacht uns umhüllte, nicht recht, wie es nun weitergehen soll. Aus dem Bahnhofsgebäude kam ein Bahnbeamter auf uns zu. Im Vorbeigehen sagte er leise, aber doch so, daß wir seine Worte verstanden: „Kommen sie mit!"

Wir rührten uns nicht vom Fleck, weil Mißtrauen in uns wirkte. Er kam zurück, schaute um sich und sagte: „Haben sie keine Angst vor mir, kommen sie mit!"

Wir folgten dem Eisenbahner durchs Bahnhofsgebäude in ein etwa 100 m entferntes Eisenbahnerwohnhaus. Im Flur blieb er stehen, horchte einen Augenblick um uns herum und sagte schließlich, die Hände verzweifelt hebend, in recht gutem hartem Deutsch: „Wir sind gegen die Banden machtlos. Soldaten sind nicht hier, und Polizei haben wir noch nicht. So machen die was sie wollen."

Er nahm uns zu sich in die Wohnung. Mit einer deutschen Frau lebte er zusammen und half wohl, wie wir heraushörten, immer wieder solchen Menschen. „Da haben sie aber Mut bewiesen, daß sie aus dem Zug gesprungen sind", sagte er kopfschüttelnd.

Zwei oder gar drei Tage mögen wir uns dort aufgehalten haben. Er

wolle veranlassen, daß wir einen Zug benutzen können, der mit
Sicherheit nicht geplündert wird. Aber bei uns war nichts mehr zu
rauben, es sei denn das Leben. Mir gab er den Rat, vom Bahnhof
täglich 10-12 Eimer Wasser ins Wohnhaus zu tragen, damit andere
Bewohner ihm nicht „Deutschfreundlichkeit" nachsagen könnten.
Diese Aufgabe nahm ich wahr.

Eine Moral, die uns bis dahin fremd war

In der Wohnung dieser Familie hielten wir uns fast drei Tage auf.
An Lebensmitteln muß es den Leuten nicht gemangelt haben,
denn wir erhielten reichlich zu essen. Von der Frau, die wohl die
Tochter einer Gutsbesitzerfamilie aus der Gegend um Dramburg
war, erfuhren wir für uns unbekannte und unserem Treue-
verständnis ungewöhnliche Beispiele des Widerstands gegen den
Krieg und gegen Hitler. Sie erzählte, daß ihr Bruder, der Offizier
war, von einem Heimaturlaub im November 1944 von der Mutter
in einer Jagdhütte im Wald versteckt gehalten wurde. Sie, die
Schwester des Deserteurs, ging in jeder zweiten Nacht zum
Versteck des Bruders, um notwendige Dinge des Lebens hinzu-
bringen. Sie sprach davon, daß unerhört viel Mut und Ausdauer
der ganzen Familie abverlangt wurde, diese Zeit bis Kriegsende
zu überstehen. Der polnische Fremdarbeiter, der jetzige Eisenbahner, hatte davon Kenntnis und half den Frauen bei dem lebensge-
fährlichen Unterfangen. Der Vater der Frau war während des
Krieges als Offizier an der Ostfront gefallen. Es ist in der Tat so,
der Kampf gegen den Krieg verlangt den Menschen mehr Mut
und Entschlossenheit ab, als der Weg zu den Schlachtfeldern des
Krieges.
Werden die Motive dann auch noch für beide Wege in die Betrachtung einbezogen, verblaßt Mut an der Front bei Eroberungs-
kriegen zum reinsten Verbrechertum.

Am 6. Dezember fuhr ein solcher Zug

Wie versprochen, benannte der Eisenbahner uns für den 6. Dezember einen Personenzug, der nicht geplündert werden wird. Obwohl es ja bei uns nun scheinbar nichts mehr zu plündern gab, ist eine derartige Garantie auch in solchen Fällen durchaus Ruhe einflößend.

Mit einigen Stullen versorgte uns die Frau und wünschte gute Fahrt. Stettin erreichten wir in den Abendstunden. Es erschien uns eigenartig, dort auf dem Bahnhof nahm uns eine Frau in Empfang. Sie bot Hilfe für ein Nachtquartier an. Wir folgten ihr und gelangten nach einem beachtlichen Fußmarsch in eine Laubenkolonie. Mit einer Mehlsuppe versorgten uns diese völlig fremden Leute und hatten auch Schlafplätze für alle bereit. Eine solche spontane Solidarität verblüffte uns. Da war doch unsere Gastfreundschaft und Hilfsbereitschaft, die aus dem Vollen schöpfte, eine primitive Vorstufe echter Solidarität.

Auf dem Bahnhof in Scheune war bei der Ankunft des Zuges uns mitgeteilt worden, daß am nächsten Tag gegen 10.00 Uhr ein Zug über die Grenze fahren sollte.

Der 7. Dezember 1945 war ein Tag mit klarem Frostwetter. Minus 10°C zeigte morgens das Thermometer an der Außenwand des Laubenhauses. Was half's, es mußte weitergehen. Der angekündigte Zug fuhr weder um 10.00 noch um 12.00 Uhr. So entschlossen wir uns nach mehrmaliger Erkundigung bei einem Eisenbahner, den Weg über die damalige Demarkationslinie zu Fuß anzutreten.

Entlang der Eisenbahnlinie

Bei sonnigem klaren Dezemberwetter ging es also zur nächsten Tour dieser nun schon vierzehn Monate dauernden Flucht zur hoffentlich letzten Etappe. Die Geleise waren vom Schnee geräumt, der Weg nicht unbedingt beschwerlich. Wenn man jedoch bedenkt, daß jede Schwelle des Gleisbettes gesondert überquert werden mußte, hatte allerdings Mutter ihre Mühe, vorwärts zu kommen.

An den Abhängen des Schienenweges, dessen zweites Gleis an vielen Stellen durch Sprengung unterbrochen war, lag unerhört viel Kriegsgerät.

So gegen 15.00 Uhr gelangten wir an eine hohe Böschung, die ein rotes Fähnchen zierte.

Unmittelbar davor kam aus einer Schlucht ein polnischer Soldat, bewaffnet mit einem Karabiner, auf uns zu. Er wollte Papiere sehen. Vater hatte seinen Entlassungszettel von Schneidemühl bei sich. Den akzeptierte er wohl. Jedoch eine „Kontrolle" von Mutters Handtasche endete mit dem Raub von 350,- RM und einer kleinen Büchse Leberwurst, die uns die Frau des Eisenbahners in Ruhnow als eiserne Ration mitgegeben hatte. Was war nun noch zu verlieren?

Wir gingen weiter. Nach etwa 150 m drehte ich mich um und drohte mit erhobener Faust diesem Grenzräuber. Der riß sein Gewehr von der Schulter und schoß eine Salve in die Luft. Angst hatte ich nach all den Erlebnissen nicht. Also, mit einem „Salut" hatten wir die künftige deutsch-polnische Grenze überschritten, denn das Fähnchen an der Böschung, so stellte es sich für uns später heraus, war die Markierung der künftigen Grenze. Vorbei an einem großen Getreidespeicher, der schließlich die Grambower Mühle darstellte, gelangten wir zur Bahnhofsruine von Grambow im späteren Kreis Pasewalk.

Wir waren angekommen!

Der Empfang war sachlich und helfend

Ein Zivilist, bewaffnet und mit einer roten Armbinde am rechten Oberarm, empfing uns sachlich und freundlich, sofort Hilfe anbietend und Auskunft gebend.

Erst gegen 18.00 Uhr würde ein Zug in Richtung Löcknitz fahren. Dort erwartet uns ein Auffanglager für Ausgewiesene. Bis zu der Abendstunde nahm er uns mit zu sich in eine recht dürftig eingerichtete Wohnung in der Mitte des Dorfes. Eine Tasse Milch für jeden und einige Pellkartoffeln waren helfend und erholsam nach dem anstrengenden Marsch. Die Begegnung mit diesem Menschen, so erfuhr ich Jahre später, war der erste Kontakt mit einem Volkspolizisten.

Wie angekündigt, fuhr ein Personenzug, dessen Fenster durchweg mit Brettern zugenagelt waren, zur nächsten Station nach Löcknitz. Auch hier war das Bahnhofsgebäude eine Ruine.

Im Zug mögen sich 30 Aussiedler befunden haben, die vor dem Bahnhof von einer Begleitperson erwartet und zum Auffanglager geführt wurden. Ein Pferdefuhrwerk nahm die Gepäckstücke der Menschen und bot auch Gehbehinderten Platz.

Zehn Jahre später brachte ich in Erfahrung, daß der Fuhrwerkslenker des Gefährts unser Stellmachermeister aus der ostpreußischen Heimat, Franz Wassel aus Wittkampen, war. Da wir jedoch weder Gepäck hatten, noch jemand gehbehindert war, kam es damals zu keiner Begegnung mit ihm.

Herr Wassel war mit seinen beiden Schecken, die ich von zu Hause kannte, bis nach Löcknitz gekommen. 1955 konnte das Rätsel dann schließlich gelöst werden. Schade, daß es in der Situation nicht zu einer Begegnung kam.

Im Löcknitzer Holzwerk war das Flüchtlingslager

Durch ein Werktor gelangten wir mit den anderen Flüchtlingen in eine Baracke. Dort empfingen uns Männer und Frauen, die das Zeichen des Roten Kreuzes auf Armbinden trugen.

Uns wurde ein großes beheiztes Zimmer zugewiesen. Zwei Schränke und zwei Hocker gehörten zum Inventar dieses Raumes. Eßbares gab es an dem Abend nicht mehr. Wie nun aber die müden Häupter zum Schlafen betten?

Vater wußte Rat. Die Militärschränke wurden umgelegt und in die Nähe des Ofens, der noch etwas Wärme spendete, geschoben. So war eine Lagerstätte entstanden, auf der drei Personen bequem nebeneinander Platz fanden. Wir mußten nicht auf dem Fußboden liegen. Decken oder andere wärmende Textilien standen uns nicht zur Verfügung.

Ob eine derartige Rückerinnerung und Deutung familiärer Standpunkte zulässig ist?

Bei der Auffrischung der Erinnerungen an diese Wochen und Monate seit Vaters Gefangennahme finde ich immer seltener Begebenheiten, denen Mutter mit klagenden Worten oder gar Gebeten zu begegnen versuchte. Die Fülle der Prüfungen und die Härte, die uns abverlangt wurde, straffte die Sinne und forderte zur Standhaftigkeit bzw. zur Rationalität im Denken und Handeln. Der traditionelle Glaube an Gott, als familiäres Anhängsel aus Pflicht, wich der Einsicht, daß der ja absolut unfähig oder unwillig ist, Gerechtigkeit walten zu lassen. Gott und die Kirche haben immer nur denen geholfen, die im Besitz der Macht waren. Da uns Besitz und Macht abhanden gekommen waren, nahm unser Schicksal diesen Lauf. Eine zutiefst logische Folgerung.

Diese Erkenntnis ist durch die Eltern zwar nie so direkt ausgesprochen, weil eine gewisse Scham, abtrünnig geworden zu sein, als Ehrverlust gegolten hätte, dem zu entgehen war. Jedoch die Realitätsnähe und die Vernunft im Denken und Handeln gegen all das, was uns widerfahren war, gewann irgendwie die Oberhand. Der Diesseitigkeit des Lebens und seiner geistigen Grundpfeiler steht das Gebet und das Anrufen eines Gottes oder eines anderen überirdischen Wesens diametral entgegen.

Der Tod des kleinen Manfred, die Haltung der Arztes Dr. Reiferscheid zu den Ursachen seiner Ohnmacht als Arzt, hatten besonders Mutter zu Überlegungen befähigt, Zweifel an den Allmächtigen überhaupt in Worte zu kleiden.

Vaters Lebensphilosophie, abgesehen von seiner Auffassung, daß Kriege unvermeidlich sind und daß die Treue das Mark der Ehre darstellt, war, auch durch seine berufliche Naturverbundenheit als Bauer und stets mit der praktischen Arbeit vertrauter Mensch, eher materialistisch verbrämt ausgebildet.

Eine handlungsbestimmende Maxime seines Denkens und Tuns lautete:

„Wer da weiß Gutes zu tun, und er tut's nicht, der begeht Sünde!"
Das ist eine akzeptable Grundhaltung. Die kann getrost aufbewahrt werden.

Papier wärmt!

Wir hatten uns zu dritt auf die umgekippten Schränke gelegt. Allein die fehlende Oberbekleidung und der sich abkühlende Ofen in den Nachtstunden ließen uns bald frösteln und weckte alle drei auf. Vater begab sich auf die Suche nach etwas Wärmendem. Auf den Korridoren des Barackengebäudes brannte auch in den Nachtstunden spärlich eine Lampe. Nach gar nicht all zu langer Zeit kehrte er mit einer Unmenge von Packpapier, das er einer großen Rolle, die er in einem Raum fand, entnommen hatte zu uns zurück. „Papier wärmt", sagte er. Die Hälfte knüllten wir zu einer Unterlage für die Köpfe zusammen. Ein Brett erhöhte diese Unterlage, so daß dort Abhilfe geschaffen schien. Den Rest nutzten wir als mehrlagiges Abdeckpapier. Es isolierte in der Tat so ausreichend, daß wir regelrecht Wärme empfanden und gut bis zum Morgen schliefen.

Im Raum fehlte nun für den Tagesablauf ein Tisch. Diesen ersetzten die Schränke, die auf eine Seitenwand gelegt wurden.

Zum Frühstück wurde warmer Malzkaffee und für jede Person ein Stück trocken Brot ausgegeben. Da weder ein Messer noch ein Gefäß zu unserem Besitz gehörte, halfen die Betreuer mit einem Blechbecher aus. Komplizierter als die spärliche Nahrungsaufnahme gestaltete sich die Morgenwäsche. Wasser kam aus einem Wasserhahn. Waschschüsseln standen im Waschraum zur Verfügung, Seife und vor allem ein Handtuch fehlte. Draußen im Gelände konnte ich einen Sack finden, der als Handtuch dienen mußte.

Nun ging es wieder aufwärts

Nach dieser Prozedur ging Vater mit mir zu den Rot-Kreuz-Mitarbeitern, um nach etwas Oberbekleidung für mich nachzufragen. Die dort Tätigen glaubten der Darstellung meines Vaters vom Plünderungsablauf in der Bahn. Ähnliches hatten sie wohl wiederholt erfahren.

Die sehr behend und umsichtig wirkende Frau, eine Krankenschwester, schaute den Mitarbeiter an und ging mit ihm in einen

Nebenraum, wo ein toter alter Mann auf einer Bahre lag. Dem hatten sie vor Eintritt der Totenstarre die dicke Joppe ausgezogen. „Diese", so die Krankenschwester, „wird dem Jungen gewiß passen." Behend rieb sie mit einem Lappen, den sie mit Wasser anfeuchtete, den schon gehärteten Speichel, der dem Sterbenden aus dem Mund geflossen war, ab.

Ich war stolzer Besitzer einer guten schwarzen Jacke, die mir ausgezeichnet paßte. Die Begleitumstände, die dazu führten, waren ungeheuerlich, wurden aber ganz sachlich und folgerichtig akzeptiert, da ja der Verstorbene dort keine weiteren Angehörigen hatte.

Diese Vorsprache bei den Rot-Kreuz-Mitarbeitern erbrachte für Vater auch ein Rasiermesser. Möglicherweise stammte es auch aus dem Besitz des Mannes, dessen Jacke mir vermacht worden war.

Am Nachmittag dieses Tages, es muß der 8. Dezember 1945 gewesen sein, ging Vater auf Anraten der Krankenschwester in den Ort, um eventuell eine Schüssel, einen Löffel, ein Messer oder Ähnliches für die Esseneinnahme Unentbehrliches zu erstehen, genauer gesagt, zu erbetteln.

Der Gang hatte sich gelohnt. Aus einer Kellerruine stieg Rauch aus einem Rohr. Löcknitz, das muß genannt werden, war durch Kampfhandlungen sehr zerstört. Das öffentliche Leben war aber schon in Gang gesetzt. Einige Geschäfte hatten ihren Betrieb wieder aufgenommen. Geld befand sich, soweit vorhanden, in Umlauf.

Vater aber klopfte an die Tür der Kellerwohnung, und Einlaß wurde ihm gewährt. Ein Klempner hatte dort seine Werkstatt. Er lötete an Eimern, Schüsseln, Töpfen und anderen Gefäßen aus Metall die Löcher zu. Die hilfsbereite Hausfrau gab aus ihrem Besitz Vater einen zwei Liter fassenden Steinguttopf, dem die Gießschnippe abgebrochen war und einen vom Feuer ausgeglühter Löffel und ein altes Küchenmesser. Damit waren die Anfänge für einen geordneten Haushalt und für eine nahezu geregelte Nahrungsaufnahme gegeben. Dankbarkeit und auch ein wenig Freude waren Begleiterscheinungen solcher Momente.

Den Tee zum Abendbrot holten wir schon in diesem irdenen Gefäß und tranken auch abwechselnd alle drei daraus. Einige

Stullen Brot bestrich Mutter mit einem marmeladenähnlichen
Aufstrich, den es in der Lagerküche gab. In den Räumen der
Baracken mögen 60-70 Umsiedler - Flüchtlinge vorübergehend
untergebracht gewesen sein.

**Jugendliche und Frauen wurden zur Arbeit in Kartoffelbunkern
der „Muna" geworben.**

Für den 9. und 10. Dezember wurden durch Verantwortliche im
Lager Jugendliche und Frauen für einen Arbeitseinsatz zur Sortie-
rung von Kartoffeln gesucht. Natürlich meldete ich mich.
An dem zweiten Morgen im Lager war die Essenration etwas
umfangreicher. Schmalz und wohl drei Scheiben Brot sättigten
den Hunger etwas mehr.
Mit einer Kleinbahn wurden etwa 20-25 Personen in eine regel-
rechte Bunkerstadt im Wald, in Richtung Boock-
Rothenklempenow gelegen, gebracht. Dort begaben wir uns in
einen riesigen Bunker, der zur Hälfte aus der Erde ragte. Auf dem
Bunker wuchsen kleine Kiefern als natürliche Tarnung. Bis in den
Bunker hinein führte ein schmales Eisenbahngleis. Die Tür zum
Eingang war aus Metall.
Im Innern des Bunkers lagen große Berge Kartoffeln aus der
Herbsternte 1945. Diese sollten wir aussortieren. Körbe und
unhandliche Holzkiepen standen uns als Sortiergefäße zur Verfü-
gung. Speisekartoffeln wurden auf Miltärfahrzeuge der Roten
Armee geschüttet. Mit noch einem Jungen fungierte ich als
Ausschütter. Dadurch hatte ich Kontakt zu den Soldaten, die
fleißig und freundlich zupackten. Für die Saat geeignete Knollen
wurden gesondert gelagert, während kleine und angefaulte Kartoffeln sofort auf Pferdefuhrwerke geschüttet und wohl in einen
umliegenden Ort zum verfüttern gebracht wurden.

Ein kräftiges Abendbrot

Nach Beendigung des Arbeitstages, der Hunger quälte bereits alle
Helfer, bestiegen wir wieder die kleinen Personenwagen der
Werksbahn und wurden zu einem Gebäudekomplex gefahren, in
dem alle eine wohlschmeckende und gehaltvolle Suppe und einige
Scheiben Brot erhielten. Für den Tag konnten meine Eltern die
Abendration, die mir zustand, verzehren. Am nächsten Tag wie-
derholte sich dieser Einsatz.

In einem der größten Gas - und Munitionsdeponien Ostelbiens

Einige der dort Beschäftigten waren Bewohner aus Löcknitz. Sie
wußten zu berichten, daß in einem etwa 300-350 ha großen
eingezäunten Gelände, in das die Werksbahn uns gebracht hatte,
wohl über 100 Bunker, bereits 1937/38 angelegt, als Munitionsla-
ger mit einer Abteilung für Giftgase, sich befanden. Alle erforderlichen Wege waren asphaltiert. Die Bunker waren so angelegt, daß
die kleinen Spezialwagen der Einrichtung mit der gefährlichen
Fracht bis in die Bunker geschoben werden konnten. Dort entluden und stapelten die dafür zuständigen Arbeiter die Fracht maß-
und sortengerecht in die vorgesehenen Bunker.
Bedenkt man diesen Planungs- und Bauzeitraum richtig, kommt
man ohne große Überlegung zu dem Schluß, daß diese Anlage
noch vor dem eigentlichen Machtantritt der Faschisten in
Deutschland für diesen Zweck erdacht und geplant worden war.
Hitler war somit nur noch der Willensvollstrecker der Generale,
Bänker und Konzerngewaltigen, um den Widerstand in Gestalt der
Kommunisten und anderer Kriegsgegner im Reich aus dem Weg
zu räumen.
Damals ahnte ich noch nicht, daß meine berufliche Entwicklung
mich nach nur sechs Jahren erneut in diese Gegend verschlagen
würde.

Wertfrei, dafür aber auch wertlos

Erst kürzlich las ich eine kleine Broschüre des Schweriner Umweltministeriums, das sich verantwortlich um die Entsorgung dieser „Altlast" seit 1990/91 kümmert. So begrüßenswert diese Absicht auch ist, es wird auch nicht ein einziges Wort über die verbrecherische Absicht dieser gewaltigen Anlage verschwendet. „Wertfrei" wird hier der Leser über ein umweltbelastendes Areal informiert, als wäre dort eine Tankstelle oder Abfüllstelle oder Lagerhalle für zivile Zwecke zu sanieren. Solche Art von wertfreier Information ist in der Tat wertlos, denn dem Leser werden die wichtigsten Informationen, die die kausalen Bezüge zu den Dingen und Erscheinungen erhellen, vorenthalten.

Zum Ort Löcknitz muß noch einiges gesagt werden

Löcknitz liegt an einem sehr alten Handelsweg, der schon zur Zeit der Römer Bedeutung hatte, an der Randow. Ein noch vorhandener Burgfried ragt als Wahrzeichen dieser geschichtsträchtigen Furt durch das Randowbruch auch jetzt noch, in geringer Entfernung vom Flüßchen stehend, stolz in die Landschaft. Das dazu gehörende Schloß mußte 1986 wegen Einsturzgefahr und starker Schwammbildung gesprengt und abgetragen werden.
Keltische, germanische und slawische Völkerstämme gaben dem alten Siedlungsort das Gepräge.
Seit dem 12. Jahrhundert hatte nach dem Einsetzen der organisierten Ostexpansion des Deutsch-Ritterordens sowie der Feudalgewalten und Könige der Ort eine Schlüsselfunktion auch in den kriegerischen Auseinandersetzungen der brandenburgischen und pommerschen Fürsten und Herzöge immer wieder durchzustehen. Schwedische und dänische Interessen wurden an diesem Kulminationspunkt im Gebiet der nordwestlichen Oderniederung kriegerisch ausgetragen.
Im Zuge der Ausdehnung und Festigung des brandenburg-preußischen Staates und der Rolle Stettins in der Entwicklung von Handel und Wirtschaft war Löcknitz von manchen wechselvollen

Geschehnissen ein Dreh- und Angelpunkt von Machthunger und wirtschaftlich-zivilisatorischer Aktivitäten.

Das Territorium westlich von Stettin war verwaltungsmäßig schon vor Beginn des 2. Weltkrieges dem Kreis Randow, mit Sitz in Stettin, zugeordnet worden.

In den Sommermonaten 1945 fungierte vorübergehend Pölitz etwa drei Monate als Kreisstadt für den Kreis Randow. Wohl im Oktober 1945, als durch die Grenzfestlegung im Zuge des Potsdamer Abkommens ein nicht unerhebliches Gebiet westlich der Oder im Bereich Stettin noch zu Polen kam, wurde Löcknitz bis 1950/51 Sitz der Verwaltung des Kreises Randow.

Die dafür notwendigen Räumlichkeiten des in den letzten Kampfstunden des Krieges stark zerstörten Ortskerns befanden sich in Wehrmachtsgebäuden unmittelbar hinter dem Holzwerk und den dazu gehörenden Baracken, die als Auffanglager für Flüchtlinge ihren wichtigen Dienst zu leisten hatten.

Von diesen historisch-geographischen Besonderheiten wußten wir damals natürlich nichts. Die Randowniederung ist ein malerisch schönes Urstromtal, das in der letzten Eiszeit seine Ausprägung in der Gestalt, wie wir es heute wahrnehmen können, geformt bekam.

Am 11. Dezember geht es abermals weiter

An jedem der zurückliegenden Tage kamen immer wieder neue Aussiedler, später nannte man sie Umsiedler (jetzt sind es „Vertriebene") ins Durchgangslager.

Am 11. Dezember, so war es bei unserer Ankunft bereits angekündigt worden, sollte es in ein weiteres Lager in Richtung Mecklenburg gehen. Wohl mehr als hundert Menschen, mit unterschiedlich viel oder wenig Gepäck in den Händen, machten sich an dem Morgen bei milderem Wetter als bisher auf den Weg zum Bahnhof.

Die bange Frage, wo mögen wir hinkommen, stand nicht vordergründig in unseren Überlegungen oder Hoffnungen. Endlich zu einer relativen Ruhe kommen, das bewegte uns am meisten, denn schließlich schwand die Zuversicht, ob wir die Mädels je wiedersehen werden, von Tag zu Tag mehr. Gelegenheit zu erhalten, um die abgesprochenen Adressen anschreiben zu können, waren die Sorgen und Erwartungen in den verflossenen Tagen, Wochen und Monaten.

Auch die Personenwagen der Reichsbahn, die wir an diesem Tag zu benutzen hatten, waren ohne Fensterscheiben. Es muß gewiß noch ein weiteres Auffanglager in der Umgebung von Löcknitz seine Aufgabe zu erfüllen gehabt haben, denn viele Menschen kamen aus einer anderen Richtung zur gleichen Zeit zum Bahnhof und bestiegen diesen Zug.

Diese Region in Odernähe hatte unerhört viel zu leisten

Ich gehe in der Annahme sicherlich nicht fehl, wenn dem Grenzübergang bei Stettin etwa 2,2-2,5 Millionen Flüchtlinge und Aussiedler zugeschrieben werden können.

Selbst von den direkten Kampfhandlungen im April 1945 unerhört stark in Mitleidenschaft gezogen, mußte das Gebiet und seine Menschen nun auch noch diese Folge des faschistisch-militaristischen Wahnsinns verkraften. Berlin sah ich 1946 als zerstörte Hauptstadt. Oranienburg und Frankfurt/Oder sah ich als zerstörte mittelgroße Städte. Nicht weniger durch Kampfhandlungen heimgesucht, erlebte ich die Städte Pasewalk, Anklam, Friedland, Neubrandenburg, Prenzlau und Strelitz-Alt.

Angesichts solcher Tatsachen und Umstände ist die Leistung der Verwaltung und aller mit der Aussiedlung in Verbindung zu sehenden Belastungen der einheimischen Bevölkerung und der unerhört geschwächten Wirtschaft eine wahre Heldentat gewesen. Andere, vornehmlich aus den alten Bundesländern sich diesem Phänomen zuwendenden Kritiker und Schreiberlinge, sehen, ihrem Blickwinkel folgend, die Dinge verzerrt und aus dem Zusammenhang gerissen. In diesen Betrachtungsgegenstand ist auch die Rote Armee als Besatzungsmacht einzubeziehen.

**Ich lasse an dieser Stelle die Gedanken des sowjetischen Stadt-
kommandanten aus Brüssow zu Wort kommen**

Der Lehrer Jürgen Kupfer an der Polytechnischen Oberschule
Brüssow, Kreis Pasewalk, suchte 1967/68 den ehemaligen sowjetischen Kommandanten aus den Jahren 1945-47 über die sowjetische Botschaft in Berlin und fand den in Krasnodar lebenden
Major J. T. Schesterow, der dann 1969 und 1974 in Oranienburg
und Brüssow weilte. Sein deutscher Kraftfahrer in den 1 1/2
Jahren seines Wirkens in Brüssow, Herr Ernst Kesten, konnte
dabei behilflich sein. Aus seinen Kriegsmemoiren füge ich den
Teil hier ein, der zeitgleich mit unserem Aufenthalt in den Flüchtlingslagern in Löcknitz und später in Anklam zusammenfällt.
Brüssow ist zehn km von Löcknitz entfernt.

*„In Brüssow kam ich in der ersten Hälfte des Monats Dezember
1945 an. Als erstes mußte ich mich mit der Frage der Erfüllung
des Planes der Getreideablieferung beschäftigen. Aber am 10.
Dezember war er erst zu 12 % erfüllt. Im Bereich, zu dem neun-
zehn Dörfer des Kreises Prenzlau gehörten, waren 12000 t abzuliefern. Bevor mit dem Sturm auf die Erfüllung dieser komplizier-
ten Aufgabe begonnen werden konnte, mußte ich die wahren
Gründe erfahren, warum die Bauern kein Getreide entsprechend
der Steuerlisten abgaben. Hatten sie kein Getreide oder war es
Sabotage?*
*Im Verlauf von zwei Tagen besuchte ich alle Dörfer, sprach mit
den Menschen und stellte fest, daß die Bauern Getreide hatten,
aber dieses war nicht abgedroschen. Und die Bauern hatten das
Getreide nicht nur nicht abgegeben, sie hatten es absichtlich nicht
gedroschen.*
*Zugleich wurde festgestellt, daß in jedem Dorf eine ausreichende
Anzahl intakter Dreschmaschinen vorhanden war, um alles zu
dreschen und das Korn fristgemäß dem Staat abzuliefern.*

*Am 15. Dezember versammelte ich alle Bürgermeister, um mit
ihnen zu beraten, wie der Plan der Getreideablieferung bis zum
22. Dezember zu erfüllen ist.*

Uns blieb nur noch eine Woche, alles zu tun und den Plan zu erfüllen. Das konnte nur mit gemeinsamen Kräften und im Sturm geschehen. Gleichzeitig mußte die Aufklärungsarbeit unter den Bauern begonnen werden. Ich verstand sehr wohl, daß, um die Sabotage zu brechen, ein strenger Befehl ungenügend war. Die Bauern mußten verstehen, daß es nicht im Interesse der „Russen", sondern im Interesse des deutschen Volkes und des eigenen Staates war. Obendrein feierten die Deutschen in einer Woche ihr Weihnachtsfest, da sollte doch jede Familie auch wenigstens etwas Brot haben.

Auf der Beratung mit den Bürgermeistern sagte ich ihnen, warum und wie mit den Bauern die Aufklärungsarbeit zu führen ist. Gleichzeitig schlug ich den Bürgermeistern vor, sich ein Aktiv aus armen Bauern und Mitgliedern der Parteien zu schaffen. Aber die Großbauern mußten in erforderlichen Fällen unter Aufsicht gestellt werden.

Ich sagte ihnen, daß die Planerfüllung innerhalb einer Woche eine sehr schwere Arbeit sei, die viele Kräfte braucht und geistige Anspannung. „Aber das, liebe Freunde, habt ihr selbst verschuldet. Hättet ihr schon Anfang Oktober stufenweise zu dreschen und abzugeben begonnen, so hättet ihr längst den Plan erfüllt." Mich interessierte, wie die Bürgermeister über diese Frage dachten. Sie sagten mir, daß es sehr schwer wäre, aber man müßte arbeiten.

Als ich den Bürgermeister des Dorfes Caselow fragte, stand er schnell in seiner ganzen Heldengröße auf und antwortete mit Stimme: „Ich werde den Plan der Getreideabgaben nicht erfüllen. Kein Korn, keine Dreschmaschine."

Ich antwortete ihm darauf sehr kurz, daß es nicht nur der Bürgermeister von Caselow, sondern auch alle übrigen Anwesenden auf dieser Beratung verstanden.

Ich antwortete ihm so: „Ich sperre sie eine Nacht in den Keller, aber morgen früh geht es zu Fuß nach Sibirien." Ich fragte die Bürgermeister weiter, ob sie den Plan erfüllen könnten? Als sie untereinander beraten hatten, antworteten sie mir einstimmig: „Jawohl!"

Solange ich mit den Bürgermeistern beriet, stand mein Bürgermeister von Caselow ganz still. Sicher ermüdeten ihm die Beine und er setzte sich auf den Stuhl. Der anwesende Kommandeur der Polizei bemerkte das, setzte sich die Mütze auf, erhob die Hand zum Soldatengruß und sagte: „Ihr seid arretiert und habt nicht das Recht hier zu sitzen." Und so stand unser Bürgermeister von Caselow den ganzen Abend in der Ecke wie ein Kind, bestraft für seine Unart. Die Beratung war beendet, aber bevor ich alle nach Hause entließ, ließ ich den diensthabenden Offizier mit MPi-Schützen kommen und den arretierten Genossen aus Caselow in den Bunker führen.

Nach einer kurzen Erholung, um 5.00 Uhr, befahl ich den Arrestanten zu mir. Als er zu mir kam, sah er sehr schlecht aus, hatte verweinte Augen. Mit der rechten Hand hielt er die Hose, im Arrest waren alle Knöpfe abgeschnitten. Darum begrüßte er mich mit der linken Hand. Ich fragte ihn, ob er den Plan erfüllen könne. Er antwortete mir, mit gedehnter lauter Stimme: „Jawohl"! Die Caselower erfüllten als erste den Plan.

Zeitzeugen bieten immer die beste Gewähr, ein adäquates Bild von den tatsächlichen Zuständen, wie sie sich den Menschen aufdrängten, einzublenden.

Der Zug bringt uns am 11. Dezember 1945 nach Anklam

Schon in den frühen Nachmittagsstunden des 11. Dezember 1945 lief der vollbesetzte Zug in den Bahnhof von Anklam ein. Bei der Durchfahrt des Pasewalker Bahnhofes stellten wir fest, daß hier die Anlagen nicht durch den Krieg zerstört waren. Ähnlich bot sich der Anklamer Bahnhof dem Einreisenden an. Oh weh, wie war aber die Innenstadt in ein Trümmerfeld verwandelt worden. Wie eine Marschkolonne, die übermüdet war, trotteten wir in Richtung Zuckerfabrik und kamen nach etwa fünfzehn Minuten ins Schützenheim von „Blutslust" an.

Diese große Gaststätte mit einem Saal gehörte einer Familie Glaser, die mit viel Geduld und mancher Einschränkung des privaten Lebens sich der Unterkunft und Versorgung von mehr als 400 Flüchtlingen in den Räumen des ganzen Hauses zuzuwenden hatte.

Da wir keinerlei Gepäck zu tragen hatten, konnten wir ohne jede Rast den Weg vom Bahnhof zum „Flüchtlingslager" schneller bewältigen als viele andere Familien.

Am Eingang zum Grundstück, links von der Straße gelegen, wies ein Schild mit der Aufschrift „Flüchtlingslager" auf den Ort künftigen Aufenthaltes die heimatlos gewordenen Ankommenden hin.

Im großen Saal rechts in der Ecke neben der Eingangstür war unsere Lagerstätte. Säuberlich angeordnet waren sechs Strohschütten im ganzen Raum angelegt. Etwa 250 Menschen mußten hier ihren Platz für zumindest zwei Wochen finden. Das war die angekündigte Zeit einer nicht zu umgehenden Quarantäne für alle.

Ein Übungsfeld für Rücksichtnahme und weitere Anspruchslosigkeit

Weitere 150 Personen waren in Nebenräumen des Anwesens untergebracht. Im Vergleich zum Auffanglager in Löcknitz war für uns das vorhandene Stroh als Unterlage fürs Liegen und Sitzen eine geringfügige Verbesserung des „Standards" für vegetierende Kriegsopfer.

Stühle und Tische standen uns und auch allen anderen Lagerinsassen nicht zur Verfügung. Der Abstand zur Nachbarfamilie mag 30 cm betragen haben. Unser Platz war etwa 1,50 m breit. Für Rücksichtnahme, Vorsicht und perfekte Anspruchslosigkeit war das eine ausgezeichnete Übung, der wir uns ohne Murren und Klagen bereitwillig zuwendeten.

Der aus Löcknitz stammende Sack fungierte als Unterlage für drei Köpfe, wenn wir schliefen.

Am Tage diente er als Sitzunterlage, außerdem wurde er noch einige Tage auch als Handtuch benutzt. So entstanden „Mehrzweckgegenstände", die wir besonders schätzten.

Die Tagesverpflegung bestand aus 250g Brot aus Futtermehl. Die harten unverdaulichen Schalen des Hafers waren absolut nicht unterzuschlucken. Wir kauten die stets krümelnden Brothappen solange, bis nur die Reste der Haferschalen übrig blieben, die dann auf ein Stück Papier gespuckt wurden. Den Morgenkaffee

empfingen wir in dem Steintopf, der allen drei Familienmitgliedern gleichermaßen auch als Trinkgefäß reihum diente.
Unter fließendem kalten Wasser wurde der Behälter gereinigt. Ein Abtrocknen des Gefäßes war nicht möglich. Zur Mittagszeit wurde der gleiche Topf dann mit Suppe gefüllt. Der vorhandene Löffel diente in den ersten Tagen als „Ausleihbesteckteil". Aus einer Ruine konnte Vater zwei weitere ausgeglühte Löffel bergen. So wuchs der Bestand an Gerätschaften.

Hygienische Bedingungen katastrophalen Ausmaßes

Für 400 Lagerinsassen standen einige Waschbecken in der Toilette der Gaststätte zur Verfügung, wo leider nur kaltes Wasser aus den Hähnen lief. Schon nach einigen Tagen waren die Toiletten so überlastet, daß vor allem in den Abend- und Nachtstunden die Verschmutzung derselben einen Grad katastrophalen Ausmaßes annahm. Als dann nach etwa einer Woche die ersten Erkrankungen an Durchfall bei vielen Insassen, vor allem bei Kindern, auftraten, war nur durch den stärker werdenden Frost der Notstand vorübergehend zurückgedrängt worden. Wir blieben von diesen Erschwernissen verschont.
Jeden Morgen, wenn das karge Frühstück beendet war, nahm ich eine Schippe und einen Stahlbesen, um die vielen wilden Verschmutzungen im Gelände, die bis in die Flure zur Toilette reichten, zu entfernen. Was durch den Frost hart gefroren war, bewarf ich mit Kies und desinfizierte mit etwas Chlorkalk. Gelegentlich unterstützte Vater mich bei dieser Tätigkeit, zu der mich niemand aufgefordert hatte. Frau Glaser, die Besitzerin der Gaststätte, hatte sehr bald bemerkt, wer da am Werke war.
Schon am Tage unserer Ankunft hatten Mitarbeiter des Roten Kreuzes mit der Registrierung aller Aussiedler und deren evtl. späteren Verbleib, wenn er angegeben werden konnte, begonnen. Eine Krankenschwester milderte allein durch ihre Anwesenheit die Ängste vieler, die mit den typischen Lagerbeschwerden zu kämpfen hatten. Auch erste Impfungen, wohl gegen Typhus und Ruhr, nahm sie in Begleitung einer Hilfsperson vor.

Die Tage in dieser vorweihnachtlichen Zeit waren ohnehin kurz, und auch durch manch eine zeitvertreibende Beschäftigung flossen die Stunden vom Sonnenaufgang bis zum Abend schnell dahin. Aber die langen Nächte, zuweilen war der Strom abgeschaltet, strapazierten mit ihrer Finsternis und Kälte die angegriffenen und gereizten Nerven vieler älterer Menschen bis zur Zerreißprobe.

Die Vielfältigkeit der Geräusche der 250 schlafenden oder zumindest auf den Strohlagern liegenden Menschen und der Grad der verbrauchten Luft im Raum war schwer zu ertragen. Es verging wohl auch nicht eine Minute in den Nächten, in der die Tür in unserer Nähe nicht betätigt wurde. Jedoch hatte unser Lagerplatz den Vorteil, daß frische Luft bei jeder Türbetätigung zu uns kam. Ferner konnte niemand auf uns in der Dunkelheit treten, da der Platz in der Ecke des Saales diesen Schutz in sich einschloß.

Betrachte ich die Umstände jetzt aus der Tiefe des Erinnerungsvermögens, bleibt die Frage offen, wie es unter den Bedingungen möglich war, daß wir weder Läuse noch anderes Körperungeziefer aufgefangen hatten. Mehrere Wochen fehlte es an Seife und warmem Wasser für die notdürftigste Körperpflege. Seit Anfang Dezember konnte die Unterwäsche nicht gewechselt werden, weil nichts vorhanden war. Nach etwa zehn Tagen des Aufenthalts im Lager gab eine Eisenbahnerfamilie, zu der Mutter gelegentlich kommen durfte, um Kartoffeln zu kochen, ein Handtuch und eine Garnitur Unterwäsche.

Am Anklamer Hafen erstand Vater zweimal Abfallfische bei den Fischern. Diese wurden ohne eine Priese Salz als Zutat dennoch zu einer wertvollen Bereicherung der Abendmahlzeit.

Zeit war vorhanden, jedoch uns fehlte Geld

Schon am 12. Dezember hatte Vater das Postamt, das nicht zerstört war, aufgesucht. Der Andrang an den Schaltern war jedoch so groß, daß selbst stundenlanges Warten eine Telegrammaufgabe nicht ermöglichte. Ferner scheiterte diese Absicht, weil wir nur einige Mark in Vaters Portemonnaie hatten. Die Plünderung unmittelbar vor dem Grambower Bahnhof kostete jetzt wertvolle Zeit. Die Sparkasse zahlte auf unsere Sparbücher keinen Pfennig. Bei der Post fand Vater später schließlich Gehör für unsere Lage. Je ein Telegramm zu den Verwandten ins Erzgebirge, zu Tante Elli und zu Frau Dachs, einer Bekannten aus Berlin, zu der noch manches erzählt werden kann, gingen auf Suche nach unseren Angehörigen. Viel Hoffnung war damit verbunden.

Wenige Tage vor Weihnachten fanden wir beim Herumschnüffeln in einer Kellerruine ein kleines Schränkchen, das möglicherweise als Medikamenten-Schränkchen in einer wohlhabenden Familie gedient haben mag. Somit war ein erstes Stück Kleinmöbel in unseren Besitz gekommen, das als Sitzgelegenheit in der dürftigen Lagerecke vor allem für Mutter seinen Dienst leistete.

Am Hafen, wo jeden Tag Bauernfuhrwerke mit Zuckerrüben und auch Kartoffeln anzutreffen waren, konnte ich einige Zuckerrüben, die beim Verladen auf die Erde gefallen waren, in einen Brotbeutel, der neben einem Kahn lag, tun und zum Abkochen zum Lagerplatz mitnehmen. Nur unvorstellbarer Hunger zwang uns, diese Kost im warmen Zustand zu essen.

„Dieses Kommunistenweib spricht von Friedensweihnachten.“

Schließlich rückte ganz unmerklich das Weihnachtsfest 1945 auf uns zu. Unsere Verzweiflung mag an diesem Tage, wenn ich alle weiteren zum Vergleich heranziehe, auf einen Tiefpunkt gesunken gewesen sein. Vater kündigte an, daß er in ein Dorf gehen werde, um dort um etwas Eßbares zu betteln. Mutter ermunterte mich, doch auch einen solchen Versuch zu unternehmen. Dieses Unterfangen, dem ich mich voller Demut, aber vom Hunger getrieben, unterzog, habe ich in der Folgezeit immer als den Punkt meiner tiefsten Erniedrigung bezeichnet. Zwar erhielt ich von einigen Leuten in einem Dorf, es muß wohl Gnevezin gewesen sein, etwa zwei km hinter Anklam gelegen, einige Scheiben Brot und einige Pellkartoffeln, die ich sogleich aufaß. Die Scham jedoch, derartiges am Heiligen Abend tun zu müssen, trieb mir Tränen der Ohnmacht in die Augen, als ich wieder bei den Eltern angelangt war. Hinzu kam noch die weitere Scham, daß ich nichts von dem Erhaltenen für Mutter mitgebracht hatte. Vater, der ebenfalls mit „Erfolg" gebettelt hatte, brachte einige Äpfel und sogar für jeden ein Stück Streußelkuchen ins Lager.

Rege Geschäftigkeit erfüllte in den unmittelbaren Nachmittagsstunden den Platz auf der Bühne des großen Saales.

Eine recht große gutgewachsene Kiefer wurde in den Raum getragen und auf die Bühne gestellt. Auch einige Weihnachtskugeln und sogar Kerzen befestigten geschickte Hände daran.

Schon war die Dämmerung hereingebrochen, als eine etwas reichlichere Brotration mit einer großen Scheibe Dauerwurst an alle Lagerinsassen zum Abendbrot verteilt wurde

Danach trugen Männer und Frauen in Wäschekörben gefüllte Tüten zur Bühne. Einige der Organisatoren holten dann schließlich auch die weiteren etwa 150 Personen des Lagers in den völlig überfüllten Saal. Die Absicht der Verantwortlichen war edel, jedoch die Reaktion vieler hungernder Insassen voller Undankbarkeit.

Manch eine böse Bemerkung zum Unterfangen der Frauen und Männer huschte unüberlegt über die Lippen der Verzweifelten. Auch Mutter vermochte nicht, ihren Unwillen über unsere Ausweglosigkeit zu zügeln. Als schließlich die wenigen Kerzen am dürftig geschmückten Baum angezündet waren, bereitete die nachmittägliche Stromsperre, wie an allen Tagen zuvor, die gefürchtete Finsternis. Damit schien die „Bescherung" perfekt zu sein. Jedoch die Person, die wohl den „Hut" für diese Aufgabe trug, ließ sich von ihrer guten Absicht auch durch die fast völlige Finsternis im Saal nicht beeindrucken. Selbstbewußt stellte sie sich auf die Bühne und begann mit den Worten: „Wir begehen heute nach sechs fürchterlichen Kriegsjahren die erste Friedensweihnacht." Allen, jedoch vornehmlich den Kindern und Müttern, machte sie Mut. Sie sprach von der Beseitigung der Trümmer und der Not. Dem Sterben des Krieges müßte nun der Mut zum Leben entgegengesetzt werden.

Mutters Reaktion war eigenartig in dieser Situation. „Dieses Kommunistenweib stellt sich hin und spricht von Friedens-

weihnacht", war ihre Äußerung und Bewertung zu den Formulierungen der Frau.

Trotz der wenigen Kerzen am Weihnachtsbaum begannen die
Mitarbeiter mit der Austeilung der Tüten aus den mitgebrachten
Wäschekörben. Einer Liste entnahm die in einem dunklen Anzug
gekleidete Frau die Namen der Kinder. Kurze Gedichte, wie zur
Bescherung üblich, trugen manche Kinder vor und ernteten den
Beifall der Anwesenden. Frau Glaser gehörte auch zu den Mitwir-
kenden, kannte sie doch im Laufe der verstrichenen zwei Wochen
einen Großteil ihrer Hausbewohner. Im Korb mögen wohl einige
Tüten mehr, als Namen auf der Liste ausgewiesen waren, gewesen
sein. Jedenfalls sagte die Gaststättenleiterin recht laut und für alle
hörbar: „Da ist doch ein Junge, der jeden Morgen ums Haus für
Sauberkeit sorgt, der gehört auch noch zu den Kindern, und er soll
ebenfalls eine Tüte zum Heiligen Abend erhalten." Sie wies mit
ihrer ausgestreckten Hand in die Ecke des Saales, wo unser
Lagerplatz war. Da ich mich nicht traute, zur Bühne zu gehen,
kam sie selber von der Bühne zu mir und händigte mir diese so
wertvolle Gabe aus. Zwei dicke Scheiben Weißbrot, ein Stück
Streuselkuchen, ein Apfel, einige Zwieback, ein Stück Pfefferku-
chen und einige Pfeffernüsse waren der Inhalt dieser Überra-
schung für mich. Nun konnte ich meinen Fehler vom Nachmittag
ausgleichen, und mit den Eltern teilte ich das Überraschungs-
geschenk. Ich gehe nicht fehl, wenn ich behaupte, daß ich eine so
wertvolle Weihnachtstüte (Weihnachtsteller) nie mehr in die Hand
bekam.

Gemeinsam sangen alle das bekannte „Oh Tannenbaum". Dann
endete diese Stunde der Besinnung in dem so schweren Jahr 1945
für uns.

Die Quarantäne läuft ab

Am ersten Feiertag, dem 25. Dezember, war die Zeit der Quarantäne abgelaufen. Manche Familien, die ein Ziel angeben konnten,
verließen das Lager. Die erforderlichen Formalitäten waren gewiß
an den Vortagen vorbereitet worden. Für uns war dieser Schritt

nicht abzusehen, daher resultierte auch eine Stimmung der Verzweiflung besonders bei Mutter. Schon waren fast zwei Wochen seit Aufgabe der drei Telegramme ins Land gegangen. Immer, wenn die Post durch lautes Ausrufen der Namen der Empfänger in den Vormittagsstunden ausgeteilt wurde, fiel die Hoffnung auf ein Lebenszeichen der Angehörigen in sich zusammen. Eine solche Situation ist, wenn sie sich wiederholt einstellt, unerhört deprimierend und niederschmetternd.

„Bodenreform" für uns ein „Neuwort."

Wohl am 27. Dezember, wir sagten, es sei „Letztfeiertag", erschienen einige Männer im Saal, die vor allem unter den Flüchtlingen Bauern ansprachen und diese aufforderten, sich in Listen zur Zuweisung von Land aus der Bodenreform einschreiben zu lassen.

Vater ging ganz zielbewußt auf die Männer zu und holte Informationen ein, die ihn so beeindruckten, daß er einer der ersten war, der seinen Namen in die Liste schrieb. Am folgenden Tag kam ein LKW und brachte die Interessenten in die Orte Krien und Netzow. Dort waren größere Güter durch das Gesetz zur Bodenreform in Deutschland, so hieß es, durch Aufsiedlung an Landarbeiter, landarme Bauern und Umsiedler (für uns ebenfalls ein „Neuwort") freigegeben worden. Vater fuhr auch mit und kam recht aufgemuntert und voller Zukunftsgedanken von dieser Fahrt zurück. Sechs bis acht Hektar Land, ein Teil eines Stallgebäudes, eventuell ein Pferd oder eine Kuh, ein Wagen und einige Kleingeräte wurden ihm wie auch den anderen Interessenten zugesagt. Von Hilfe und Solidarität besonders für die Flüchtlinge und Umsiedler war die Rede. Vorübergehend sollte auch eine kleine Wohnung zugeteilt werden. Schon hätten einige Familien dort bereits im Oktober Land erhalten, und diese redeten positiv auf ihn ein, denn sehr guter Boden wäre dort anzutreffen. Mit diesen Zukunftsgedanken freundeten wir uns natürlich sehr schnell an. Würde doch nur recht schnell eine Antwort auf die ins Land geschickten Telegramme kommen!

Gutes Essen wurde zwar gekocht, aber...?

Ebenfalls am 27. Dezember forderte Frau Glaser mich mit noch
zwei anderen Jungen meines Alters auf, um 11.00 Uhr zur Lagerküche in die Innenstadt zu gehen, um beim Transport der Essen-
kübel, die mit einem Pferdewagen zu mehreren Flüchtlingslagern
im Stadtbereich zu transportieren waren, mitzuhelfen. Wir durch-
maßen die Ruinen der Stadt im Zentrum und fanden auch recht
schnell das Gebäude, in dem in einer großen Küche, bestückt mit
mehreren großen Kochkesseln, behende und durchaus freundliche
Frauen die tägliche Lagersuppe für die Flüchtlinge kochten.
Kohlsuppe, Erbsensuppe, Gemüsesuppe, Bohnensuppe, Graupen-
und Schrotmehlsuppe wechselten einander ab. Was dort zubereitet
wurde, war inhaltlich und geschmacklich von guter Qualität.
Gutes Essen wurde zwar gekocht, wie aber war es zu erklären,
daß wir täglich eine Suppe in unseren Topf gefüllt bekamen, die
immer so durchsichtig war, daß der Löffel auf dem Boden des
gefüllten Topfes zu sehen war? Der Geschmack der Suppe war
jedoch gut. Wir sollten die Erklärung dafür recht schnell und
anschaulich vorgeführt bekommen.
War die Suppe fertig, sie schmeckte ausgezeichnet, bekam jeder
eine große Kelle in eine Schale zum sofortigen Verzehr gefüllt.
Das war der Lohn für die Hilfe. Die Aufforderung fehlte nicht,
uns tüchtig satt zu essen. Danach öffneten die Frauen neben den
beiden Kesseln mit der normalen Suppe drei weitere, in denen
klares gewürztes Wasser kochte, und sie mischten die gute Suppe
mit jeweils drei Teilen Wasser zum Abtransport in die Lager. In
Behältern, die wohl 40 Liter faßten, wurde die Mittagsmahlzeit,
so sagten es uns die Frauen, für insgesamt 1100 hungrige Mäuler
in drei Lager mit einem Pferdewagen transportiert. 1000 Liter
Wassersuppe, die durchaus schmeckte, wurden so zubereitet.
Mehr Zutaten, so die Frauen, wären nicht vorhanden. Für uns drei
Jungen hatte sich ein Privileg offenbart.
Da wir noch immer nur den Steintopf hatten, löffelten wir abwechselnd aus dem Topf die Suppe. Nach diesem 27. Dezember
aß ich dann nur noch einen geringen Rest des schmackhaften

Wassers. Jedenfalls war eine geringe Verbesserung für uns einge-
treten, und ich hatte das Gefühl, daran einen kleinen Anteil
beigetragen zu haben.
Vater fuhr auch am 29. Dezember noch einmal zu dem Ort mit,
der unsere künftige Bleibe mit etwas Zukunft werden sollte. So
schien es uns in unserer Erwartung jedenfalls zu werden. Hoffnung erwies sich abermals als ein ganz wichtiger Katalysator für
den Lebensalltag.
Am 2. Januar 1946 sollten dann auch für uns die Tage der Quarantäne ablaufen. Der 30. Dezember jedoch brachte das ersehnte
Telegramm mit einem für uns zu Freudentränen aufjauchzenden
Inhalt.
„Reuters in Heckenförde bei Wipkendorf über Feldberg-Lisbeth
auch da." Ruth.
Wenn ich Nachrichten und Informationen und ihre Wirkung auf
uns in der Rückschau überdenke, dann übertrafen die zehn Worte
des Telegramms von Ruth Reuter aus Altenberg alles weitere, was
unseren Weg des Lebens an Freude und Dankbarkeit kreuzte.

Aufbruch, Umorientierung, Erwartung

Unmittelbar nach dem Erhalt des Telegramms wurde erkundet, wo
der Ort der Zusammenführung der Familie wohl sei. Die
Eisenbahnerfamilie, die schon erwähnt war, konnte Auskunft
geben. Es war der Ort H a s s e l f ö r d e bei T r i e p k e n d o
r f in der Feldberger Gegend. Uns konnte der Hinweis gegeben
werden, daß bis Friedland eine Kleinbahnverbindung genutzt
werden kann. Jedoch wären etwa 55 km Fußmarsch einzuplanen.
Zwei oder gar drei Tage müßten wir noch warten. Der Eisenbahner aus der besagten Familie verhalf Vater zu den erforderlichen
Billetts, die wir für die Teilstrecke bis Friedland (25 km) benötigten.
Alle weiteren Formalitäten wurden recht schnell und ohne Zeit-
verzug erledigt. Eine Bescheinigung über den Aufenthalt im
Flüchtlingslager, eine doppelte Tagesration Brot und die Hinterle-
gung des Zielortes, den wir anstrebten, genügte. Die Absicht,

Bodenreformland in Krien zu nehmen, blieb zunächst bestehen. Vater hatte das Medikamentenschränkchen mittels eines Strickes zu einem Rucksack oder Tornister umfunktioniert. Dort verstaute er den Tontopf, Messer, Löffel und ein Handtuch. Mutter hatte ihre noch mit Flicken benähte Handtasche zu tragen, und ich schulterte den Sack, der die zugeteilte Brotration in sich aufzunehmen hatte.

Wie auf der Wanderschaft

Am 1. Januar 1946 begannen wir nun die hoffentlich letzte Wegstrecke als Flüchtlinge unter die Schuhsohlen zu nehmen. Die Fahrt mit der Bahn bis Friedland dauerte etwa 1 1/2 Std. Danach ging es in Richtung Feldberg zu Fuß bei klarem Frostwetter irgendwie frohen oder zuversichtlichen Mutes weiter. Ein Milchwagen, der an diesem Neujahrsvormittag seine Tour zu erfüllen hatte, nahm uns einige Kilometer mit. Aus einem Kannendeckel tränkte er uns drei mit einigen kräftigen Zügen Schleudermilch (Magermilch), die uns nach wochenlanger Abstinenz von Milch jeglicher Art köstlich mundete. In einem Ort unweit von Fürstenwerder konnten wir im Stall einer Gaststätte die müden und entkräfteten Körper auf ein Strohlager legen. Mit einem Frühstück versorgte uns die Wirtsfrau. Dann ging es weiter in Richtung Feldberg. Die Straße war sehr wenig befahren und schneefrei. In einem Dorf, es könnte Wittenhagen gewesen sein, liefen uns einige Jungen über den Weg, die Vaters eigenartigen Schranktornister als Schaukasten betitelten, denn eine Glasscheibe zierte die Tür dieses kleinen Möbelstückes.

Da der Weg nicht sonderlich beschwerlich war und die Absicht unseres 50 km-Marsches ein besseres Motiv wohl nicht haben konnte, fielen selbst Mutter die Schritte leicht. Unterwegs orakelten wir, wie wohl Reuters, die im Oktober 1944 ins Erzgebirge per Eisenbahn gekommen waren, nun in die Feldberger Gegend gelangt sein konnten. Die Turbulenzen des Jahres 1945 schlossen allerdings alle Varianten in sich ein.

Gepäck beschwerte die Schritte ohnehin nicht, und das trockene Winterwetter ließ aus sich heraus das Atmen leicht erscheinen. Ich ging den Eltern meistens fast 100 m voraus und erstattete Bericht über die Aussagen der Straßenschilder. So, die Hoffnung als Kraftspender nutzend, kamen wir jedoch völlig erschöpft bis Feldberg. Unterwegs brach ich in Abständen von wahrscheinlich zwei Stunden immer jedem ein Stück Brot vom Vorrat, den ich im Sack über der Schulter trug, ab. Nur noch ein dürftiger Rest war am Abend des zweiten Marschtages vorhanden.

In Feldberg gelang es mir trotz intensiven Bittens in einigen Häusern nicht, ein Nachtlager zu ergattern. Vater meinte dann, im nächsten Dorf werden wir vielleicht mehr Glück haben. Schließlich bewahrheitete sich seine Hoffnung. In Laewen, etwa drei km hinter Feldberg, gewährte uns eine Familie sehr helfend und freundlich ein Nachtlager auf einer Strohschütte vor dem Herd in einer recht kleinen Küche einer einstigen Gutsarbeiterfamilie, die zu dem Zeitpunkt schon stolzer Besitzer einer Siedlung aus der Bodenreform war. Eine Milchsuppe, Bratkartoffeln und für jeden eine Stulle waren herzlicher Begrüßungsschmaus nach einem schweren Wandertag.

Auf dem Lager vor dem Herd schliefen wir bis zum Morgen. Wiederum wurde eine Suppe aus Milch, Wasser und etwas Mehl und einigen Pellkartoffeln ein gutes Frühstück, das den letzten Wegabschnitt einleiten sollte. Bis Hasselförde waren noch acht km zurückzulegen.

Ich lief, als wollte ich die Freude für mich allein erheischen

Frohen Mutes und voller Dankbarkeit verabschiedeten wir uns von den Gastgebern. Es war ein älteres Ehepaar, das einen Sohn dem Wahnsinn deutscher Kriegsverdiener geopfert hatte, der Jüngere war noch in sowjetischer Gefangenschaft. Für den wollten sie die Siedlung durch eine Ernte stärken, für die sie schon im Herbst 45 die Aussaat getätigt hatten.

Etwa 250 Meter mögen wir uns vom Dorf entfernt gehabt haben, als ich am Waldrand zwei Frauengestalten in der Pappelallee auf uns zukommen sah. Ich rief den Eltern, die einige Schritte hinter mir waren, zu: „Da vorne kommt Emmchen!" In der Tat, als wir uns näherten, erkannte ich Emmchen Reuter, die Schwiegertochter von Mutters ältester Schwester. Schnell lief ich, als wollte ich die Freude für mich allein erheischen, auf sie zu, nahm den nahezu leeren Brotsack von der Schulter, hielt ihn überm Kopf und sagte spöttisch lächelnd zu den beiden Frauen:

„Kick Emmke, dat es ewrig geblewe, von dat, wat wie mol hade."

(Guck Emmchen, das ist übrig geblieben, von dem was wir einmal hatten.)

Die Freude über dieses unerwartete Zusammentreffen war unerhört beglückend für alle Beteiligten. Die zweite Frau war Lisbeht Jühlich aus Wittkampen, die wir auch kannten.

Emmchen eröffnete uns, daß sie zu Fuß auf dem Weg nach Güstow bei Prenzlau sei, um die Mädchen (die drei Kuhtreiber) abzuholen. Sie machte auch die bittere Mitteilung, daß Margarete im Prenzlauer Krankenhaus sei. An Typhus wäre sie erkrankt. Lisbeth hatte diese schwere Krankheit schon überwunden. Mehr werden wir erfahren, wenn sie in zwei oder drei Tagen zurück sei. Die Strecke sei 35 km lang. Den Weg nach Hasselförde beschrieb sie uns noch kurz, und dann gingen wir irgendwie erleichtert weiter.

Der nächste Ort, Triepkendorf, war schnell durchmessen. Schon näherten wir uns dem Ziel, der dem Fluchtweg ein relatives Ende setzen sollte. Hasselförde und somit Reuters erreichten wir in den Vormittagsstunden des 3. Januar 1946. Wir waren seit dem 17. Oktober 1944 genau 443 Tage, die Quartier- und Rastzeiten eingeschlossen, unterwegs.

Im ersten Gehöft links neben dem alten Friedhof, so hatte Emmchen uns das Ziel beschrieben, brach eine schwer nachzuvollziehende Wiedersehensfreude sowohl bei uns als auch bei Tante und Onkel Reuter aus, und sie gab Kunde von einer innigen Verbundenheit der Verwandten untereinander.

Wichtig ist, daß ihr noch lebt

Von Reuters war immer Herzlichkeit und von Klugheit geprägte
Fürsorge für andere ausgegangen. Nun sollten diese Prädikate für
uns ihre praktische Umsetzung erfahren. Ich möchte den Versuch
anstellen, dieses Ehepaar in seiner Haltung zum Krieg und zur
Gewinnsucht der Förderer desselben zu beschreiben.
Mit einem Besitz, der weit unter dem Wert des Eigentums aller
anderen hier in meinen Erinnerungen genannten Verwandten lag,
verfügten Tante und Onkel Reuter über den ausgedehntesten
Horizont weltanschaulicher Klarheit und sozialer Denk- und
Handlungsmaxime. Sie lebten und arbeiteten in ihrem Heimatdorf
Hainau vornehmlich für andere. Solidarität, kritisches politisches
Verständnis für Arbeiter und Arme im großen Dorf hatte ihnen
eine wunderbare Zuneigung gerade dieser Menschen eingebracht.
Onkel Otto war Tischlermeister und arbeitete mit einem Gesellen
und den Söhnen, die bei ihm das Handwerk erlernt hatten, fleißig,
qualitätsgerecht und zuverlässig.
Tante Annchen war in ihrer Geradlinigkeit und Wahrheitsliebe,
vor allem gegenüber manchen eingebildeten Großbauernfamilien,
eine respekteinflößende Frau des Tischlermeisters und langjähri-
gen Bürgermeisters der Weimarer Zeit. Sie fehlte wohl bei keiner
Geburt eines Kindes in Arbeiterfamilien mit der Suppe für die
Wöchnerin, wenn die Hebamme ihre Aufgabe erfüllt hatte. Sie
wußte Rat bei Krankheiten und half mit Hausmitteln. Wenn Tote
zu betten waren, half sie bei der Auswahl der Kleidung für die
letzte Ruhe und legte, wenn nötig, selbst Hand an. Traten Kompli-
kationen im gegenseitigen Verstehen der großen Verwandtschaft
auf, wußte niemand diesen Problemen so gut zu begegnen wie
Tante Annchen mit ihrer Lebenserfahrung und Offenheit im
Darlegen der Zusammenhänge.
Ich hatte das große Glück, wohl drei- oder gar viermal in den
Sommerferien eine Woche bei Reuters zu verbringen. Nur vier
Kilometer von Grieben entfernt war Hainau. Allein die Nähe der
Wohnorte förderte häufige Kontakte unserer Familien zueinander.
Aber es war auch die Nähe, die sich aus den engen Beziehungen
der Schwestern untereinander ergab, wodurch ein intensives

Eindringen in viele Bereiche der gesellschaftlich relevanten Probleme gefördert wurde, die der Krieg den Müttern auferlegte. Mutters Haltung zum Krieg, die ich schon wiederholt beschrieben habe, wurde durch Tante Annchen maßgebend beeinflußt. So begegnete sie dem „Schicksal", das uns ereilt hatte, mit der klaren wie auch mahnenden kurzen Bemerkung: „Wichtig es, dat ju noch lewe, Schuld hebe wie doch alle uk doran!" (*Wichtig ist, daß ihr noch lebt. Schuld daran haben wir alle doch auch.*)

Eine Episode, die zeitlich knapp zehn Monate später die Gemüter bewegte, will ich hier als Vorgriff auf später Darzustellendes einflechten.

Im Oktober 1946 fanden in der sowjetisch besetzten Zone Wahlen statt, die mit gutem Recht als freie Wahlen benannt werden können. Drei politische Parteien (SED, CDU und LDPD) und einige Organisationen (VdgB, DFD, FDGB, FDJ) stellten sich zur Wahl für die Land- und Kreistage und für die Stadt- und Gemeindeparlamente.

Wir wohnten zu der Zeit im Ortsteil Dühnshof der Gemeinde Ruthenberg in der Nähe von Lychen in der Uckermark unweit von Hasselförde bei der Gutspächterfamile Bornsiep-Schwiggerath. Folgendes Gespräch wußte Gertrud, die dort im Haushalt tätig war, schon am Nachmittag des Wahlsonntags zu schildern.

Frau Bornsiep fragte am Morgen des Wahlsonntags ihre Tochter: „Hanna, was wählen wir denn heute?" Hanna (Frau Schwiggerath) antwortete darauf mit ihrer klangvollen sonoren Stimme: „Mutter, für uns, Leute vom gebildeten Mittelstand, kommt nur CDU in Frage!"

Als Mutter von der Wahl nach Hause kam, fragte ich sie nach ihrer Entscheidung. Mutter sagte, für mich damals unverständlich und wenig zu begreifen: „Ek heb de Kommuniste gewählt, solle se uk mol an de Macht kome, dem Krieg hebbe se jo nich ob er Kerbholz". (*Ich habe die Kommunisten gewählt, sollen sie auch mal an die Macht kommen. Den Krieg haben sie ja nicht auf ihrem Kerbholz.*)

Genau diese Position vertrat Tante Annchen in all den Monaten des Zusammenseins in Hasselförde. Sie hatte auch sehr interessiert die Vereinigung von KPD und SPD zur SED in den Monaten

Februar - April 1946 verfolgt und das Ereignis als den Schritt der größten Vernunft des Restes der beiden Arbeiterparteien seit 1933 definiert. Vater war zu der Zeit beim Oderbrückenbau in Kietz-Küstrin. Er hatte gewiß als Wähler so nicht entschieden. Jedoch hatte der etwa siebenmonatige Aufenthalt und der enge Kontakt mit den Stammarbeitern der Berliner Brückenbaufirma Habermann & Guckuß in der vom Krieg auf deutschem Boden am schwersten heimgesuchten Region, dem Oderbruch mit den Seelower Höhen, sein Verhältnis zur Bewertung des Krieges arg erschüttert.

Die Umstände hatten es so mit sich gebracht, daß er auch unmittelbar mit der Hochwasserkatastrophe im Februar/März 1947 nach dem Bruch einiger Deiche in die Pflicht von Soforthilfe für die ertrinkenden Menschen und die vom Krieg übriggebliebenen Haustiere eingespannt war. Er erzählte fast beschämt von der Haltung sowjetischer Soldaten und sogar hoher Offiziere, die bei der Rettung von deutschen Kindern ins eiskalte Wasser sprangen.

Alte Standpunkte waren jedoch schwer zu überwinden. War es Scham?

Eine interessante Begebenheit zur ungebrochenen Haltung, die Vater in dieser Zeit immer noch vertrat, war Onkel Ottos innere Zuwendung zur SPD. In Hasselförde war die Armut in vielen Waldarbeiterfamilien nahezu so ausgeprägt, wie bei den „Flüchtlings". So gab es im Dorf jeweils eine seit 1933 verbotene und 1945 wiederbelebte kleine Gruppe der KPD und der SPD. Gewiß auf Tante Annchens Drängen war diese Bereitschaft herangereift. Vater jedoch lehnte ein solches Ansinnen geradezu als empörend ab.

Anachronismus in höchster Vollendung

Heute ist der 14. Juli 1998. In der Ausgabe des „Uckermarkkuriers" vom 13.07.1998 ist im Erinnerungskalender zu lesen:

„13. Juli 1949: Papst Pius XII. exkommuniziert alle Katholiken, die Mitglied einer kommunistischen Partei sind." Nun war Vater nicht Katholik, so daß ihn dieser Gottesvertreter auf Erden nicht hätte belangen können. Adenauer erreichte schon sieben Jahre später mit dem KPD-Verbot in der BRD das gleiche Ziel. Das hätte Vater auch nichts anhaben können, denn er war ja DDR-Bürger. Waigel, Kohl und gewiß einige hundert andere Vertreter des „Rechtsstaates" aus CDU und CSU verschanzten sich kürzlich in den Katakomben und Gemächern eines Klosters, umgeben von den Schwärzesten der Schwarzen aus der Schar des Papstes, und sie taten nahezu Gleiches mit den Roten und Rosaroten in Vorbereitung der Wahl am 27. September 1998 wie Pius XII. 1949. Da soll einer sagen, es gebe keine Kontinuität im politischen Karussell dieser BRD 49 Jahre später.

Gut Ding braucht Weile!

Allerdings ohne Wirkung blieb der allgemeine Trend der Nachkriegsentwicklung auf Vaters politische Grundhaltung und konservative Starrköpfigkeit nun auch nicht. Im Herbst 1948, nachdem wir im Mai 1948 Land aus der Bodenreform in Brückentin Kreis Neustrelitz als Eigentum übernehmen konnten, trat er der DBD (Demokratische Bauernpartei Deutschlands) bei und war viele Jahre ein aktives Mitglied von Gemeindevertretungen.

Eine gewisse Einbürgerung war vollzogen

Mit dem Datum vom 04.01.1946 und dem Siegel der Gemeinde Hasselförde versehen, befindet sich noch das erste Beweisdokument einer deutschen Behörde als Registriernachweis in unserem Besitz.
Die Familie Runge gewährte uns verständnisvoll und mit manch einer materiellen Gabe noch ergänzt, zunächst für einige Monate Unterkunft in einer Oberstube des alten Bauernhauses und hielt in den unteren Räumen wohl zwei Schlafplätze bereit. Schließlich befanden sich nach Ankunft der Mädchen fünf Personen (Reuters waren vier Personen) mehr unter Tante Annchens Fittichen.

Schon ab dem 07. Januar ging ich zur Schule

Etwa 40-45 Schüler der Klassen bzw. Altersjahrgänge eins bis
acht saßen in einem Klassenraum der Dorfschule. Dieser Umstand
entsprach ja dem typischen Standard preußischer und wohl noch
ausgeprägter mecklenburgischer Schulverhältnisse. Das Fatale der
Situation bestand in der Abwesenheit von Schulbüchern und
jeglicher Arbeitsmaterialien sowohl für viele einheimische Kinder,
aber vor allem für die Kinder der Flüchtlinge und Umsiedler. Frau
Runge hatte mir eine gut passende Soldatenjacke für den Schulbesuch gegeben, so daß die schwarze Joppe nur an sehr kalten Tagen
übergezogen werden mußte.

In der einen Tasche dieser Jacke bewahrte ich einen Bleistift und
einige Zettel Feldpostbriefe und zurechtgeschnittene Stücke aus
papierenen Kleiesäcken für Schreibarbeiten während des drei-
fünf- stündigen Unterrichts auf. In der anderen Tasche (die Taschen waren aufgenäht, daher hatte manch ein erhabener Gegen-
stand darin Platz) verbarg ich an jedem zweiten Tag, wenn im
Kartoffeldämpfer im Stall für die Schweine Kartoffeln gekocht
wurden, einige in den Abendstunden entwendete Pellkartoffeln.
Eine Stulle für den Vormittag gab die Ration auf den Lebensmittelkarten (Tagesration für Kinder 250 g) nicht her. Weil ich mich
schämte, die Pellkartoffeln des Hungers wegen mit Pelle zu essen,
suchte ich in den Pausen gewöhnlich einen Platz hinter der
Jungentoilette auf.

Schließlich ertappte mich dabei der wohl achtjährige Sohn Horst
von Frau Runge. „Du ißt hier die Pellkartoffeln mit Pelle", fragte
er, „möchtest du eine Stulle von mir?" So geschah es, daß ich oft
eine mit Wurst oder Schmalz bestrichene Stulle, wie viele Kinder
der hiesigen Familien, aß.

Der Lehr- bzw. Lernstoff bewegte sich für uns ältere Schüler
ausnahmslos im Lehrplanbereich der 4.-6. Klassen. Die Fächer
Physik, Geschichte, Raumlehre, Zeichnen und altersgerechtes
Lesen wurden mangels Lehrbücher gar nicht erst erteilt.
Gelegentlich hatte die Lehrerin einige Exemplare der Tageszei-
tung „Tägliche Rundschau" für uns Umsiedlerkinder mitgebracht.

Darin lasen wir manch einen Artikel und hatten den Inhalt wieder-
zugeben. Ich erinnerte mich immer gern an ein Gedicht, das wir in
dieser Zeitung lasen und schließlich auch zu lernen hatten.
Ich will es hier des sehr wertvollen Inhaltes wegen, der die allgemeine Situation der Nachkriegszeit treffend beschrieb, nieder-
schreiben. Leider ist mir der Autor nicht bekannt.

„Laßt es genug sein des Lamentierens, des Jammerns und
Klagens in dieser Zeit.
Alle ja haben wir, mehr oder minder, gleiche Sorgen und gleiches
Leid.
Laßt die Köpfe nicht traurig hängen, ihr macht es euch selbst
damit nur schwer
und bedrückt damit die anderen in ihrem Kummer nur noch mehr.
Schwarz sehen drückt die Stimmung nieder, lähmt den Körper,
hemmt den Geist.
Doch ein kühner froher Zuspruch sich als Wunder oft erweist.
Ist der Berg, den wir erklimmen, noch so hoch und noch so steil,
auf,
der Sonne strebt entgegen, einmal schaffen wir den Gipfel doch!

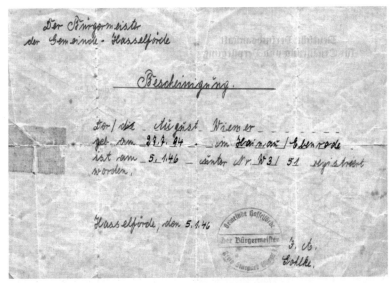

Registrierschein der Familie Wiemer in Hasselförde

217

Atmen wieder freie Lüfte, rings umwogt von Sonnenglanz,
drum empor, das Leben windet nur dem Mutigen den Kranz!"
Ich habe diese Verse nie vergessen. Sie sind so zukunft-
orientierend und drücken eine philosophische Grundhaltung aus,
die der damaligen Misere den Kampf ansagte.

Margarete war 18!

In den Abendstunden des 6. Januar kamen Emmchen, Lisbeth und
Gertrud zu Fuß in Hasselförde an. Die bittere Nachricht, daß
Margarete Wiemer am 17. Dezember 1945 im Prenzlauer Kran-
kenhaus an Typhus verstorben und am Heiligabend auf dem
Prenzlauer Friedhof ihre letzte Ruhestätte fand, erschütterte alle,
die sich wiedergefunden hatten. Margarete war 18 Jahre als sie
der Paratyphus hinraffte. Ihr Leichnam wog 38 kg.
Die Mädchen konnten erreichen, daß ein Sarg in der Stellmache-
rei des Dorfes, in dem sie immer noch nur namenlos als
„Kohdrüwers" (Kuhtreiber) benannt wurden, gefertigt wurde. So

Frau Runge, die Quartierwirtin

kam Gretel nicht wie täglich 12-15 andere an Typhus und Ruhr
Verstorbene in ein Massengrab.
Im Februar 1946 sah ich ein solches Massengrab auf dem
Prenzlauer Friedhof. Es wurde mehrschichtig gefüllt, mit Chlorkalk bestreut und blieb solange offen, bis etwa 45-50 Leichen
ihren letzten Ruheplatz darin fanden.
Tante Minna hatte das dritte Opfer für diesen Krieg der Superlati-
ve zu bringen gehabt und wußte es selber noch nicht. So ver-
schlungen sind die Wege deutscher Familien zu begehen gewesen.

*Margarete Wiemers
Grab auf dem
Prenzlauer Friedhof.*

Der Rest der Familie Wiemer aus Sandau (Aufnahme 1946) v. l. n. r. Gertrud, Alfred, Tante Minna, Tante Marie gen. Mietze

Etwas Normalität konnte sich nun ausbreiten

Für Vater hatte Tante Annchen im nahegelegenen Dühnshof bei der Familie Bornsiep-Schwiggerath eine ihm gemäße Tätigkeit in der Landwirtschaft des etwa 120 ha großen Betriebes ausgemacht. Dort sollte im Sommer 1946 Land durch die Bodenreform zur Aufteilung auch an uns gelangen. Damit geriet das Vorhaben im Kreis Anklam aufs Abstellgleis.

Onkel Otto fertigte aus den Brettern von Bombenkisten einige Bettgestelle, Hocker, Schemel und kleine Schränke. Aus Bombengarn strickten die Frauen nahezu Tag für Tag Hemden, Schlüpfer, Strümpfe, Pullover und Handschuhe.

Onkel Otto und seine Schwiegertochter Emmchen arbeiteten als Gemeindesekretäre im kleinen Büro des Bürgermeisters. Lisbeth und Gertrud fanden bei Familie Bornsiep ebenfalls vorübergehend eine Beschäftigung.

Der Hunger als Begleiter der Flüchtlinge war nicht aus dem Wege geräumt. Aber die tägliche Beschäftigung und der Blick auf bessere Zeiten half, das bisher Erreichte im Erhalt der Familien zu festigen.

Mein Schulbesuch endete am 12. April 1946. Die Lehrerin, Fräulein Martha Hecht, schrieb aufs Zeugnis neben guten Zensuren und dem Vermerk: „Entlassen aus Klasse 8."

„Walter war bei Fleiß und guter Begabung ein kameradschaftlicher, zuverlässiger, im Betragen ein sehr guter Schüler."

Da es notwendig erschien und der familiären Tradition unbedingt zu folgen war, wurde ich am 14. April 1946 in der Kirche zu Ruthenberg durch Pfarrer Brandt konfirmiert. Etwa 10-12 Unterrichtstage der Konfirmanden gingen der Festlichkeit voraus. Die Sandauer, also Tante Minna, Tante Mietze und Alfred waren im Februar 1946 aus Roman ausgewiesen und schließlich ins Flüchtlingslager der Prenzlauer Zuckerfabrik gekommen. Der Findungsprozeß verlief schneller als bei uns.

So wurde auch Alfred, der die Schule nicht mehr besuchen brauchte, ebenfalls am gleichen Tage konfirmiert. Die notwendige Kleidung für diesen Tag stellte Familie Bornsiep leihweise für uns beide zur Verfügung.

Mutter war ob dieser „Schande", weil der jüngste Sohn wie aus dem Leihhaus gekleidet werden mußte, zu keiner Festtagsstimmung bereit.

Schon einen Tag später war ich, 14 1/2 Jahre alt, erneut Landarbeiter oder auch Knecht auf dem schon erwähnten Anwesen in Dühnshof, ohne auch nur eine Mark Lohn in den folgenden neun Monaten für schwere Arbeit zu erhalten. Lediglich einige Naturalien und Holz zum Heizen der Wohnung, die ich mit Mutter seit Vaters Verpflichtung zum Oderbrückenbau nutzte, wurden als Entgelt gewährt. Die Hilfe der Famile Bornsiep-Schwiggerat für unseren Neuanfang war allerdings in der Gesamtheit äußerst anerkennenswert. Auch hier war ich Ochsenkutscher.

Das Gut Dühnshof wurde 1946 nicht aufgeteilt, so daß die Belebung des bäuerlichen Tuns für unsere Familie sich bis 1948 hinzog.

Lisbeth hatte im Sommer 1946 eine Tätigkeit als Hausangestellte bei Frau Dr. Olthoff, einer Zahnärztin, in Lychen aufnehmen können.

Mit dieser Aussage möchte ich die Aufzeichnungen, die ich im wesentlichen dem Inhalt der zu Beginn der Arbeit erwähnten Tonbandaufnahmen folgen ließ, abschließen.

Ich widme die Arbeit meiner Familie. Ich möchte aber auch vor allem den Nachfahren der Flüchtlinge und Umsiedler damit ein Erinnerungspotential hinterlassen wegen der gegenwärtigen Verzerrungen der historischen Abläufe, und somit wichtiger Teilabschnitte der Biographien meiner Generation, geeignet ist, es nicht dem Vergessen anheim fallen zu lassen.

Brüssow, den 15. Juli 1998